三十六计与当下生活

明古之理，学三十六计智慧，治今之事，享受成功人生！

中国智慧品读

明志◎著

中国长安出版社

图书在版编目(CIP)数据

中国智慧品读.6，三十六计与当下生活 / 明志著. ——北京:中国长安出版社,2012.9

(中国智慧品读系列)

ISBN 978-7-5107-0567-0

Ⅰ. ①中… Ⅱ. ①明… Ⅲ. ①兵法-中国-古代-通俗读物 Ⅳ. ①E892.2-49

中国版本图书馆 CIP 数据核字(2012)第 234391 号

三十六计与当下生活

明志 著

出版:中国长安出版社

社址:北京市东城区北池子大街 14 号(100006)

网址:http://www.ccapress. com

信箱:ccapress@yahoo. com. cn

发行:中国长安出版社　全国新华书店经销

电话:010-85099947　85099948

印刷:三河市航远印刷有限公司

开本:787 毫米×1092 毫米　1/16

印张:17.5

字数:220 千字

版次:2013 年 1 月第 1 版　2013 年 1 月第 1 次印刷

书号:ISBN 978-7-5107-0567-0

定价:35.00 元

前言

所谓“当下”，简单地说，就是现在的这一刻。当下生活就是你现在所做的事、所处的地方、周围一起工作和生活的人。人能活着和感觉到的只有当下。过去的一切人们无从改变，已经变成了记忆储存于脑海中；而未来还是一个充满变数的未知，你永远不知道明天会发生什么。所以，我们唯一能够把握的只有现在，只有当下。古希腊学者库里希坡斯曾说：“过去与未来并不是‘存在’的东西，而是‘存在过’和‘可能存在’的东西。唯一‘存在’的是现在。”

身处在当下这个物欲横流的经济社会中，不论你是企业领导者还是普通职员，都会遇到棘手的竞争对手，若是手足无措不知如何应对，那么在竞争中就会失利。相反，若是能够运用适当的计谋，那么获得胜利就会相对简单多了。

《三十六计》或称“三十六策”，是指中国古代三十六个兵法策略，语源可考自南朝宋将檀道济（？—公元436年），成书于明清。它是根据我国古代卓越的军事思想和丰富的斗争经验总结而成的兵书，堪称一部“益智之荟萃，谋略之大成”的兵学奇书，是中华民族悠久文化遗产之一。

原书按计名排列，共分六套，即胜战计、敌战计、攻战计、混战计、并战计、败战计，前三套是处于优势所用之计，后三套是处于劣势所用之计。每套各包含六计，总共三十六计。

《三十六计与当下生活智慧》从政治军事、职场商场、为人处世等各个方面对《三十六计》中的每一计都进行了详细解析，并配以精彩的故事，以全新的视角、清晰的层次，全方位、多角度地向读者展示《三十六计》的谋略内涵。既可以使

读者加深对这部经典之作的了解，又能够通过对本书的阅读悟出具体的办事技巧和方法。

本书不仅是政治家、军事家的必备，还是当今人们开创人生局面、掌握为人之道、深谙处世哲学、遨游职场、商海，以及赢得感情生活的最佳秘笈。

学习《三十六计》的智慧，并运用于当下生活，从当下做起，一点一滴地开始改变自己，改变生活，即是本书的宗旨所在。

第一章　胜战计

不论在什么时候，即便是有了胜利的条件也不能掉以轻心，因为瞬间的疏忽都会导致失败，所以应该学会在顺境中实施谋略，从而达到成功的目的。“胜战计”多是用在敌弱我强的条件下来谋算对手势力变化的计策，本套计策是分别从欺之、分之、假借、伺机、趁势、利用六个方面来展开介绍的。

第二章　敌战计

竞争和战争的相同之处就在于均是敌我双方战斗力的较量，要想取得胜利，不仅要提高己方的战斗力，还要削弱敌方的战斗力。“敌战计”是在敌我双方势均力敌的情况下，所使用的计策。本套计策分别从诳之、藏之、观之、安之、舍之、积之六方面来展开介绍的。

第三章　攻战计

“攻战计”是专门用于策划进攻的，其核心是“攻”，攻心为上，攻城为下；心战为上，兵战为下，以求得战而胜之。本套计策分别从佯之、换之、调之、纵之、引之五个方面来展开介绍的。

第四章 混战计

“混战计”是专门应付战争中的混乱局面的，其精髓就在于“混”，即在实际运用中，表面上“混”而实际上“清”，让对手摸不着头脑，乱其心志，然后引诱对方按自己的意图行事，从而达到乱中取胜的目的。本套计策是分别从蛊之、剥之、困之、乘之、利之五个方面来展开介绍的。

第五章 并战计

“并战计”是用来对付友军的。在现实作战中，很多时候需要同其他方联合作战，但切不可对他掉以轻心。因为，友军是潜在的敌人，他会在与你并肩作战时，突然下手歼灭你，所以在这种形势之下，就得妙思攻守之计。

第六章　败战计

“败战计”是作战中应对敌众我寡形势的一种战略计谋，也就是我方处于劣势、被动或其他许多未知因素，并且自己很难挽回败局时，所用的计谋。败战计的使用，可以使我方反败为胜，变劣势为优势，从而赢得胜利。

第一章　胜战计

不论在什么时候，即便是有了胜利的条件也不能掉以轻心，因为瞬间的疏忽都会导致失败，所以应该学会在顺境中实施谋略，从而达到成功的目的。"胜战计"多是用在敌弱我强的条件下来谋算对手势力变化的计策，本套计策是分别从欺之、分之、假借、伺机、趁势、利用六个方面来展开介绍的。

第一计　瞒天过海——示假隐真，变假为真

【原典重现】

备周则意怠①，常见则不疑。阴在阳之内，不在阳之对②。太阳、太阴③。

【注释】

①备周则意怠：备，防备；周，周密、周到；意，意志、思想；怠，懈怠、松懈。

②阴在阳之内，不在阳之对：阴，这里指的是机密、隐蔽；阳，这里指的是公开、暴露；对，对立、相反的方面。

③太阳、太阴：太，这里是极大、非常之意。

【译文释要】

防备周密，往往容易导致思想麻痹、斗志松懈，以至于常见的事情就不会产生疑惑(以致丧失警惕)，从而削弱战力。密谋就隐藏在公开的事物之中，而不在公开事物的对立面上。最公开的事物当中往往隐藏着最秘密的阴谋。

【计谋典故】

唐贞观十七年（643年），唐太宗李世民御驾亲征，率领30万大军直指高丽国。

一天，大军来到海边，但见白浪排空、茫茫无际，太宗不免犯起愁来。前部总管张士贵急召众将问渡海之计。众将面面相觑、一片沉寂。只有薛仁贵一副胸有成竹的样子，说道：“这有何难，此处有一仙人，可让三岳让路、江海开道。”接着又凑近张士贵神秘兮兮地耳语一番。随后，张士贵奏明太宗。太宗听罢，不禁大喜，遂命张士贵导引，前往会见那位神奇的仙人。第二天，太宗在张士贵的引领下直向海边走去，通过一个由帷幔遮蔽的通道，来到一处华丽的小殿堂。这殿堂内，绣幔锦彩、茵褥铺地，群臣恭立迎候。太宗十分高兴，召见了那位神奇的仙人，并赐宴群臣，与仙人共饮。酒酣之时，忽然狂风四起、涛声大作，杯盘倾倒、人不自持。太宗大惊，忙向左右询问，近侍揭开帷幕，但见波涛汹涌，水光接天。太宗这才发现自己与 30 万大军正在乘船渡海，而且马上要到达彼岸。原来薛仁贵担心太宗因大海阻隔而放弃东征，便瞒着他指挥大军渡海。因为皇帝贵为“天子”，所以叫做“瞒天过海”。

【谈古说今】

“瞒天过海”今天的意思是周全的防备，往往令人思想麻痹，松懈大意，常见的事情就不会引起怀疑（以致丧失警惕）。秘密的事情就藏在公开的行动之中，并不是与公开行动相对立。最秘密的阴谋往往隐藏在最公开的行动中。

此计的奥秘就在于所有的战略、战术是在敌方习以为常的行动中完成的。一般来讲，军事防御体系周密时，其警觉性反而容易懈怠，对司空见惯了的东西就不容易引起怀疑。诡秘的计谋往往就潜藏在公开的事物里边，而不是在公开事物的对立面上。越是公开的事物，里面就越有可能潜藏着最为机密的计谋。瞒天过海是使用伪装的手段来迷惑对方，从而利用机会获得胜利的策略。总而言之，瞒天过海之计是采取各种措施，转移事件的焦点，使对方麻痹大意，从而达到胜利的目标。

公开暴露的事物发展到极端，就易形成最隐秘的潜藏。要秘密地有所作为不一定要在无人的地点，在深更半夜去偷东西，或在偏僻的深巷里杀人，这全是愚蠢无知的人干的，那些有见识的人是不会如此愚蠢的。

瞒天过海是一种示假隐真的疑兵之计。在战争中，它是一个利用人们存在常见不疑的心理状态，进行战役伪装，隐蔽军队集结和发起进攻企图，以期达到出其不意的计谋，出奇制胜。在古今中外战争史上，施展瞒天过海之计，出奇不意取胜的战例不胜枚举。

第二次世界大战进行到 1943 年时，盟军已经稳住阵脚，开始逐步反攻了，这一年制定的“霸王行动”是关于开辟第二战场，在欧洲大陆登陆的伟大计划。盟军决定在1944年春执行这一计划，从英国向法国登陆。摆在眼前的问题是，希特勒早就知道盟军想从法国登陆，并作好了准备，在法国海岸布下了重兵把守，于是盟军制定了一个“霸王行动”的辅助计划——“杰伊计划”，亦称“卫士计划”。这个计划是什么呢，它是怎样来协助登陆计划的呢？

“卫士计划”，即“杰伊计划”将从5个方面为“霸王行动”提供掩护，即窃取情报、反间和保密、敌后特别行动、政治宣传战和心理欺骗。目的是通过这些欺骗手段，使狡诈多疑的希特勒相信盟军进攻的矛头不是法国的诺曼底，而是斯堪的纳维亚、巴尔干半岛、法国的加莱海峡或者是其他任何一个地方，只要不是诺曼底就行。

在“杰伊计划”中，总共包括着6个大的欺诈计划，36个附属计划，以及一些相关的计谋。其中，专门围绕诺曼底登陆的欺骗计划被命名为“坚韧”计划，它本身又分两个部分，一个是用来牵制德军在斯堪的纳维亚的27个师，称为“北方坚韧”；另一个则用来把德国最精锐的装甲部队第15军拴在加莱地区，称为“南方坚韧”。

丘吉尔是这项计划的热心倡导者和支持者，他曾说过：“在战争时期，真理是如此宝贵，必须用谎言去保卫它。”根据首相的这句名言，该计划也将名称由“杰伊”改为“卫士”。“卫士计划”规模十分庞大，为了使欺诈成功，该计划将欺骗行动覆盖了参战双方和每一个中立国。英美两国特种行动部门，甚至盟军的政府首脑和国家机构都为此项计划服务。北方坚韧计划，为使希特勒相信盟军将进攻斯堪的纳维亚，虚构出一次代号为“斯凯岛”的登陆行动方案，虚构的英国第4集团军在苏格兰的爱丁堡出现，大量频繁的军中电文使德国人相信了它的存在，27个德国师静静地守在北欧，等待一次永远不会出现的进攻。南方坚韧计划，为诱使希特勒相信加莱是盟军的登陆地点，又虚构出一支拥有50个师、100万人的美国第1集团军，性格暴躁、爱出风头的巴顿将军被任命为该集团军司令官。无数足以以假乱真的兵营、医院、油库、飞机、大炮出现在英国东南部，假的输油管道也日夜铺设。

英国双十委员会为使谎言更为真实，还动用大批双重间谍通过各种渠道向德国人泄露一些情报。被俘获的德军将领也被利用，作为欺诈行动的工具。甚至由演员装扮的蒙哥马利将军也粉墨登场了，在直布罗陀和阿尔及利亚进行了一番巡视，使希特勒再次上当。

由于“卫士计划”的成功欺诈，使希特勒坚信盟军进攻的矛头是法国的加莱半岛，而不是诺曼底，因此他把西线德军最强大的4个装甲师抽出来作为自己亲自控制的战略预备队，以便随时增援加莱地区，仅此举，就使诺曼底地区德军的抗登陆能力大大减弱了。

就在盟军登陆诺曼底之后，希特勒仍相信那只不过是佯攻，真正的攻击点是加莱，迟迟不动用战略预备队驰援诺曼底，等他醒悟时已为时太晚。可见，“卫士计划”编造的谎言使希特勒的确信以为真了。

一个完美的迷惑敌人方案是要从每个细节上考虑周全的，在整个实施过程中也必须系统地、有步骤地进行，要达到以假乱真的效果，就不能不制造一个甚至自己有时候都会相信的谎言。

江山代有人才出，历朝历代，都有优秀之人将“瞒天过海”之计策划运用到炉火纯青的境界，取得军事乃至其他方面的胜利。

“瞒天过海”用于经营赚钱，其技巧和方法的基本思想是用“欺骗”的手段暗中行动，将赚钱的企图隐藏在明显的事物中，以达到自己的目的。因为一般人对司空见惯的事物往往不会怀疑，此计就是利用人们的这一错觉，来掩盖自己的真正意图。这“瞒天过海”之计，是最常见的，也是用得最多的。正因为如此，很容易被人们忽视，从而使各商家在销售中容易实施，达到其推销产品、真正盈利的目的。

四川农村的一个供销社，因为快要到收割季节了，急需进一批镰刀，但上级供销部门硬要每把镰刀搭配一口带双耳把的铁锅，不然的话就不卖给镰刀。这可急坏了供销社的经理，买吧，手里资金本来就少，几年前进的铁锅到现在还有几个没卖出去，再进一批的话，肯定要积压。不买吧，大家都急等着用镰刀。

正在这个时候，供销社有个小伙子不急不忙地说：“铁的分子式是Fe，铁离子能补血。”于是，这个小伙子写了张通知贴在供销社的门前，上面写着：今我店进一批优质Fe铁锅，可治人体缺铁性贫血，可治高血压，并有防癌作用。由于数量有限，凭票供应。每张票只限买一口锅，请大家谅解。随后又写了同铁锅数目相同的票发下去。

第二天一早，供销社门前挤了一堆人，有票的得意洋洋，没票的想尽办法去找票。就这样，不一会儿工夫，这批铁锅就被一抢而光。不但如此，就连几年前进的，没卖出去的铁锅也被抢购空。

故弄玄虚要虚得实在，不可无病呻吟，铁离子当然能补血，使用铁锅当然对人体有好处，这位小伙子可谓虚得可爱。诚然，我们不提倡欺骗消费者的“故弄玄虚”。

市场是一种无形的空间，有黑白之分，而泛舟商海的人们便在这些无形的黑、白空间里相互竞争。人们不仅怕来自正面的冲击，更怕幕后的黑手，因为说不定什么时候就可能被人猛拧一把，而自己却蒙在鼓里。

19 世纪中期，古尔德在美国纽约华尔街有“黄金甲虫”之称。他用狡猾的计谋制造了轰动整个美国的“黑色星期五”事件，为华尔街的历史增添了极不光彩的一笔。

1861 年开始的美国内战，引起了一场黄金投机热潮。直到战后的 1869 年，政府才控制住局面，稳定了黄金价格。大多数黄金投机者也已转移了注意力。利用这一时机，古尔德趁人不备，开始了他的黄金冒险计划。

当时，联邦政府拥有大约价值一亿美元的黄金，支撑着市面上流通的纸币，而存于私人手里的所谓“浮动黄金”大约仅值 2000 万美元。古尔德计划的目的，就是要暗中买进非政府拥有的全部黄金，从而“垄断”黄金市场，在操纵黄金价格中获取暴利。但是，他的“垄断”只有以政府不抛售黄金为前提。为此，古尔德一边以惊人的胆量秘密收购黄金，一边想方设法左右政府的行动。他与同谋者菲斯克一道，以用对方的名义购买黄金，使其在未来的金价暴涨中获利的办法，来贿赂当时总统的妹夫科尔宾和纽约金库的负责人巴特菲尔德，并将他们与自己的计划“绑”在一起，诱使他们自愿地去迟滞总统和政府在金价上升时抛售黄金的行动。

一切条件具备后，古尔德同控制了纽约市政治的“大亨”特威德结成联盟，使用从特威德的银行中不付分文利息借用的大笔款项，更加肆无忌惮地收购黄金。同时，他还指使菲斯克用各种方法挑唆投机商们向华尔街的黄金买卖场所集中，使这个萧条的地方又开始热闹。这期间，古尔德在收购了全部 2000 万美元的“浮动黄金”后，又操纵金价缓慢提高了 10 个点，以吸引更多的投机者前来“卖空”。这些身上一盎司黄金也没有的人与古尔德签订了大量空头合同，期望在将来金价跌落时，再履行合同而盈利。但是，这些投机者做梦也没想到，古尔德不仅不会让他们赚钱，而且还要让他们从自己腰包中大量掏钱。

到了 1869 年 9 月 24 日星期五这一天，古尔德已收购了大约价值 5000 万美元的黄金。时机成熟了，他向菲斯克下达了哄抢黄金的命令。在疯狂的骚乱中，菲斯克和同伙不停地越来越高地喊价，迫使黄金价格仅一上午就从 145 点直线上升到了惊人的 162 点（即每盎司黄金价格为 162 美元）。当政府为稳定局势下令抛售黄金时，古尔德早已在成吨黄金的出售中大捞了一把，倒霉的是那些随风而动的哄抢者。在政府的抛售下，大批投机者破了产，他们悲愤地将这一天叫做“黑色星期五”。

人们都以为，在这一天古尔德并没捞着太多的便宜，因为抢购黄金最多的是他的同伙菲斯克。但是，善良的人们怎会想到，古尔德早有打算。他找了两个穷困潦倒的经纪人，答应给他们一笔固定收入，并以此为后半生的保障，让他们代菲斯克购买黄金。

当政府抛售黄金后，这两人便很快宣布破产，使债权人已永远无法从他们那里获得分文。然而，古尔德与菲斯克却连半点损失也没受到。“黑色星期五”的历史就是这样在人们的叹服和唾骂中写成了。

“瞒天过海”是使用伪装的手段，引诱对方，利用机会，趁人之危来坐享成功的策略。“瞒”是达到“过海”的手段，而“过海”是目的。在表面上装作就要采取行动，使对方保持警戒之心，但实际上却不采取任何行动。总之，千方百计地采取各种各种措施，使对方麻痹大意，从而战胜对方，顺利“过海”。“瞒天过海”之计，是以细腻的手法，转移事件的焦点，掩藏企图，以便从容达到一个不为人知的既定目标。

美国服装商德鲁比克兄弟二人开了一家服装店，他们的服务十分热情。每天，哥哥都站在服装店门口向行人推销。但是这兄弟二人多少有点聋，经常听错话。

有一次，两兄弟中的一个十分热情地把顾客请到店中，反复介绍某衣服如何

如何好，一番介绍后，顾客无可奈何地问道：“这衣服多少钱?”

“耳聋”的哥哥德鲁比克把手放在耳朵上问道：“你说什么?”顾客又高声问一遍：“这衣服多少钱?”

“噢，价格嘛，待我问一下老板，十分抱歉，我的耳朵不好。”他转过身去向那边的弟弟大喊道：“喂!这套全毛衣服卖多少钱?”

弟弟德鲁比克站了起来，看了顾客一眼，又看了看服装，然后回答说：“那套嘛，72元。”

“多少?”

哥哥回转身来，微笑着对顾客说：“先生，42元一套。”

顾客一听，赶紧掏钱买下了这套便宜的衣服走掉了。

其实，德鲁比克兄弟谁也不聋，他们是以假“聋”来促销的。

这对美国兄弟着实把“瞒天过海”计谋运用到了登峰造极的地步。

德鲁比克兄弟抓住人们普遍爱占小便宜的心理，通过装“聋”，使得衣服大卖、利润递增。如今的商家也常常在搞类似的活动，如大的商场、超市的优惠活动，买一增一，购物返券等，都是充分利用消费者的心理，将“假”的优惠变成顾客心中“真”的实惠，瞒天过海，亦假亦真，尽得其利。

在政治外交舞台上，也有人施用瞒天过海的计策，或是把不可告人的政治目的隐藏在冠冕堂皇的政治主张之中，或是把实质性的外交行动淹没在闪烁其辞的外交套话里面。为中美建交立下头功的基辛格就曾经依靠瞒天过海的方法秘密访问了中国。

中华人民共和国诞生之时，美国政府视为眼中钉、肉中刺，又是武力要挟，又是经济封锁，妄图孤立中国。可是越封锁中国越团结，外交也越来越活跃，在世界上的朋友越来越多。20世纪70年代初期，美国政府眼看继续孤立中国没有好处，当时的尼克松总统权衡形势，改变了对中国的策略。他要做打开中美交往大门的第一伟人。鉴于国际事务的复杂性，出于外交的需要，派出特使秘密访问中国。如何防范盟友的干扰，甩掉记者的“盯梢”，转移舆论界的视线?担任特使的基辛格博士认为最好的办法，只有采用瞒天过海的战术。

美国总统国家安全事务特别助理基辛格一行出访南亚，按照已公布的行程表，他们要在巴基斯坦停留 48 小时，但为了执行特别的秘密任务，需要三天三夜，那么延长的 24 小时将以什么为借口呢？基辛格早就想好了一套谎言，一到巴基斯坦的伊斯兰堡，他就装病，碰巧也正好有点肚子疼。巴基斯坦总统叶海亚趁机借题发挥，宣布：“我原定在这个美好的时刻举行盛大的国宴，为我们尊贵的客人基辛格博士洗尘的，只因博士先生偶感不适，只好抱歉改期。”停顿一下又说：“这里太热，会影响客人复原，我安排他到北部群山里纳蒂亚的加利总统别墅去休息。”基辛格佯装病态，谦称就地休息即可，叶海亚总统却煞有介事地说服客人一定要到总统别墅休息，两人演了一阵双簧，哄骗舆论界。基辛格借叶海亚之口，大撒其谎，记者们都信以为真。直到“七·一五”公告发表，如晴天巨雷，不仅使美国各界人士吃惊，也使世界各国舆论哗然。基辛格借助谎言瞒天过海，完成了一次密访中国的特殊外交使命，不仅为尼克松总统访华打开中美友好的大门作了完善的准备，也是当代外交活动中利用谎言转移视听的最为典型事例。

要想达到目标，有时就需要转移视听，把对方的注意力转移到公开的行动上，而使其忽略在这种公开行动中隐藏的不公开行动。在对抗行动中，如果能做到“无形”，当然是最好的，但是在大多数情况下是很难做到的。如果以某种行动来掩盖另一种行动，那么对方就会被迷惑，进而产生一定的盲区，获利者便可以在他们的盲区内行动而不被发现。

【当下启示】

瞒天过海的关键在于一个“瞒”字，瞒得过则大功告成，瞒不过则弄巧成拙。但是“瞒”不是最终目的，而是“过海”的重要手段。在当今社会中，不管是商场还是职场，都要善于抓住“天”的弱点施谋设计，利用人们思维的盲点制造假象使对方做出错误的判断，从而达到获利的目的。以假乱真，瞒天过海，是精明商人的一种手段。

第二计　围魏救赵——后发制人，攻其必救

【原典重现】

共敌不如分敌①，敌阳不如敌阴②。

【注释】

①共敌不如分敌：共敌，这里指的是集中的敌人；分敌，这里指的是分散的敌人。

②敌阳不如敌阴：敌，攻打；阳，这里是指公开、正面、先发制人；阴，这里是指隐蔽、侧面、后发制人。

【译文释要】

攻打敌人的集中兵力，不如设法将它分散后再打；从正面攻打气势旺盛的敌人，不如从侧面攻打防守相对薄弱的敌人。

【计谋典故】

公元前354年，魏国将军庞涓带领8万军队攻打赵国邯郸。赵国派人到齐国求救，齐国任命田忌为统帅，孙膑为军师，带兵8万去救援赵国。田忌本想率军直接去邯郸与魏国交锋解救赵国。但是，孙膑认为这样做不妥，分析道：“要想解开丝结绳，不可以握拳去打，排解争斗，不能参与搏击，我们要趁虚取势，双方因受到制约才能自然分开。眼下魏国精兵都在攻打赵国，国内防御必定空虚，我们直接去攻打魏国首都大梁，那庞涓必回师解救，这样一来邯郸之围定会自解。我们再于中途伏击庞涓归路，其军必败。”田忌依计而行。果然，魏军离开邯郸，归途中又陷伏击与齐战于桂陵。魏部卒长途疲惫，溃不成军，庞涓勉强收拾残部，退回大梁，而齐师大胜，赵国之围遂解。这便是历史上有名的“围魏救赵”的故事。

【谈古说今】

“围魏救赵”是指当敌人过于强大时，一味地硬碰，无异于以卵击石。因此，应当避开其锋芒的一面，就其虚弱的一面进行攻击，从而达到后发制人、出奇制胜。这是一种转化敌我双方地位的迂回战略。在这个计策中，“围魏”只是“救赵”的手段，其真正的目的是“救赵”。

围魏救赵的妙处在于：可以不和对方直接交锋，往往不损一兵一卒，问题就解决了。作为当代人，应懂得这番道理，并在处理实际问题时运用自如。尤其是决策的制定者和管理者更要善于发现对手的弱点，趁虚而入，后发制人。

围魏救赵是孙膑后发制人，以“解杂乱纠纷”的一步妙计。几千年后，太平天国的忠王李秀成也巧施此计，解了天京之围。

太平天国后期，由于内讧加剧，大大削弱了革命军的力量。公元1860年，清军派和春率领数10万大军进攻太平天国的都城天京(今江苏南京)。清军仗着人马众多，层层包围，使天京成为一座孤城。

为了解救天京，天王洪秀全召集诸王众将商讨对策，面对如此险恶的形势，大家一时也想不出什么好办法。这时，年轻的将领忠王李秀成为洪秀全献上一计。他说：“如今，清军人马众多，硬拼只会凶多吉少。请天王拨给我两万人马，我将率众趁夜突围，偷袭敌军屯粮之地杭州。这样，敌人一定会分兵救援杭州。然后天王乘此机会突围，我也回兵天京，形成两面夹击之势，天京之围可解。”翼王石达开急忙响应，并表示也带一支人马，协同忠王作战。

诸王众将都认为这是“围魏救赵”之计，有两位将领亲率精兵突围，胜利是有把握的。可是洪秀全生性敏感多疑，怀疑二王想乘机脱逃，所以迟疑不决，没有吭声。

李秀成猜透了洪秀全的心思，他突然跪倒在地，泪如泉涌，说道：“天王，天国危在旦夕，我等若有二心，对得起天王和全军将士吗？”石达开也跪在天王面前，恳求洪秀全下令发兵。洪秀全深受感动，终于同意照计而行。

正值正月初二，清军仗着人多势众，已把天京团团围住这天半夜时分，李秀

成、石达开各率一部人马，趁着黑夜，从敌人封锁薄弱的东南角突围出去。清将和春见是小股部队逃窜，也就没有追击。

二王突围后，分兵两路：李秀成奔杭州，石达开奔湖州。

李秀成抵杭州城下，见守备森严，他急令士兵攻城，但都被击退。原来这杭州是清军的重要粮草基地，城内守军并有一万余人。他们只坚守城地，并不出城反攻。李秀成见三天三夜未能攻下杭州，心中焦急。突然天降大雨，城内守军见太平军久攻不下，且很疲惫，天又降雨，就都躲进城堡休息，因为几天几夜没好生睡觉，倒在地上就呼呼入睡。李秀成趁着雨夜，派一千多名勇士，用云梯偷偷爬上城墙，等守城兵士惊醒，城门已经大开，李秀成率部冲入城内，攻下了杭州。为了吸引围困天京的清军，李秀成下令焚烧清军的粮仓。

和春闻讯，知道杭州已失，断了后勤供应，急令副将张玉良率 10 万人马，火速回救杭州。

洪秀全见清军已分兵解救杭州，于是下令全线出击。李秀成攻下杭州，放火烧了粮仓之后，火速回兵天京；石达开也率部回撤天京。两路兵马汇合一处，机智地绕道而行，回避了张玉良回救杭州的部队，终于顺利地赶回天京。

此时城内城外的太平军对清军形成夹击之势，清兵始料不及，左冲右突，阵势大乱，死伤 6 万余人，一败涂地。

清军惨败，天京之围已解。短时期内，清军已无力再打天京了。

太平军在天京被围的情况下，采取围魏救赵的办法，以李秀成等部分攻杭州，迫敌撤围回救，疲于奔命，进而避实击虚，解开天京之围，使太平天国后期在军事上一度出现转机。杰出的领导者要找准对手的死穴，攻击不备，使对手受挫，自知智穷，而一败涂地。

对敌作战如同治水，对来势凶猛的强敌，要避开其正面冲击，像治理洪水一样，因势利导，使其疏散成为分流；对待弱小之敌，则必须抓住其弱点，采取筑堤堵流的办法，将其一举围歼。所以，当齐国去营救赵国的时候，孙子对田忌劝说道：要解开纠结杂乱的绳结，不能掌拍拳打；要阻止打架，不能自己参加进去动拳头。平息纠纷要抓住要害，乘虚取势。打仗要攻击敌人的要害和空虚部位，使对方受到形势的阻碍和限制，不能继续进行军事行动。这样，战争就自然而然地取胜了。

"用兵之妙，惟乎一念"，优秀的领导者总能在不利的环境中，灵光一闪，想出一个绝妙的点子，因势利导，将不利因素分割开来，一一击破，抓住弱点，重拳出击，化解困境。

"围魏救赵"用于现代商战中，要求企业经营者必须具备过人的眼光、超群的智慧、广博的知识，以及敢冒风险的胆魄。并且，在机遇出现时一定要紧紧抓住，以达到趋利避害，赢得最终胜利的目的。

瑞士举办的纽沙贴夫天文台钟表比赛，实际上是一场世界钟表行业的擂台赛，是专门为弘扬瑞士表的威名而设置的。

其实，瑞士表是凭借其钟表调整师的技术取胜的。瑞士的钟表调整师谙熟机械表的性能，对调整机械表的温度差、姿势差、整合差有着世界最高的技术水平。在这一点上，日本人只能望其项背。

精明的日本人善于避实击虚，精工集团将目标转向石英表以求得突破。石英表的运行原理是在石英上通入电流，使其发生伸缩性规律振动，然后将此振动转化为电流，再用此电流带动电动机来表示出时间。从振动的精确性来说，机械表根本无法与石英表相比。只要拥有耐震的能力，石英表的计时功能不受温度等变化的影响。

当精工表在1968年再次参加纽沙贴夫天文台的钟表比赛时，15块精工牌石英表的参赛成绩令考评者不由得惊叹——瑞士表都排在了日本精工表的名次之后。这恰如当头一棒，使瑞士人长时间无法回过神来。在沉重打击下，瑞士厂商忧心忡忡、坐立不安，直到第二年才把得分表寄往日本，同时不公开名次，并宣布从此停办纽沙贴夫天文台的钟表竞赛，而这意味着瑞士钟表的黄金时代宣告结束。

纽沙贴夫天文台"比武"的失败，使瑞士人丢尽了面子。为了雪耻，为了有朝一日能夺回失去的自信和荣誉，瑞士人一味追求机械表的极致和高精确度，而忽视了竞赛钟表耐高温性差、成本高等难以商品化的缺点，他们刚从惨败中逃出，却又步入了误区。日本精工集团则恰好相反。他们没有骄傲，而是迅速转移思路，进而将竞赛的成绩转化为生产力，并作出了将石英表商品化的战略决策。这样，大赛中获得的知名度又为产品大规模生产和走向市场鸣锣开道了。

日本精工集团制定了明确的目标，即“生产大众化、小型化的石英表”。1967年，在日本东京举办的新产品发布会上，展出了外表直径30毫米、厚3.5毫米的石英表——精工35SQ。这在当时是件重大的事情，而整个钟表业界也为之震动。其实，瑞士的钟表中心CEH开发石英钟表比日本早，但到了1968年才开始出售产品，较日本迟了半年。而此时精工表已经在市场上站稳了脚跟，瑞士钟表厂家又失去了一次扼杀精工表的机会。

不久，“石英10年黄金时代”到来了。在这10年间，日本精工集团将石英钟表技术发展到了一个极限。比如，精工超薄石英表9320A的厚度仅有0.9毫米，比普通硬币还薄。

同时，日本精工集团通过英明、果断的决策，将石英表发展成为钟表业的主流，而高质量的精工表在市场上所向披靡、盛销不衰。此后，日本精工集团则进入了鼎盛时期，在国际市场上势不可挡。

精工表强行在瑞士表占统治地位的欧洲登陆，即通过其在瑞典的连锁店代理商立足，以进行渗透。由于精工表具有低价格和高质量的优势，再加上流通网的支持，于是，很快便占领了瑞典市场。在此基础上，精工表又进军希腊，然后又挥师挺进法德市场，将瑞士名牌表逼得步步后退。同时，日本精工集团还为欧洲的许多运动会免费提供计时用表，以达到制造声势、树立威望的目的。在北美洲，精工表同样畅销，而且销量逐年递增。

如今，“精工”已成为享誉世界的著名商标，而精工集团已是全球著名的大钟表生产公司。

商战无情，具有百年辉煌历史的瑞士钟表竟然会在短短十几年间，就惨败于战后崛起的新秀“精工表”之手，其中的经验教训不能不令人深思。日本精工集团之所以能取胜，关键在于他们对竞争对手的情况了如指掌，同时又对自己的优势和缺点有着清醒的认识。

现代社会，竞争非常激烈，为求自身的生存和发展，企业领导者们无不使尽浑身的解数，围魏救赵亦被千万人以千万种形式加以利用。

南京化学工业公司是全国重点大型化工企业，现有职工三万五千余人，工程技术人员三千余名，拥有雄厚的设计开发、科研生产、化机制造和建筑安装实力。

市场开放后，企业之间的竞争激烈、加剧，南化公司曾用“围魏救赵”之计解除了几次燃眉之急。

南京有一化工厂与南化公司互有供应关系。该厂供应南化公司盐酸液碱，南化公司供应该厂硫酸、硝酸。

但在1986、1987两年，由于南化公司的硫酸、硝酸生产情况不好，对方就给南化公司施加压力，停止供应盐酸液碱，使南化公司生产受到严重影响。

南化公司针对这种情况，多次上门解释，请求谅解，但没有结果。

于是，南化公司无奈之际，决定“攻其弱点”，自己想法凑齐了盐酸液碱800吨，以满足生产急需，同时停止供应该厂硫酸、硝酸。

此计一出，果然奏效。该化工厂立即登门，三番五次地道歉，表示继续合作，不会再发生此类事情。

再如，有一个煤矿供应南化公司烟煤，但可以说是年年欠交、拖交。南化公司派员长驻坐催，甚至领导干部去亲自拜访、求援，都无济于事。

但该矿有一点要依赖南化公司，即采用南化的硝铵爆破，开采煤炭。抓住这一点，南化公司决定以对方交煤炭的时间来安排硝铵发货，互为条件。这一下，立即引起了该矿的重视，不得不按煤炭合同交货。

今天的南化人，使用“围魏救赵”之计解决了实际困难，而范旭东先生早在20世纪20年代，就巧施“围魏救赵”妙计，并且技高一筹。

范旭东先生是中国著名的化学家、企业家。第一次世界大战中，西欧各国忙于战事，顾不上中国市场，一时，输入中国的洋碱大幅度减少，国内肥皂市场出现了真空。于是从事盐业的范旭东把握时机，成立了中国第一个制碱企业——永利制碱公司，并起用著名化学家侯德榜，以轰动世界的“侯氏制碱法”将原盐利用率大大提高，生产出价廉物美的纯碱。

战争结束后，一直独占中国碱市场的英国卜内门公司重返中国，发现多了一个中国竞争对手。卜内门公司使了一系列手段，范旭东都不向卜内门妥协，卜内门便采用了极强硬的一招想迫使永利退出竞争——以低于原价40%的价格大量倾销纯碱，想以此打垮永利。

永利的实力和卜内门相比太过悬殊，根本不可能和他们进行价格战。怎么办呢？

范旭东想到了卜内门的另一个更大的市场——日本，这是卜内门在远东最大的市场，如果在那里占了上风，不就可以挽回在国内的损失了吗？他对此进行了精心策划，开始行动。当时日本三菱和三井两大财团竞争非常激烈，三菱有自己的制碱厂而三井没有，完全依赖进口。范旭东看准这一点，和三井公司协商，愿意委托三井公司在日本代销永利生产的红三角牌纯碱，价格大大低于卜内门。这个方案对三井公司来说一不用动用资金，二有利可图，何乐而不为？于是通过三井公司，相当于卜内门在日本销量十分之一的红三角牌纯碱打入了日本市场，向卜内门发起了进攻。

采用了新技术的红三角牌纯碱质优价廉，很快在日本造成碱价的下跌，为保住日本市场，卜内门不得不调低碱价。因为卜内门在日本的销量远远大于在中国的销量，这一降价自然损失惨重，而永利一来有新技术作保证，二来数量只有卜内门的十分之一，价格比卜内门在中国还高一些，因此损失并不大。卜内门在这场竞争中处于十分不利的局面。

几经权衡，卜内门发现保住日本市场比在中国挤兑永利要重要得多，于是向永利提出：卜内门停止在中国的削价倾销，希望永利也能停止在日本低价出售纯碱。范旭东趁机提出以后如果卜内门在中国市场降价，必须经过永利的同意。这场价格战永利大获全胜。

在这场商战中，范旭东运用了中国传统兵法中的围魏救赵之法，中国市场有难，由于实力有限不能打硬仗，便迂回地来到敌人的大后方——日本市场，以小股奇兵巧妙地击败了力量强大的卜内门，使他们为了保住大本营而甘愿改变在中国市场的销售策略。

【当下启示】

“围魏救赵”是一种以迂为直的计策，通过看似迂远曲折的途径来达到近直的目的。某些事情，如果直接去办会遇到很多困难，绕一绕弯也许就可以把困难避开或化解掉，这就好比驾车上山，从山下直奔山顶，路虽然是最直最近的，但却是最陡最险的，即使能爬得上去也会费时费力；如果盘旋而上，虽然多走许多路，但却可以降低坡度，绕过一些悬崖和沟壑，反而更加快速和安全。以迂为直使领导者增加了竞争筹码，提高了竞争能力。

第三计　借刀杀人——巧借外力，坐享其成

【原典重现】

敌已明，友未定①，引友杀敌②，不自出力。以《损》推演③。

【注释】

①敌已明，友未定：指要打击的敌人已经明确，而盟友却持徘徊、观望的态度。

②引友杀敌：引，引诱。这句话是指引诱盟友的力量，去消灭敌人。

③以《损》推演：根据《易经·损》卦中的“损下益上”和“损阳益阴”的逻辑去推演。

【译文释要】

敌人已经明确，而盟友（泛指第三方力量）的态度尚在犹豫之中，这时应极力设法诱使盟友去攻打敌人，而不必自己亲自出马。这是根据《易经·损》卦推演出来的计谋。

【计谋典故】

春秋末期，齐简公派国书为大将，兴兵伐鲁。鲁国实力远远不及齐国，形势危急。孔子的弟子子贡认为只有吴国才可与齐国抗衡，可借吴国兵力挫败齐国军队。于是，子贡先来到齐国，游说齐相田常。

田常当时蓄谋篡位，急欲铲除异己。子贡以“忧在外者攻其弱，忧在内者攻其强”的道理，劝田常不应让异己在攻弱鲁中获得主动，扩大势力，而应让其攻打吴国，以借强国之手铲除异己。田常心动，但因齐国已作好攻鲁的部署，转而攻吴怕师出无名。子贡说："这好办。我马上去劝说吴国救鲁伐齐，这不就有了攻吴的理由了。"田常听后，便高兴地同意了。

子贡又赶到吴国游说吴王夫差说："如果齐国攻下鲁国，势力就会变强大，必将伐吴。大王不如先下手为强，联鲁攻齐，成就自己的霸业。"接着，子贡又想到吴国战胜齐国之后，定会要挟鲁国，使鲁国不能真正解危。于是，他偷偷跑到晋国，向晋定公陈述利害关系：吴国伏鲁成功，必定转而攻晋，争霸中原。劝晋国加紧备战，以防吴国进犯。就这样一场战争在子贡的精心谋划之下爆发了，对齐之战夫差大获全胜。之后，骄傲狂妄的夫差，立即移师攻打晋国。晋国因早有防备，而得以击退吴军。

子贡在整个事件中所使用的就是"借刀杀人"之计，即先借吴国之"刀"，击败齐国，再借晋国之"刀"，灭了吴国的威风。

【谈古说今】

"借刀杀人"是为了保存自己的实力而巧妙地利用矛盾谋略：在与他方共同对敌时，对对手的情况已经很清楚，盟友如果还态度暧昧，犹豫不决，不肯果断进入时，要设法引诱盟友去攻打对手，避免消耗自己的力量，其结果是对手被除掉，而自己的实力丝毫未损，甚至会带来更多的利益。

"借刀杀人"有两层意思：一是自己不动手而利用第三者的力量攻击敌人，由于可以保存自己的实力，所以是最更高明的做法。事实上，这只是初步而已，"借刀杀人"高明之处不仅是利用第三者的力量，而是利用敌人的力量去攻击敌人，亦即巧妙地利用敌人的经济力量乃至敌人的智谋等进行离间，逼使对方从内部崩溃。

"借刀杀人"这一计多是人与人之间尔虞我诈，相互利用的一种政治权术。在纷繁复杂的政治斗争中，有些运用权术的人，既想达到杀人的目的，又要逃避法律的惩治和世人的唾骂，常常也采用借刀杀人的手法设下骗局，利用他人的力量去实现自己杀人的意图。

春秋战国时期，楚昭王即位，以囊瓦为相国，同宛、鄢将师、费无极同执国政。

一次，宛率军出征吴国，大获全胜，俘获了许多兵甲，昭王大喜，把所俘获兵甲赐了一半给他。而且对他十分信任，遇事就和他商量。

费无极见此十分妒忌，就和鄢将师串通好设计陷害宛。

一天，费无极对相国囊瓦说：“宛有意请客，托我来转报，不知相国是否赏光?”

囊瓦立即回答：“既然相请，哪有不去之理!”

接着，费无极又去对宛说：“相国早有意想在贵府饮杯酒，大家欢聚一下，不知你肯做东道主否？现在托我来问一问。”

宛见是好事，随口答应：“难得相国肯赏脸。真是荣幸之至！明天我就摆筵恭候，烦你先去禀告!”

费无极说：“不忙，既然相国要来，你准备送他什么礼物?”

你想得真周到。”宛说，“不知相国喜欢什么?”

费无极沉思了一下说：“他身为相国，金钱美女不稀罕了，唯有坚甲利兵，他最感兴趣，平日也提起过，对皇上赐给你的吴国兵甲十分感兴趣，来你家赴宴，无非是想参观一下你的战利品罢了。”

“这个很容易。”

宛当即叫人拿出战利品来，费无极帮着挑选出其中的100件，告诉宛：“够了，你把这些放在门边，相国来时，必问此事，到时你就拿给他看，乘机献给他。”

宛信以为真，就将那百件兵器和被俘吴兵安排在门内，用布帐围起来。次日，宛大摆筵席，宴请囊瓦等人。正当囊瓦要启程赴宴时，费无极却说：“宛近来态度十分傲慢，这次设宴又不知其中有何缘故，人心不可测，待我先去探听一下，再去也不迟。”

相国同意让费无极先去探测一番。

不一会儿，费无极急匆匆地跑回来，气急败坏地说：“事情不好，宛这次设宴，不怀好意。我见他们暗藏甲兵，杀气腾腾，相国若往，一定凶多吉少。”

囊瓦一听，犹豫不决，说：“我和宛平日并无仇恨，想必不会这样吧?”

费无极乘机挑拨说：“宛自以为征吴有功，又深得昭王宠幸，早有对相国取而代之的野心了。此次伐吴，本可一举灭吴，但由于受到吴国贿赂，半途班师回朝，想在本国打主意。”

这一番话把囊瓦的主意打乱了，但囊瓦还不太相信，又派心腹去宛家探个明白。

心腹回来报告说：“真有其事”。囊瓦气坏了，派人把鄢将师叫来，告诉他这件事，并问他如何处置。

鄢将师是早与费无极串通好的，见机会来了，就添油加醋地说：“宛想造反，正想篡夺国政，幸亏今日发觉，再迟就后悔莫及了。”

“可恶也，”囊瓦刷地把剑抽了出来，狠狠地说，“我要宰了他！”

当即奏请昭王，命令鄢将师率兵包围宛的家。

宛这时才知道中了费无极设计的圈套，欲诉无门，含冤拔刀自刎而死。

在朝廷，众臣之间为了争权夺利，借刀杀人，剪除异己，使许多人成了刀下冤魂；而在后宫，皇后、妃子之间为了争宠，也不惜使用此法，心狠手辣，酿成无数悲剧。

假手于人是解决近忧最巧妙、最经济的一种方法，假手于人最高明的运用，是借助对手的力量制服对手，善于利用第三者的力量，善于利用或制造对方内部的矛盾，达到取胜的目的。

1937年5月，年轻的元帅图哈切夫斯基将作为前苏联代表到伦敦参加乔治六世国王的加冕典礼。前苏联驻伦敦使馆突然在5月4日接到通知：图哈切夫斯基因“健康原因”不能成行。怎么会呢？“五一”那天，元帅还神采奕奕地站在莫斯科红场列宁墓上紧靠在斯大林身旁检阅游行队伍。然而，一个星期过后，元帅被解除副国防人民委员职务，贬谪到伏尔加军区。一个月后，前苏联《真理报》突然在显著位置发表了一篇社论：声称图哈切夫斯基等8位政府和军队要人是法西斯的间谍。当天，“苏维埃法庭判处这些恶棍、间谍、资产阶级豢养的小丑和前苏联人民的敌人以枪决，内务人民委员部已执行判决”。半个世纪后，1988年3月27日，塔斯社报道：“前苏联最高法院军事法庭根据前苏联总检察长1957年1月31日作出的结论，撤消了前苏联最高法院特别法庭1937年6月11日对因‘反前苏联托洛茨基军事组织’而受审的图哈切夫斯基、科尔克、亚基尔、乌博列维奇、普特纳、埃德曼、普里马科夫和费尔德曼的判决。”并在“1957年2月恢复了他们的党籍”，“为上述人员完全恢复名誉”。

那么，当年断送元帅性命的那个“罪行”是怎样构成的呢?

1936 年 12 月中旬，一个叫斯科布林的前沙皇将军在巴黎把两份报告交给了德国谍报机关。

第一份报告说，红军的统帅部正在策划一起反斯大林的阴谋，这起阴谋的头目是图哈切夫斯基元帅。第二份报告说，图哈切夫斯基与其亲密战友正在同德国最高统帅部和德国谍报机关的将军们保持着接触。

德国保安处长海德里希仔细看了看这两份报告的内容，认真掂了掂这两份报告的分量，约略估了估这两份报告的价值，终于想出了一个异想天开的主意：要是能把这个消息抛给斯大林，再伪造几份文件增添其严重性，那么也许可以一举摧毁俄国的全军指挥部门——借斯大林和前苏联国家警察之手加以摧毁!

海德里希不愧是国家保安处处长，工于心计，具有策划阴谋的特殊才干。既要想如何借刀杀人，又要考虑借刀不成如何把不肯借刀者置于死地，这种心计不可谓不周全，手段不可谓不毒辣。

他命令自己手下的贝伦茨秘密潜入德国最高统帅部的秘密档案室里窃取图哈切夫斯基的档案案卷，随从贝伦茨行动的当然少不了若干盗窃专家。他们神不知鬼不觉地得到所需要的案卷，当中就有德国军官和前苏联统帅部代表之间的谈话记录，其中也有图哈切夫斯基在 1925～1928 年间任红军参谋长时，同德国参谋总部及德驻苏武官处的代表的会见、谈话。可这些会见、谈话都是官方性质的，而且都是在希特勒上台之前的事。怎么办?

海德里希是不乏伪造文件的才能的。1934 年 4 月，他开始在盖世太保柏林总部的一个孤立的地窖中准备起必要的“文件”来。他为了这个目的专门设立了一个技术用具一应俱全的实验室，并由他个人亲自负责保密措施。一切准备就绪之后，他下令把弄到手的案卷进行“加工”，在谈话记录和来往通信中增添词句，补充新的信函，更改日期，最后使这个案卷显得很充实。在任何国家把任何一个具有如此齐备罪证的将军送交军事法庭，判其犯有叛国罪，那是完全能够令人信服的。

1937 年 1 月底，海德里希通过前捷克斯洛伐克和法国透露了这一“机密”，前苏联也马上得到了消息。

没过多久，在贝伦茨斡旋之下，海德里希的代表和前苏联驻柏林使馆的一名工作人员进行了一次接触。海德里希的人亮出了他的“杰作”——两封“逼真的”信件，前苏联驻柏林使馆的这位工作人员报了价，并告诉对方，一星期后，他们的全权代表会来“拍板”。

果然，在另一次会见时，前苏联内务人员委员部叶若夫的“全权代表”如期而至，提出报价。

为使莫斯科方面不致产生怀疑，海德里希下令开了一个300万卢布的漫天价。“全权代表”匆匆浏览了一下“逼真的”信件，点了点头，爽快付给对方300万卢布。海德里希总算把“刀”借到手了，这“刀”也确实要“杀人”了。

此后不久，斯大林在1937年8月召开的红军政治干部会议上，号召在红军中根除“人民敌人”。随之，国防人员委员伏罗希洛夫和内务人民委员叶若夫对武装力量发布命令。命令中说，红军中存在着一个分支密布的间谍网。因此要求部队，凡与间谍多少有联系的人都要作出交代，知道或怀疑别人有间谍活动的人，都要汇报。

刹那间，黑云压城，阴风骤起。从1937到1938年间，镇压机关对红军的基本领导骨干给予了一个接一个的极为沉重的打击。前苏联国防人员委员部中央机关，红军政治部，革命军事委员会，各军区和海军舰队，大部分军、师、团的多数主要领导干部都被逮捕了。

战争中，甚至市场竞争中，常常可见看到这种情形，就是双方都极力地想削弱对手，这时离间敌人内部关系，“借刀杀人”是最理想的方式了。

借刀杀人在现代经商中也经常用到，运作过程中，一个最基础的工作，应该是资金的筹措。所谓“巧妇难为无米之炊”，做生意一定先要有本钱，生意越大，本钱也就越大，这是谁都知道的。就实际情况来看，当然是有多大本钱做多大的生意，或者想做多大的生意就先尽量筹集多大的本钱。在一般人想来，手上分文没有，一上手就要做大生意，而且居然就做成了，这一定是一个神话。

胡雪岩实实在在给我们留下了这样一个神话。

胡雪岩一上手就要开自己的钱庄，对外号称拥有本钱20万两，其实，此时的胡雪岩是身无分文。虽然王有龄已回浙江任海运局坐办，但除了让胡雪岩有了一

点官场势力之外，银两方面事实上也还没法帮他什么，而胡雪岩的钱庄要开办得有点样子，至少需要5万银子。

在他看来，眼前先要弄几千两银子，把场面撑起来，钱庄的本钱，不成问题。胡雪岩有如此把握，是因为他心中已有了自己的“成算”，这“成算”也就是所谓“借鸡生蛋”。

所谓“借鸡生蛋”，说穿了，也就是拿别人的银子来做自己的生意。此时的胡雪岩想到了两条“借鸡”的渠道。一条渠道是信和钱庄垫支给浙江海运局支付漕米的20万两银子。王有龄一上任，就遇到了解运漕米的麻烦，要顺利完成这一桩公事，需要20万两银子。胡雪岩与王有龄商议，建议让信和先垫支这20万，由自己去和信和相商。这在信和自然也是求之不得。一来王有龄回到杭州，为胡雪岩洗刷了名声，信和“大伙”张胖子正巴结着胡雪岩，二来信和也正希望与海运局接上关系，一方面海运局是大主顾，为海运局代理公款往来必有大赚。另一方面；也是更重要的，海运局是官方机构，能够代理海运局公款汇划，在上海的同行中必然会被刮目相看。声誉信用就是票号钱庄的资本，能不能赚钱倒在其次了。有这两条，这笔借款自然一谈就成。本来海运局借支这20万只是短期应急，但胡雪岩要办成长期的，他预备移花接木，借信和的本钱，开自己的钱庄。

胡雪岩“借鸡生蛋”的第二个渠道，则是一个更加长远的渠道，那就是借助王有龄在官场的势力，代理公库。胡雪岩料定王有龄不会长期待在浙江海运局坐办的位置上，一定会外放州县。到时候他可以代理王有龄所任州县的公库，按惯例，道库、县库公款往来不付利息，等于白借公家的银子开自己的钱庄。他把自己的钱庄先开起来，现在虽然大体只是一个空架子，但一旦王有龄外放州县，州县公库一定由自己的钱庄来代理，那时公款源源而来，空的也就变成了实的。

就这样，胡雪岩先借王有龄的关系，从海运局公款中挪借了5000两银子，在与王有龄商量后的第二天，就着手招揽人才，租买铺面，把钱庄轰轰烈烈地开起来了。

胡雪岩这一招“借鸡生蛋”，真如变戏法一般。不过，生意场上的戏法如何去“变”以及“变”得好坏与否，又的确显示着经营者的眼光、胆略和技巧的高低。而生意场上，许多时候也确实需要变一变戏法。能够利用一切可以利用的条件，在并不损害他人利益的前提下，变出别人变不出的戏法，无论如何都是让人叹服的。当然，生意场上的“戏法”，说到底也就是一种必要的经营技巧，而不是心术不正的蒙人，所以，胡雪岩也说：“戏法总是假的，偶尔变一两套可以，变多了就不值钱了，值钱的还是有真东西拿出来。”

资本问题是生产经营所要面临的最大的问题。解决这一问题，借鸡生蛋不失为一条灵活机动的精妙之策，而施妙策必须以胆略和智谋为前提，争时夺势，把握全局，方能使妙策真正转化为利益。

现代商战中，对时机的选择与把握是至关重要的。可以说是企业和商家“借势”的灵魂，假借恰当的时机，乘“势”而发，可以使决策起到更大更有力的作用或影响。

早在20世纪40年代，威尔逊就从父亲的手里继承了美国塞洛克斯公司。一天，一位德国籍发明家约翰·罗梭来访，向威尔逊谈到了自己正在研究的干式复印机。两人一拍即合，同意双方合伙协作。

经过反复研制，塞洛克斯公司终于制出干式复印机成品——塞洛克斯914型复印机。当时市面上所有的复印机都是湿式的，这种复印机在使用前必须用专门的涂过感光材料的复式纸，印出的是湿漉漉的文件，要干透后才能取走，用起来麻烦极了。对比之下，干式复印机则便利得多。

威尔逊决定把此产品作为“拳头产品”推出。起初，威尔逊打算把首批货以成本价推销，以图开拓市场。他的律师提醒他：这是倾销，是法律不允许的。威尔逊于是将卖价定为2.95万美元。

干式复印机的成本仅2400美元，他却报出了相当于成本10多倍的高价，这可把副总经理罗梭惊呆了。

当时，法律是禁止高价出售商品的，威尔逊却信心百倍，他解释道：“我不出售成品，而是出售品质和服务，这就够了。”

不出威尔逊所料，这种新型复印机果然因定价过高被禁止出售。但由于展销期间已经向人们展现了它独特的性能，消费者莫不渴望能用上这种奇特的机器。

威尔逊早已获得了复印机的生产专利权。只此一家，别无分店。所以当威尔逊把新型复印机以出租服务的形式重新推出时，顾客顿时蜂拥而至。尽管租金不低，但由于受以前定价很高的潜意识的影响，顾客仍然认为值得。

1960年，威尔逊迎来了他的黄金时代，干式复印机一下子流行起来。虽然拼命生产，产品仍供不应求。

由于产品被塞洛克斯公司独家垄断，加上已有的高额租金，所以塞洛克斯的914型复印机以高价出售，大量的利润像潮水一样滚滚涌来。

1960年，公司营业额就高达3300万美元，而市场占有率已达15%。5年以后，公司营业额上升到近4亿美元，市场占有率达到66%，超过了克斯公司，也被美国的《财富》杂志评为10年内发展最快的公司，从此迈入了巨型企业的行列。

威尔逊的成功在于他的“借刀杀人”，借法律这把刀，封死了消费者的购买之门，把他们逼向威尔逊为其准备的租借之路。同时威尔逊还借超出平常的高租金，断开了消费者廉价租用的念头，为以后的高定价出售做好了准备。

借刀杀人的“借”也可理解为借用名人效应。如一些产品的发行，总要借助娱乐界、体育界的明星作广告，来使得产品大卖。

诚然，几乎每一位企业家都知道广告宣传的重大作用。但是不同的广告形式，其效果往往有天壤之别。“乐天株式会社”社长重光武雄在广告宣传上，经常别出心裁、怪招频出、以奇制胜，从而被松下幸之助称之为“领导了广告新潮流的广告奇才”。

1964年，一个难得的机会被重光武雄抓住了，并开拓出了国际市场。原来，这年3月，法国有一位名叫亚兰德伦的著名影星访问日本，他的一言一行为千百万追星族所关注。为了将“乐天”口香糖产品推向国外，重光武雄使出浑身解数，邀请亚兰德伦参观自己的公司。在试吃口香糖时，亚兰德伦脱口说了一句极为幽默的话：“我不知道日本也有这么棒的巧克力!”这句本是不经意说出的话，后来却被重光武雄加以利用，广为宣传。他在东京电视台包下一个“名人名言”的节目，反复宣传亚兰德伦这句赞扬“乐天”口香糖的幽默话语。一时间，千百万追星族对“乐天”口香糖趋之若鹜，都以一尝为快事。“乐天”口香糖几天之内便卖空了库存，加班加点生产仍供不应求。影响更为深远的是远在德国的青年，经电视一转播，也对日本“乐天”口香糖产生了极大兴趣，四处托人购买。没多久，乐天公司就向德国大量出口其“乐天”牌口香糖，受到德国人的广泛喜爱，被称为“乐天巧克力”，很快占领了德国市场。

1971年，重光武雄为了进一步扩大媒体宣传，他还做了一个大动作，斥资6亿日元，买下了日本“大海”棒球队，将它改组为“乐天球团公司”，并重金礼聘著名球员进行训练。不到3年时间，这支棒球队便打遍日本无敌手，乐天产品也因此出尽了风头，销售量飞速蹿升，不仅赚回了广告宣传费，还获得了可观的盈利，更重要的是，“乐天”的知名度在日本民众中与日俱增。

重光武雄之所以能领导乐天公司取得今天的骄人成绩，完全是在营销战术中巧打“广告”牌的结果。而他的“巧”则在于借用名人效应。

名人总是能吸引很多人的关注，在名人身上做文章、借助名人名誉，这招借佛发光不失为借刀杀人的另一妙用。领导者要善加利用，使其创造出更大的利益。

借刀杀人之计，让人听着就感觉阴气袭来，不寒而栗，然而，运用者若突破常规，采用逆向思维，这阴冷的招数也可以透出人文关怀，当然利益也会源源不断地增加。

有一位聪明的旅馆经营者，根据自己旅馆的实际情况，想出一条奇特的发财之道，结果使生意红火起来。

当旅馆面临顾客日益增多，可又没有充足的空间供客人休闲活动时，聪明的经营者发现在旅馆后面有一大片山地尚未被开发利用。可是，要全面开发再种植树木，又得花费许多资金。怎么办？经营者想出了一条妙计：派人在旅馆内张贴出海报：“亲爱的顾客，您好!本旅馆后山有一片土地，宽阔而又幽静，特意留给各位栽种树木以做纪念。如果哪位感兴趣的话，可在那里亲手栽种一棵树，本旅馆将派专人为您拍照留念，在树旁可立牌写上您的尊姓大名、植树时间。当您再次光临本旅馆时，您看到自己亲手栽种的树木已枝叶繁茂，小树长成大树时，一定会特别高兴，并会产生一种特殊的感觉。这是多么具有纪念意义的事情啊!此项活动，只收树苗费200元。”这一颇具魅力的海报刚一贴出，便有许多到这里度蜜月的结婚周年纪念日的夫妇，或毕业结伴而来旅游的青年学生纷纷参加。人人都想亲手栽种一棵属于自己的树，作为永久性的纪念。

没过多久，后山空地植满了树木。不仅改善了旅馆的环境，而且旅客回家后一传十，十传百，有的还专程为看自己亲手栽种的纪念树一而再，再而三地来此旅馆。这样旅馆的经营者，自己无需动一下手，便轻而易举地获得了许多利润。这不仅使该旅馆的生意越来越兴旺，而且还带动了这个地区的观光事业。

这位高明的旅馆老板，就是借鉴了“借刀杀人”之计。借旅客的“手”开发尚未利用的荒山，而自己源源不断地获取利润。

在管理企业，制定经营方略时，我们要采用人性化的思维方式，巧妙借用外力，自己不用动手，不用出力，不花任何代价而达到目的。

【当下启示】

“借刀杀人”是借他人之手或他人之力来铲除异己或达到自己目的的一种计谋。在环境受到限制，自身没有能力，或者不愿直接抛头露面的情况下，有计划地利用别人达到自己的目的，即使失败，自己也不用承担任何风险。一时难于力取的，可以借对手的力量；一时难于歼灭的，可以借对手的刀刃。我想夺取的地方，可以借对手的力量为我代劳；我要歼灭的力量，可以骗得对手为我歼灭。

第四计　以逸待劳——以守为攻，以静制动

【原典重现】

困敌之势①，不以战。损刚益柔②。

【注释】

①势：情势、趋势，这里主要是指的军事态势。

②损刚益柔：语出《易经·损》。“刚”、“柔”是两个相对的事物现象，在一定的条件下相对的两方可以相互转化。

【译文释要】

使敌人处于困难的局面，不一定采取直接进攻的手段，可以采取消耗敌人有生力量的手段，使之由强变弱，以改变自己被动的局面，从而获得胜利。

【计谋典故】

战国末期，秦国少年将军李信率20万军队攻打楚国。

开始时，秦军连克数城，锐不可当。但不久，李信中了楚将项燕伏兵之计，秦军大败。

后来，秦王又起用王翦。王翦率领60万秦军，屯兵于楚国边境。随后，楚军便立即发重兵抗敌，而王翦却毫无进攻之意，只是专心修筑城池，摆出一派坚壁固守的姿态。两军对垒，相持年余。在此期间，王翦鼓励将士养精蓄锐、休养生息。

一年后，秦军将士人人身强力壮、精力充沛，而楚军早已疲惫不堪、斗志全无，认为秦军只是防守自保，便决定东撤。王翦见时机一到，便立即下令追击正

在撤退的楚军。秦军将士如猛虎下山，只杀得楚军节节败退。此后，秦军乘胜追击，锐不可当，公元前223年秦灭楚。

秦军打败楚军所用的正是“以逸待劳”之计。

【谈古说今】

“以逸待劳”是指在敌人气势正盛时，自己先采取守势，养精蓄锐，并想办法让敌人在战场上四处折腾；待其疲惫不堪时，再一举歼灭。即以我方的安闲、休整、养精蓄锐，来对付对手的疲劳，以便乘机出击战胜对手，是面对强劲对手时所采取的一种应变策略。

凡是攻击对手，自己首先要有足够的力量，在自己的力量不足以击败对手时，要避免过早地同对手直接交战，应主动退守，抓紧时机，扩充力量，使我由弱变强，变不利为有利，变劣势为优势。

以逸待劳，是以人为手段调动对手的方法。

作为一个领导者要挖掘主动权，以简便控制繁难，以不变应付万变，以小变对待大变，用静制动，抓住中心，控制四周局势，变劣势为优势。

春秋时，齐王拜鲍叔牙为大将，率兵攻打鲁国。

鲁庄公曾吃过齐国的败仗，因此一听到齐军又来犯，很是惊慌失措。这时，鲁国大臣施伯不仅劝鲁庄公不必惊慌，还举荐曹刿为随军参谋，并说其有破敌之良策。于是，鲁庄公问他怎样才能打退齐国人，曹刿回答说：“鲁国遭人欺侮，全国上下齐心，定能打退敌人。至于仗怎么打要随机应变，不能墨守成规、一成不变。只有让我到了战场，才能决定如何作战。”

两军对峙于长勺。齐将鲍叔牙视鲁庄公为手下败将，有轻敌之心，便下令全面攻击，想一下子把鲁庄公活捉。鲁庄公一见这阵势，便有些发慌，急忙下令擂鼓迎击。然而，曹刿立即出面制止说：“敌人的锐气正旺盛，只可以严阵以待，急躁不得。”随即要鲁庄公传令偃旗息鼓、坚守阵地，不准惊扰喧哗、轻举妄动。齐军冲不动，只得退了下去。过了一会儿，齐军再次擂鼓冲锋，鲁军依然不动，齐军又未攻进。鲍叔牙以为鲁军害怕自己，很是得意。于是，他又下达了第三次冲锋的命令。这时，齐军的战鼓虽然擂得很响，但由于前两次冲锋没有进展，其士兵的斗志已经松懈下去。曹刿听到齐军的第三次鼓响，便对鲁庄公说：“是出击的时候了!”鲁庄公一声令下，鲁军如猛虎搏食，冲向齐军阵营，齐兵被鲁军突如其来的攻击弄得措手不及，被杀得七零八落，大败而逃。此时，鲁庄公正要下令全线出击，曹刿却说：“且慢，让我看看。”他跳下车，查看了一会儿车辙印，又跳上车，手扶横栏向远方张望，然后才请鲁庄公下令追击，鲁军大获全胜。

庆功宴上，鲁庄公问曹刿：“你为什么要等敌军三通鼓罢才肯擂鼓出击?”曹刿答道：“士兵打仗全凭一股勇气，擂鼓就是冲锋的信号。第一次鼓响，是士气最旺盛的时候，好比一群猛虎下山，有着锐不可当的气势；第二次鼓响，又碰不到对手时，士兵的士气就会开始松懈，斗志也逐渐下降；到了第三次鼓响，士兵的士气已到了疲惫状态，其战斗力减了一大半。然而，我军以逸待之，乘敌人三通鼓后，出其不意、一鼓作气，自然会打胜仗。”

“一鼓作气，再而衰，三而竭”，曹刿避开斗志旺盛的敌人，待其精疲力竭之际，再以精锐之师击之，从而获得了战斗的胜利。

“劳”与“逸”是两种截然对立的临战状态，又由于两种状态对双方战斗力的影响具有至关重要的作用，因此善用兵者多善于利用间接手段，陷敌于疲惫状态，以削弱其实力，从而为自己创造“逸”机，并且战而胜之。

以逸待劳，并不是坐享其成，也绝非是件轻松的事情。在激烈的商业竞争中，经营者要认真考查市场需求，审慎地制定自己的经营策略，并善于利用竞争对手的漏洞。在经营中，盈亏皆是常有之事，胜不骄，败不馁，方能指挥若定，出师而捷。

安氏公司和吉远公司是香港两家著名的房地产开发公司，两家本为一体。吉远公司的老板陆吉远精通房地产业，在银行的支持下，从安氏公司中独立出来，并带走了安氏公司的一些项目。因此，两家公司的关系一直很紧张。安氏公司视吉远公司为“叛逆”，一直想以雄厚的实力挤垮吉远公司。可是，由于吉远公司的老板陆吉远经营有方，而且还有银行的支持，因此它非但没有被挤垮，反而一天天壮大起来。

虽然安氏公司暂时失利，但公司老板安邦并没有灰心。他苦心经营着公司内外事务，等待时机，东山再起。

内地实行改革开放后，安邦凭着他敏锐的商业意识，觉得这是发展安氏公司的大好时机。于是，他赴内地考察，不久就揽下了几个大项目。就在安氏公司想在内地大展宏图时，情况却发生了变化。

就在安邦准备到内地签合同的前一天，电视新闻中播出了一则报道："建筑业新霸主陆吉远，为求迅速发展，将于近期展开攻势，收购其'老家'安氏公司。陆先生称，他正调集足够资金，准备从明天起大规模收购安氏公司股票。社会上零散的安氏股票很多，如果收购顺利，不愁做不了'安氏'的最大股东。金融界认为，陆先生此举定会引起股市的波动。"

安邦听完后，大吃一惊，心想：吉远公司这几年发展迅速，又有银行的支持，如果这次收购成功的话，自己大半生的辛劳岂不是白费了吗？不行，不能让他得手。他想收购，我就来个反收购！

但是，当安邦把吉远公司的全部资料找来，从头到尾仔仔细细地看完一遍后，心中顿起疑窦。因为资料表明，吉远公司尚不具备收购安氏公司的实力。如果安氏公司组织反收购，吉远公司不仅不会成功，而且还会积压不少资金。陆吉远不可能干这样的蠢事，银行也不会同意。再说，即使他真想收购安氏公司股票，又怎么可能把消息透露给兴风作浪的媒体呢？其中，必定有诈。安邦想到这里，已经猜到了八九分：陆吉远"醉翁之意不在酒"，他是想借此破坏我在内地的投资计划。

想到这里，安邦便找来助手，交代了对策，然后就到内地签合同去了。

新闻播出后，第二天股市一开盘，吉远公司果然开始大量收购安氏公司股票，'安氏'股票价格直线上升。持股市民争相抛售，吉远公司的收购工作非常顺利。下午，安氏公司开始回收股票，但只收购了一会儿就停止了。第三天早上，'安氏'股票价格进一步攀升，吉远公司照旧大规模收购，有多少吃多少。安氏公司却没有在股市上露面。媒体纷纷报道："吉远公司攻势凌厉，安氏公司无招架之力，不敢应战。'安氏'可望易姓。"

又一天过去了，安氏公司的股票持续大幅度上升，吉远公司开始力不从心，宣布停止收购。当天晚报刊出一条消息："'安氏'老板在内地签订大宗工程合同，'安氏'安然无恙"。到了第 4 天，"安氏"股票价格大幅度下跌，安氏公司开始低价回收本公司股票。吉远公司收购安氏公司的阴谋不攻自破了。

原来，当吉远公司第一天开始大规模收购“安氏”股票时，安邦的助手在股市秘密抛售了部分股票，下午又故作姿态回收少量股票后就撤出了，造成“无力反收购”的假象，刺激股价持续上升。吉远公司本来就无心收购安氏公司的股票，只不过想激怒安氏公司来进行反收购，借此破坏对手去内地签约的计划。谁知安邦并没有上钩，吉远公司自讨没趣，又没钱继续高价收购，只好急忙停止收购。吉远公司高价购进股票，股价下跌使它赔了一大笔钱，而安氏公司利用吉远公司收购“安氏”股票的时间，去内地谈成了几笔大生意。后来，趁着股价下跌，大规模低价回购了自己公司的股票，又赚了一大笔。

安氏公司老板安邦在这场收购战中，采取了“以逸待劳”的策略，置吉远公司的进攻于不顾，在内地谈成了几笔大生意。等吉远公司筋疲力尽撤退后，安氏公司乘机大举反攻，不但自己未损一根毫毛，而且获利不少，同时还重创了吉远公司，可谓“一箭三雕”。如果安氏公司轻信吉远公司的谣言，进行反收购，那么它非但失去了进军内地的大好机会，而且还会损失一大笔宝贵的资金。

冷静分析眼前形势，避敌于锐不可当之时，以逸待劳，然后乘其懈怠，一举击破，就能获得胜利。

现代企业竞争，在很大程度上是人才的竞争，技术的竞争。因此，注重人才的培育，对于企业在竞争中立于不败之地，至关重要。企业的领导者和管理者让员工不断更新技术，特别是定期举办提高技能的培训，可以说是一种以逸待劳，反劳为逸的应变术。

意大利菲亚特汽车公司认为，保持高技术才能立于不败之地。因此，公司每年都拿出占总经营额10%左右的资金用于研究和培训。菲亚特公司的培训中心十分庞大，它是在1922年菲亚特建立的技术学校的基础上扩建的，拥有一幢面积为2.5万多平方米的教学楼和一个可供400人同时操作的实习车间，并有79名专职教员和116名兼职教员。这些兼职教员都是本公司或国内的技术人才。平均每年在培训中心接受培训的人员达万人，他们中有领导、干部、技术员，还有一般工人。培训的内容主要有两类：技术培训，管理培训。公司对受培训的工人，除工资待遇不变外，掌握技术好的，还可得到一定的奖励。公司还特别注意对经理、厂长和决策人员的培训，规定凡新任命或新提升的经营管理人员，都要脱产3个星期，接受培训。利用培训中心，菲亚特提高了员工队伍的技术水平和管理水平，从而适应了不断变化更新的时代对技术的发展需要。

日本三泽住宅公司也注重在岗职员的休整培训。该公司的训练中心是日本唯一配备有特别训练设备和课程的住宅训练中心。有一间250个座位的教室，一个供学习组装住宅时用的实习工厂，还配有各种先进的教学设备。训练中心开设20多套课程，以便不同层次的管理人员、技术人员和其他职员学习。学习也不是一次性的，而是根据建筑科学的发展，不断地接受再培训。三泽住宅公司在技术开发和职员培训上取得了巨大的成功，使它迅速成为日本预构房屋工业的领导厂商。

以逸待劳也是为人处世的一个应变策略，台湾著名作家马森亮先生在《韬略大全》中指出："处事和做人的原则不同，处事是今天的事今天了，效率越快越好；而做人，尤其是处理复杂的人事问题，拖延才是一个好办法。拖，并不是怯懦，也不是卸责，它是一种权变手段，要自己的意志不为猝然发生的事件诱惑，使自己永远站在主动地位，这就是所谓的'拖延政策'。消极地说，是静观事物的变化，以做最后的决策，积极地说就是设法使对方疲于奔命，挫他的锐气，然后伺机出击，使其一蹶不振。"即如孙子所说的"藏于九地之下，动于九天之上"的意思。这种拖延政策，实际上就是一种以逸待劳的策略。

时机不成熟时，要善于等待时机，可以采取退避三舍、虚于应付、故意拖延等办法与对手巧妙周旋，时机一到，转守为攻，一鼓作气消灭对手。时机不成熟，不动如山岳，时机一到动如脱兔。

《孟子·离娄下》曰："有所不为而后，可以有所为。"只

有不做一些事情，才能完成要做的事情。也就是说，做事情不能什么都一起抓，应该分清轻重缓急，有所侧重，有劳也有逸。人的精力和时间都是有限的，不可能事无巨细，一概都揽，一下子全做。领导者应该抓住急需做和应该做的事，有些应该做的事情，因为条件不具备，也只能留待将来处理；有些不急需做的事情，也可放一放，等精力充沛了再去做，可能会收到更好的效果。明·洪应明《菜根谭·应酬》云："遇忙处会偷闲，处闹中会取静，便是安身立命的功夫。"张弛有度，劳逸结合，这也是现代人应变生活的必备功夫。

【当下启示】

想要让对手处于困难的局面，并不一定只用进攻之法，关键在于掌握主动权，待机而动，以不变应万变，以静对动，积极调动对手，创造时机，不让对手调动自己，而要努力牵着对手的鼻子走。因为凡是先到战场而等待敌人的，就从容主动，后到达战场的只能仓促应战，一定会疲劳被动。所以，不论是作战、从政还是经商、处世，若想化自身的弱势为优势，就得设法变被动为主动，调动对手而绝不要被对手调动。以逸待劳这种拖延政策，不失为一种上上之选。

第五计　趁火打劫——审时度势，乘而取之

【原典重现】

敌之害①大，就势取利，刚决②柔也。

【注释】

①害：这里是指遇到严重的困难，而处于危险的境地。

②决：决，冲开、去掉，这里引申为摈弃、战胜。王夫之《周易内传》卷三说：“夫之为言决也，绝而摈之于外，如决水者不停储之。决而任其所往。”

【译文释要】

当敌人遭遇困难时，我方就要乘此机会，给予敌人坚决、果断的打击，以取得胜利。

【计谋典故】

春秋时期，吴国和越国相互争霸，战事频繁。起初是吴国战胜越国，但越王勾践，卧薪尝胆。表面上对吴王夫差百般逢迎，内心里却对夫差不服，发誓要报复。在骗取夫差的信任回国之后，虽继续向吴国进贡，而暗地里却在国内采取了一系列富国强兵的措施，等待时机进攻吴国。吴王夫差被假象所迷惑，过着骄奢淫逸的生活。时机终于来了，公元前473年，吴国颗粒无收，民怨沸腾。越王勾践趁吴王夫差北上和中原诸侯在黄池会盟的时机，大举进兵吴国，吴国国内空虚，无力还击，很快就被越国击破灭亡。

越王勾践的胜利，正是乘敌之危、借势取胜的典型战例。

【谈古说今】

孙子语曰："敌害在内，则劫其地；敌害在外，则劫其民；内外交害，则劫其国。"意思是敌人有内乱，就可攻占它的领土；敌人有外患，就可乘机笼络它的民众；如果敌人内忧外患同时存在，岌岌可危，就赶快兼并它。领导者就要有这种眼光，分析形势，审时度势，并迅速出击，才能稳操胜券。

明朝末年，李自成领导的起义军攻陷北京，崇祯帝在景山自缢，明王朝覆灭。起义军一进入北京，便在京城内到处抄没明朝大臣的宅院，抢掠富贵人家的财宝，搜刮皇亲国戚与其余党的财产，搞得人心惶惶，鸡犬不宁。

李自成称帝后，把明将吴三桂的爱妾陈圆圆抢去，而后又将吴三桂的老父吴骧关押起来，并以此来胁迫吴三桂投降。

吴三桂乃明朝名将，统领数十万人马镇守山海关，抵御后金的入侵，此时接到父亲发来的劝降书，得知李自成已在京都称帝，定国号为"顺"，自知大势已去，意欲归降。正在回信写降书之时，逃难的家僮从京城赶来，吴三桂问："家里的情形怎样?"

家僮大哭说道："老主人已经被关进大牢。"

吴三桂听后，不以为然地说："这无妨，我这一封书信过去，老人家立刻就会出狱的。"

吴三桂又淡淡地问："夫人呢，她现在何处?"

家僮顿时禁住了哭声，嗫嚅着说不出话来。

吴三桂一见此情，便知夫人已出事。果然，家僮说："夫人早已被叛军抢去，押在闯王宫中。"

吴三桂听罢，怒发冲冠、拍案而起，怒吼道："夺妻之仇，押父之恨，此仇、此恨不报，枉活人世。不杀李自成誓不为人!"

吴三桂将原本已写好的降书撕得粉碎，然后重新铺开纸张，他在给吴骧的信中写道："父既不能为忠臣，儿安能为孝子？……"

此时的吴三桂已经把国家大业弃置脑后，心里头想的都是如何报一家之私仇了。

他一面操练人马，准备回师讨伐，一面暗地进行部署和谋划。他想：闯王有

雄兵四十余万，猛将如云，谋士如雨，而自己只有十余万军队，兵力单薄，未必是闯王的对手，怎么办？

被仇恨之火煎熬得失去理智的吴三桂，把目光瞄向了昔日的死对头，自己领兵为将以来一直与之死战的清朝军队。

那时顺治帝即位，因年方7岁，一切军机大事皆由摄政王多尔衮做主。多尔衮见中原烽火不断，明王朝与大顺军正在火拼，早就想趁火打劫了，只是慑于吴三桂镇守边关的10万精兵，而一直未敢轻举妄动。

这一天，多尔衮听说吴三桂来访，对他的来意也早已略知一二。不由心中大喜，立刻传令以嘉宾之礼召见。

多尔衮见吴三桂眉头紧锁，便明知故问道："吴将军驾临，不知有何见教？"

吴三桂经过一番痛苦的思想斗争后，终于横下一条心：宁可落个万世骂名，也要先解心头之恨。于是，便直截了当地说："明清两国，世通修好，当年清国内部自相侵扰，我大明也曾发兵相助过。今日大明不幸，盗贼横行，京都沦陷，君王晏驾，百姓涂炭，此仇此恨，不共戴天。勤王起师，原是我辈本分，怎乃本将兵微将寡，难挡乌合之众。如尚念邻邦之谊，亦应举国发兵，助我一臂之力。"

多尔衮久欲入侵中原，只是苦于边关有精兵悍将当道。如今，非但面前关隘皆除，且自己竟成堂堂正义之师，内心不免狂喜。但是，脸上却故现难色，推搪拒绝地说："贵国内乱，按说应尽邻邦救援之宜，只是我国国小兵弱，恐救助不成，于事无补，将来反自受其累，落得千古骂名。此事本军乃力所不及，实难如愿，请将军多多谅解。"

吴三桂苦苦哀求着说："贼虽然人数很多，但都是乌合之众，只要贵国肯出兵相助，无不奏凯之理。"

但是，多尔衮就是不轻易松口。

这样反复地谈判，转眼已是半月，多尔衮虽然嘴上一直未说出兵，但暗地里却早已开始进行作战的准备了。

待一切都已备妥之后，多尔衮才假惺惺地说："既然将军连番数次恳求，本帅亦被将军忠心所感动，不管我国有多大困难，都会以邻国之难为己难，决定出兵相助。"

吴三桂闻言大喜，立即收拾兵马，与多尔衮的清军合兵一处，浩浩荡荡穿过山海关，向着中原大举杀来。

行至一片石积如山的地方，清军与大顺军相遇，双方进行了激烈的搏杀。战斗结果，大顺军大败，清军乘胜追击，几天之间便直捣北京，李自成只好弃城西遁。清兵占据了北京后，便把当初相助的许诺抛到一边，从此中原大好河山，尽归满人之手。

李自成领导的大顺军被平定之后，清军又挥戈向着南明的官兵杀来，血屠扬州十日，杀得满城老幼无存。再血洗嘉定，将一城男女全部屠戮，明朝的遗臣或被收买，或被杀害。中原人民罹难之惨，牺牲之多，死伤之重，均为史所罕见。

至此，吴三桂见大罪铸成，悔之晚矣，他也只好为虎作伥，成为清军的一个马前卒。当大好河山尽归清兵之后，清王朝怕他谋反，给他封了个平西王，以让他偏安一隅。

多尔衮审时度势、观时而动的谋略颇有借鉴作用。

“趁火打劫”在商场上是经营高手的惯用之计。当经营者认定对方有求于自己时，便可逼其接受自己的苛刻条件，从而使自己赚得巨大的利润。

众所周知，巴拿马运河自从1914年通航之日起，一直到1979年都是由美国独自掌控的。在此期间，美国每年都会从这条运河上赚得一大笔钱，而且这条河的战略地位非常重要。可是，巴拿马运河最早却并非由美国开凿的。19世纪末，法国洋际运河工程国际公民协会和当时的哥伦比亚政府签订了一项协议，打算在哥伦比亚的巴拿马省内开凿一条运河，当时巴拿马共和国尚未建立开凿一条连通大西洋和太平洋的运河。

为顺利开凿巴拿马运河，法国成立了洋际运河工程公司，而主持这项工程的总工程师就是因开凿苏伊士运河而闻名世界的法国人雷赛布。凭着过去的成功经验，他认为完成这项任务不在话下。但是，工程一开始就遇到了麻烦。原来，巴拿马的环境和苏伊士有很大的不同，工程进度相当缓慢，资金也开始短缺，公司陷入了困境。

美国政府得到这个消息后，决定购买法国运河公司，由美国开凿巴拿马运河。因为，美国对开凿这条运河也早有打算，只因法国下手太早，抢先与哥伦比

亚政府签订了协议，才使美国不得不暂时放弃这一打算。然而，机会终于来了。

虽然法国政府并不想卖掉公司，但是洋际运河工程公司面临困境无法经营。不得已，法国洋际运河工程公司的代理人布里略访问了美国，提出要出卖运河公司，开价是一亿美元。法国政府认为美国政府一定会很高兴地将公司买下。

尽管美国政府早就对运河垂涎三尺，得悉法国洋际运河工程公司要出售更是欣喜若狂，但其表面上却显得并不怎么热情。美国政府故作姿态，并委派美国海峡运河委员会提出一份调查报告，以证明在尼加拉瓜开运河省钱。报告煞有介事地称："在尼加拉瓜开运河的全部费用不到2亿美元。虽然在巴拿马开运河直接费用只有一亿多美元，但并不合算，因为需要另外付出一笔收购法国公司的费用。这样加起来，开巴拿马运河全部费用就将达到2.5亿多美元。"这份报告自然要让法国洋际运河工程公司的代理人布里略先生"过目"。

这份报告使布里略吓了一跳，心想：如果美国不在巴拿马开运河，法国不是一分钱也收不回来了吗？于是，他马上展开游说，声称法国政府愿意降价出售洋际运河工程公司，只要4000万美元就行了。美国政府一听，便立即用4000万美元买下了运河公司。仅此一项美国就少花了6000万美元，然而法国人还以为挺幸运，总算收回了4000万美元成本，殊不料却上了美国政府的当。

买下运河公司后，美国政府又对哥伦比亚政府故伎重演。美国国会通过一项法案，规定：如果美国政府能在适当的时间内和哥伦比亚政府达成协议，那么美国政府将考虑开凿巴拿马运河。不然的话，美国政府还将选择开凿尼加拉瓜运河。

这么一来，该轮到哥伦比亚政府坐不住了，马上让驻美国大使找到美国国务卿海约翰协商，并签订了一项条约，同意以1000万美元加每年25万美元的代价长期租给美国一条两岸各宽3英里的运河区。

时任美国总统的西奥多·罗斯福不愧是老谋深算，他形退实进，既网开一面叫法国人、哥伦比亚人有"甜头"可吃，又趁火打劫，为美国捞得了大便宜。

人一生中最重要的是知道什么时候去捕捉机会，尤其是对一名成功的企业领导者来说，更应具备这方面的素质，且应比旁人多些许的敏感和决断，所谓机不可失，时不再来。

1973年3月，扎伊尔发生了叛乱。这件事，对于远隔重洋的日本企业，似乎没有多少意义，但日本三菱公司的领导者却没有放过这一信息，他们经过分析认为，与扎伊尔相邻的赞比亚是世界重要的铜矿生产基地，有可能受到叛乱的影响，对此不能掉以轻心。

于是，三菱公司的领导者命令情报人员密切注视叛军的动向。不久，叛军向赞比亚移动。公司总部接到这一情报后经过分析，预见到叛军将切断交通，由此必将影响到赞比亚铜矿的输出，从而影响世界市场上铜的价格。

三菱公司经过推断，果然地作出决策，大量收购市场上的铜。而当时，叛军尚未切断交通，市场上的铜的价格没有太大的波动。三菱公司趁机低价购进了大量的铜，待机卖出。

果然，后来叛军切断了交通，每吨铜价上涨了60英镑左右，三菱公司将先前购进的铜卖出，赚了一大笔钱。

三菱公司趁扎伊尔发生叛乱之机，劫了一笔横财。其成功的关键就在于公司领导者多谋善断，从信息情报中寻找“火”源，并科学推断，从而将一般人所不曾留意的信息变成了财富。

【当下启示】

当敌人方面发生严重困难而穷于应付、自顾不暇的时候，正是其防卫能力最弱的时候，要充分利用这个有利时机，向敌人发起突然进攻，从而夺取胜利。当然，我们还要弄清楚敌方所遇之“害”究竟大到何种程度，只有当其自顾不暇的时候，才能主动出击；否则贸然发动进攻，非但不能获利，反而会遇到致命的危险。

第六计　声东击西——由此及彼，弱中求胜

【原典重现】

敌志乱萃①，不虞②，坤下兑上之象③。利其不自主而取之④。

【注释】

①敌志乱萃：萃，即悴，憔悴。这句话是指敌人情况混乱、疲惫不堪。

②不虞：未意料到，未预料到。

③坤不兑上之象：《易经》中的“萃”卦下卦为坤，上卦为兑。此卦三阴聚于下，二阳聚于上，各依其类以相保，群阴虽处致用之地，高居最上之位，都为了保阳，所以“萃”卦六爻都说“无咎”。如果使这种群阴保阳的局面受到扰乱，就将祸乱丛集，有意料不到的困难与危险。

④不自主：不能自主把握自己的前进方向或攻击目标。

【译文释要】

敌人神志慌乱，不能正确预料和应付突变事情的发生，这就像是坤下兑上的“萃”卦受到干扰一样。我们应当利用敌人不能自控的时机，对其发起猛烈进攻，从而获得胜利。

【计谋典故】

东汉时期，班超出使西域，目的是团结西域诸国共同对抗匈奴。但是，地处大漠西缘的莎车国，煽动周边小国，归附匈奴，反对汉朝。为此，班超决定先平定莎车国。莎车国王闻讯便向北边的龟兹国求援。龟兹国王亲率5万人马，援救莎车国。班超联合于阗等国，兵力只有二万五千人，显然是敌众我寡，难以力克，只能智取。

于是，班超决定采用“声东击西”之计，来应对敌人。他先派人在军中制造打不赢龟兹的言论，并有撤退的迹象。并且，特别让莎车国的俘虏听得一清二楚。然后，在一天黄昏，班超命于阗大军向东撤退，而自己率部向西撤退，表面上显得慌乱，并故意让俘虏趁机脱逃。龟兹国王听说汉军撤退，赶紧下令兵分两路，趁机追杀逃敌。同时，他亲自率一万精兵向西追杀班超。班超胸有成竹，趁夜幕笼罩大漠，撤退仅十里地，部队即就地隐蔽。然而，龟兹国王并没有察觉，率领追兵从班超隐蔽处飞驰而过。待龟兹国王过去后，班超立即集合部队，与事先约定的东路于阗国军队，迅速回师杀向莎车国。莎车国王逃走不及，只得请降。龟兹国王气势汹汹，追赶一夜，未见班超部队踪影，又听得莎车国已被平定、人马伤亡严重的报告，见大势已去，只得收拾残部，悻悻地返回龟兹国去了。

班超之所以在敌众我寡的情况下打赢这场战争，这主要是得力于他所采用的“声东击西”故意迷惑敌人的策略。

【谈古说今】

“声东击西”是忽东忽西、即打即离，从而制造假象，引诱敌人作出错误判断，然后乘机歼敌的策略。通常采用灵活机动的行动，本不打算进攻甲地，却佯装进攻；本来决定进攻乙地，却不显出任何进攻的迹象。巧妙地制造假象，促使对方被假象迷惑，作出错误判断。在使用“声东击西”之计时，必须先充分摸清对方的情况。

语言的力量是无穷的，人们在社交中常常会为了让自己更顺利更隐秘地达到目的，而采用顾左右而言他的方法。刘邦被项羽困在咸阳时，就是采用陈平声东击西之计逃离项羽的软禁。

话说楚怀王命令刘邦和项羽分别领兵，分路进攻咸阳，并当众宣喻“先入关者为王”。

刘邦先入，但权力尽竭归属项羽。刘邦反受项羽的控制，并被改封为汉中王，驻节南郑(今陕西)。项羽谋臣范增深忌刘邦，屡次建议把他杀掉。使之不能上任，留在咸阳，名曰辅助，实则软禁。

刘邦急欲逃脱虎口，便向张良问计。张良则去拜访陈平，陈平附耳向张良说了几句话，高兴得张良拍掌大笑，连称妙计。

第二天，陈平向项羽奏请。范增临行的时候，向项羽提出约法三章：一、不得离开咸阳；二、重用韩信，或不用则杀之，避免为他人所用；三、不得使刘邦归汉中。项羽应允，范增方起程。

事隔不久，陈平再次上表，言及国家经济首在节流。目前有几十万军队驻扎在咸阳，坐吃山空。不如将各诸侯遣回驻地，以减少开支……

项羽准奏，立即命令新封各诸侯限期在 5 天之内返回各自国土，唯独不准刘邦行动。

刘邦大惊，已觉察到项羽有加害之意，急忙与张良商量计策。张良眉头一皱，计上心来，让刘邦上表，跟项羽请假，说是要回乡丰沛省亲，并教他如此这般行事。

项羽阅了刘邦的表章后，思考一阵，对刘邦说："你要回乡接取父母，也是一片孝子之情。但怕不是出之本意，而是因我让你留在咸阳，才提出这一要求啊!"

刘邦假装悲伤地说："我父亲太公年事已高，无人侍奉。我日夜挂念，时刻放心不下。往日见陛下初即位，事务繁忙，所以不敢开口提省亲之事；今见各诸侯均返回驻地，能享天伦之乐。只我留在这里，又不知何时才能见到老父!"说着，刘邦便哭了起来。

就在这时，张良故意唱起了双簧，出班启奏："不能放他回乡去接取家眷，宁肯让他回驻汉中。派人去丰沛把他的家眷接到这里来作抵押，好使他规规矩矩地做人，莫生妄念!"

听罢此言，项羽点了点头，说："你说得虽然有道理，但我不能放他回汉中去，就是怕他生异心。"

陈平又趁机启奏："陛下既封刘邦为汉中王，已布告天下，臣民共知。不让他上任，但恐不足取信于天下。有人会说陛下一登位就说假话，他们对以后的法令不是也会阳奉阴违吗？还不如听张良的话，拿刘邦的家眷作为人质，留在咸阳，遣他回汉中去。这样，既可保全信誉，又能约束刘邦，岂不是两全其美的好办法!"

沉思良久后，项羽才无可奈何地对刘邦说："既然大家这样说了，也在情在理。现只准你去汉中赴任，不得回丰沛，明日就起程吧!”

听了项羽这番言语，刘邦心中无限欢喜。但外表上却装出一副可怜的样子，拜伏不起，继续请求允许回乡省亲。

项羽也有些心中不忍，便安慰他说：“你还是好好地去汉中，我会把你的父亲等家眷接到这里来抚养。等你到了汉中，把事情安排妥当之后，再派人来接，也不失奉养孝敬之意!”

这时，刘邦才勉强起身，感谢项羽的大恩大德。

刘邦回营后，迅即下令大小将士，火速起程。众将士如同猛虎下山一样，浩浩荡荡地奔往汉中去了。

至此，刘邦终于得救回汉中。

孝心也是件外衣，欲其西而击其东。刘邦故作姿态，声东而击西，声此而击彼，使对手不知其所备，给对手以假象，使项羽在错误的表象影响下做出了错误的判断。

作为一个领导者，要使对方的指挥发生混乱，打败对手，必须采用灵活机动的行动，不透露真实的意图，暗中进行变换操纵，等对手如梦初醒，惊慌中进行还击时，为时已晚，胜券早已稳操在己方手中。

使用此计必须考虑对手的情况，对方指挥确可扰乱，用此计必胜；如果对方领导者头脑冷静，识破计谋，此计就不可能发挥效力了。方法虽是一个，但可变化无穷。其中的奥妙就得领导者自己领悟了。

1982年，英国与阿根廷为争夺马尔维纳斯群岛（简称为马岛）的主权而爆发了一场战争。马岛的海岸线曲折，总长1287公里，有许多避风海湾和自然港。在战争中，英军选择在圣卡洛斯水域的海滩登陆。这片水域有着优越的自然条件，就是入口处水深达36米，可供大型船只停靠。另外，岸上的地域开阔，利于部队登岸后展开，并且可避免被集中的炮火击中。但是，其地势也有不利的一面，海湾狭长，其宽度仅为6～16公里，严重限制了舰队活动空间，无法建立大纵深的防空警戒，易遭对方飞机集中攻击。同时，这里的交通也很不便利，只有一条小道与马岛首府斯坦利港相通，并且沼泽密布、道路泥泞，不利于登陆部队向斯坦利港运动。由于以上这些不利的自然地理条件，阿军认为英军决不会由此登陆，因此只派了很少的警戒部队，而将防御重点部署在海面较为开阔、道路条件较好的斯坦利港、达尔文港、古斯格林。针对阿军的部署，英军应该如何来迷惑阿军，顺利登陆呢？

为了迷惑对方，以假乱真，英军在1982年5月初采取了多方面声东击西的措施，以掩盖在圣卡洛斯水域登陆这一真实目的。首先，英国各报刊大量登载假预测、假分析，谎称英国将在西岛或东岛南部登陆。就在发起登陆作战前不久，国防部的官员仍向报界佯称：英国军队目前只是采用小股作战部队对阿军袭扰，以使阿军疲惫、消耗，不准备大规模登陆。就在登陆前两天，英军又用飞机连续轰击西、东岛南部，对北部却不闻不问。就是到了5月20日的午夜，登陆已迫在眉睫，登陆舰船向圣卡洛斯水域进发之际，英特遣舰队的两艘航空母舰仍在自东北方向驶往马岛南端海域，佯示向马岛南部发起进攻。就在英军在圣卡洛斯港登陆时，英国军队仍不断用飞机、军舰对斯坦利港、古斯格林、豪沃拉港、路易港和狐狸湾进行轰炸和炮击。突击队还煞有介事地在达尔文港、狐狸湾和路易港强行登陆，并发起牵制性攻击。

英军做了上述的“声东”措施，还感不足，又在登陆作战步骤上精心安排。英军先把阿军的一切通讯设施全部摧毁，使阿军无从得到消息，不能及时空援。同时，为了使“击西”的意图绝对保密，又采取了无线电静默，中断向美国提供英、阿双方舰位的情报。

由于英军采取了上述措施，使得阿军一直被蒙在鼓里，迫使其不断加强对斯坦利港和南部达尔文港的警戒与防守，放松了对北部圣卡洛斯水域的警惕。结果5月21日凌晨，英军在猛烈的炮火掩护下，没费吹灰之力，成功登陆。直到天亮后，阿军才醒悟过来，可是为时晚矣，英军已在圣卡洛斯水域的岸上建立了稳固的滩头阵地，从而使整个战局发生了关键性的转折。

尽管后来阿军对英军展开了猛烈的轰击，但始终没能扭转战局。英国在圣卡洛斯水域登陆的成功，为其胜利打下了坚实的基础。

“声东击西”的计策不仅被应用在战场上，而且在谈判中也被广泛应用。在谈判中，运用“声东击西”的计谋，将自己的真正目标隐蔽起来，而把一些次要的问题渲染成很重要的问题，使谈判对手产生疑惑和动摇。

20世纪80年代，我国某公司与日本商人洽谈购买国内急需的农业加工设备。由于日本商人有着丰富的谈判经验，其谈判手法多变，谋略高超，因此我方不敢掉以轻心，组织了精干的谈判班子，并对该类农业加工设备的国际行情做了充分了解和细致分析，制定了谈判方案，对各种可能发生的情况都做了预测性估计。虽然我方做了各种可能性预测，但在具体方法和步骤上还缺少主导方法，对谈判的取胜没有十分把握。

谈判开始，按国际惯例，由卖方首先报价。报价不是一个简单的技术问题，它有很深的学问，甚至是一门艺术。这是因为报价过高会吓跑对方，而报价过低又会使己方无利可图。在一般情况下，一位报价老手会在科学分析价值构成的基础上，在协议区内报高价。日方对报价极为精通，首次报价为1000万日元，比国际行情高出了许多。日方这样报价，如我方不了解国际行情，就会以此高价作为谈判基础。但是，由于日方曾卖过此高价，因此，即使我方了解国际行情，不接受此价，他们也有辞可辩，有台阶可下。

我方通过事先的准备，已充分了解国际行情，知道日方在放试探性的气球，因此果断拒绝了日方的报价。于是，日方采取迂回策略，不再谈报价，转而介绍产品性能的优越性，想用这种手法支持自己的报价。

中方不动声色，旁敲侧击地提出问题：贵国生产此种产品的公司有几家？贵国产品优于A国C国的依据是什么？用提问来点破对方，说明我方已了解产品的生产情况，即日本国内有几家公司生产，并且其他国家的厂商也有同类产品，而中方则有充分的选择权。

日方谈判负责人充分领会了我方提问的含意，故意问他的助手说：“我们公司的报价是什么时候定的？”这位助手是演双簧的老手，不假思索地回答：“是以前定的。”日方谈判负责人听罢，便笑着说：“时间太久了，不知道价格有没有变动，只好回去请示总经理了。”中方也知道此轮谈判不会有结果，于是宣布休会，给对方以让步的余地。奇迹果然发生了，日方以为中方是有备而来，不得不作出了退让。

谈判时为了互通信息、加强了解，双方都会通过旁敲侧击、良谋生花，来从对方的口中套出对自己有利的信息，因此，在谈判时，一定要既防又攻，并做好两方面的准备。

所有的商业活动，从表面上看，似乎只是一种与物品打交道的活动。可是从本质上说，所有的商业活动实际上都是人与人之间的智力角逐，是一种斗智斗勇的“智力游戏”，是人与人之间智慧谋略的大比拼。

1962年，京都窑业公司的创始人兼领导者稻盛和夫只身前往美国。此行的目的，并不是要开拓美国市场，而是为了打进日本本土。

3年前，稻盛和松夫工业公司的一名职员共同创建京都窑业公司。他们拼命工作，努力奔走推销公司的产品，积极说服各厂商试用。但是，当时美制品占有大半的日本市场，大的电器公司只信任美国的制品，根本不采用日本厂商自己生产的东西。稻盛心想，既然日本市场犹如铜墙铁壁般难以打入，不如以奇招制胜。这一招就是使美国的电机工厂使用京都公司的产品，然后再输入到日本，以引起日本厂商的注意，届时再来日本市场就容易多了。

美国厂商不同于日本，他们不拘泥于传统，不管卖方是谁，只要产品精良，经得起他们的测试，就可以采用。这给稻盛带来了一线希望。

但说着容易，做起来就难。苍天不负苦心人。稻盛从西海岸到东海岸，一家一家地拜访，终于在拜访数十家电机、电子制造厂商以后，碰到得克萨斯州的中缅公司。该公司为了生产阿波罗火箭的电阻器，正在找寻耐度高的材料，经过非常严格的测试后，京都公司的产品终于击败了德国与美国许多有名的大工厂的制品而获得采用。

这是一个转折点，京都公司的制品获得中缅公司的好评而采用后，许多美国的大厂商也陆续与他们接触，终于使稻盛如愿以偿，将产品输出到美国，使它成为美国产品后再运回日本。京都公司就这样在日本打响了。

产品要进日本本国，先去打进美国。稻盛出此奇妙的招术，赢得了日本市场，这不能说不是领导者对“声东击西”计谋的一种变通。方法虽是一个妙用却各不相同，领导者可以融汇自己独特的思想见解，加以变通，达到目的。

现实生活中，我们常常会碰到一些尴尬的时刻，有时甚至是一些危及自身安全的时刻。这时，我们就要学会声东击西，巧妙回避遇到的问题，以迷惑所面对的人，用假象让别人不再提防我们，从而为我们打击对方或逃避对方创造条件。明朝的唐伯虎就是靠装疯卖癫以声东击西，才瞒过宁王朱宸濠，从而成功逃脱得以保命的。

唐伯虎是明朝时期的著名书画家，他与祝允明、徐祯卿、文徵明齐名，人称“吴中四才子”。

明孝宗弘治年间，宁王朱宸濠妄图起兵谋反。为了让自己能一举成事，他秘密地在南昌建了一座阳春书院，广招贤才为自己服务，以此来发展壮大自己的实力。

朱宸濠听说唐伯虎非常有才能，于是就想方设法把他招揽到自己的帐下为己所用，还特地派人携带厚礼到苏州礼聘。当时，唐伯虎并不知晓朱宸濠有谋反之心，非但没有拒绝，反而为朱宸濠对自己的欣赏感到高兴，因此非常爽快地答应了朱宸濠。

唐伯虎来到南昌，在这里住了半年之后，他渐渐地觉察出宁王府的气氛非常不对劲。因为当时，朱宸濠为了以后能够起事，结交的都是各地的江湖义士和各方豪强，这些人常常聚在一起密谋着什么。唐伯虎看到这些人各个心怀不轨，认定宁王府是个是非之地，他必须想办法尽早脱身，否则就自身难保了。

思前想后，唐伯虎想出了一条妙计，就是装疯卖傻。

在唐伯虎得过一场小病之后，他就借机疯傻起来。宁王派人带东西来看他，他就借酒撒泼，还把宁王送来的东西全部打翻在地。当伺候他的几个丫鬟来收拾东西的时候，他还大发淫威，又是暴打又是追逐，吓得她们谁也不敢靠近他。

宁王知道他变得又疯又傻之后，半信半疑，认为他有可能是故意装疯卖傻。于是，宁王就跟他的王妃一起前去探个究竟。

正在院子里发疯的唐伯虎远远看见他们来了，就顺势脱光了衣服，赤身裸体在大庭广众之下跳舞。朱宸濠大为恼火，认为再留唐伯虎这样的疯子在府内不但起不到任何作用，还会败坏自己的名声，就立即下令把唐伯虎赶出宁王府，永不再用。

这样，唐伯虎才平安地返回苏州老家。几年后，宁王谋反被镇压，宁王府的人无一幸免，全被株连，只有唐伯虎有惊无险地躲过了这场政治灾难。

【当下启示】

虚张声势，让真正的战斗目标隐而不宣，在发动战斗命令后突然向真目标奔袭，让敌人惊慌失措，这种指东打西的战术在对待对方的高压手段时，可称得上是一个有效的反击策略。人际交往中，有时不想使自己陷入被动的局面，或避免尴尬都可以采用声东击西的方法，不必明说，就可以达到自己的目的。不过，由于这一策略自古以来就被人们广泛应用，易被人识破，因此在应用这一策略时，一定要注意运用得体、巧妙周到，不要让对方看出破绽。

第二章　敌战计

竞争和战争的相同之处就在于均是敌我双方战斗力的较量，要想取得胜利，不仅要提高己方的战斗力，还要削弱敌方的战斗力。“敌战计”是在敌我双方势均力敌的情况下，所使用的计策。本套计策分别从诳之、藏之、观之、安之、舍之、积之六方面来展开介绍的。

第七计　无中生有——故布疑阵，无事生非

【原典重现】

诳①也，非诳也，实②其所诳也。少阴，太阴，太阳③。

【注释】

①诳也，非诳也：诳，欺骗，迷惑。《武经三书·孙子·用间》即把“诳事”作为“虚假之事”。

②实：实，实在，真实。这句话的意思是说把真实的东西充实到假象之中。

③少阴、太阴、太阳：原指《易经》中的“兑”卦（少阴）、“巽”卦（太阴）、“震”卦（太阳）。少阴，这里是指稍微隐蔽的军事行动；太阴，这里是指大的秘密军事行动；太阳，这里是指大的、公开的军事行动。

【译文释要】

用虚假情况迷惑敌人，但又不完全是虚假情况，因为在虚假情况中又有真实的情况。在隐蔽的军事行动中，隐藏着大的军事行动；秘密军事行动，又常常在公开的军事行动中进行。

【计谋典故】

唐朝安史之乱时，许多地方官吏纷纷投靠安禄山、史思明，而唐将张巡却不肯投敌。他率领两三千人的军队守孤城雍丘（今河南杞县）。安禄山派降将令狐潮率四万人马围攻雍丘城。敌众我寡，张巡虽取得几次小胜，但无奈城中箭支越来越少，眼看就要抵挡不住敌军攻城。这时，张巡想起三国时诸葛亮草船借箭的故事，心生一计。于是，他急命部队收集秸草，扎成千余个草人，并将草人披上黑衣，然后在夜晚用绳子慢慢往城下吊。

夜幕之中，令狐潮误把草人当成士兵，以为张巡夜袭，急命部队万箭齐发，急如骤雨。张巡轻而易举获敌箭数十万支。天亮之后，令狐潮才知自己中计，后悔不迭。第二天夜晚，张巡又从城上往下吊草人。这次令狐潮并没有上当，依然稳坐军中。张巡见敌人已被麻痹，就迅速吊下五百名勇士，令狐潮仍不在意。五百勇士在夜幕掩护下，迅速潜入敌营，杀得令狐潮措手不及，营中大乱。张巡乘此机会，率部冲出城来，杀得令狐潮大败而逃，损兵折将，只得退守陈留（今开封东南）。

张巡巧用无中生有之计取得了胜利，保住了雍丘城。

【谈古说今】

无中生有，简单地说，就是“无风起浪，无事生端”，其动机是唯恐天下不乱，目的是浑水摸鱼，手段是造谣滋事，“造谣”看来容易，但是借谣言达到目的则相当困难。

“无中生有”的关键在于真假要有变化，虚实必须结合，一假到底，易被敌人发觉，难以制敌。因此，先假必后真，先虚必后实，无中必生有。使用此计时，有两点应加注意：

第一，此计对于那些生性多疑、过于谨慎的敌人，特别奏效。

第二，当敌方思想已乱、深感迷惑不解时，必须迅速变虚为实，变假为真，变无为有，出其不意地攻击敌方。

无中生有广泛应用在尔虞我诈的古代官场上，一般想升官发财的人，或是制造一些无中生有的新闻来给自己造势，或是嫁祸于人排除异己，总之是想尽一切办法来使自己显达于众人之中。

在两方对战之时，或散布谣言，或嫁祸于人，挑拨离间，破坏敌方内部的团结，往往是战胜对方的绝妙手段。这同时也警示我们。内部离心离德，必会使自己不攻自破，只有团结一心，方能成事。

楚汉彭城一战后，刘邦败逃荥阳。项羽乘胜追击，紧逼城下，并断了汉军的外援和粮道。刘邦十分忧虑，郦食其献计分封六国，以求天下拥戴，被张良否定了，刘邦将郦食其大骂了一顿而告终。

汉王销毁了分封六国的王印，虽然是明智之举，可是，无法使霸王退兵。且随着时日的推移，项羽围城愈急，刘邦忧心如焚，便召集张良、陈平诸谋士商议说：“项羽乘我兵力分散，城内空虚，率兵围攻，有何办法退敌?”

陈平说：“项羽的骨干部下不外范增、钟离昧、龙且、周段这几个人。如果能够离间他们，就可以解散项羽的核心组织，削弱他的进攻力量了。”

“何以离间诸将?”刘邦急问。

陈平答：“霸王为人猜忌，易信谣言，只要大王肯捐弃大量黄金，我就有办法去收拾他们。”

“黄金有什么稀罕的，你就拿四万斤去吧。”刘邦知道陈平喜欢黄金。又加了一句：“你爱怎么花，就怎么花。”

陈平受金四万，提出数成，交与心腹小校，命他扮成楚兵模样，怀金出城，混入楚营，贿赂霸王左右。散布谣言。

钱能通神，不过三日功夫。楚军内已是传说纷纷，无非是说钟离昧等功多赏少，不得分封，将要联汉灭楚云云。项羽有勇无谋，素好猜疑，一闻讹传，便信以为真。竟把钟离昧等视作贰臣，不加信任，只对范增信任如故。

霸王疏远了钟离昧，却对荥阳的攻势一点也没有放松，仍然挥军把荥阳围得水泄不通。但汉军坚壁固垒，楚兵终不能越雷池一步，因此项羽心情十分烦躁。

陈平抓住时机，又向刘邦献计道：“项羽攻城不下，正好派人去向他诈降。他必然应允，遣人来讨论条件，到时我们便以恶作剧戏弄来使，借此来离间范增，等到项羽军心浮动时再行突围。”

刘邦心领神会，遂命陈平、张良依计而行。

陈平、张良派使者往楚营游说，奉上厚礼甘言，说刘邦不敢与楚王分庭抗礼，愿各守封疆，共保富贵，划荥阳以东为楚界，荥阳以西为汉界。

项羽想到刘邦势力日大，韩信又善于用兵，继续打下去，亦不知鹿死谁手，不如趁早讲和，休养生息，等候机会，东山再起，便招范增前来商量。范增分析道：“这是刘邦的缓兵之计，和谈不是本意，是要把战局拖住，坐等韩信的救兵。今日正当猛攻快打，把刘邦消灭在这里，再去对付韩信。”

项羽犹豫起来，汉使料定是范增从中作梗，乃对项羽说：“陛下自应圣裁，左右的话，怕有私弊。因为战胜也好，战败也好，别人一样可以不当楚官当汉官，但陛下将怎样处理？况且汉王尚未势穷力尽，韩信的几十万大兵很快就会到来，内外夹攻，陛下师疲粮尽，那时欲退不得，欲进不能，不是后悔莫及吗？依臣鄙见，倒不如及时讲和，化干戈为玉帛，这样，不独汉王感恩戴德，老百姓也会讴歌陛下的仁义呢！臣虽身在汉营，仍是天下一介贱民，望陛下三思，为天下着想，不要被左右暗中出卖了！”

汉使的话掷地有声。项羽一时难以回复，便道：“你先回营，我即派人入城讲和。”

陈平心花怒放，暗想：贼亚父，你也死到临头了！

项羽不听范增的劝谏，派虞子期等人为和谈大使进入荥阳城。

刘邦谎称夜饮大醉，命陈平前来接待。陈平把楚使引到客房，楚使见客房布置得非常阔气，招待的人又都那么殷勤、周到，心里已有几分得意。陈平设了丰盛筵席，请虞子期上坐，顺便问起范增的起居近况，大赞范增，并附耳问：“亚父范增有什么吩咐？”虞子期道：“我们是楚王差使，不是亚父差来的。”陈平一听，故作吃惊，说：“我以为你是亚父差来！”便叫几名小卒撤去上等酒席，随后把楚使领至另一间简陋客房，改用粗茶淡饭，残羹冷炙招待。陈平满脸愠色，拂袖而去。

众楚使如坠云里雾中，乃整衣求见刘邦。刘邦传说还未梳妆。侍从引着楚使在密室休息，奉陪一会儿，托辞起身，说：“虞大使请稍候，小臣去帮汉王梳洗。”遂离开密室而去。

虞子期受此怠慢，大为不快，在密室里走来走去，见桌上有几份秘密文件，随即走过去翻阅，找到一纸首尾不写名的信。

内云：“霸王提兵远来，人心不附，天下离叛，兵不过二十万，势渐孤弱。大王切不可出降，急唤韩信回荥阳，老臣与钟离昧等为内应，指日破楚必矣。黄金不敢拜领，破楚后愿裂土封于故国，子孙绵延百世，臣之愿也……”

虞子期大惊，暗思这信必是范增的了。近闻亚父与刘邦私通，尚不相信，今见此信，相信真的假不了，假的也真不了。于是，将信揣入怀中，准备回去告诉楚王邀功。

虞子期回营后，不胜其愤，把自己所受的冷遇，在项王前渲染了一通。然后将从密室里偷来的匿名信呈给项羽。

项羽看罢密信，怒发冲冠，招来范增大骂；“老匹夫居然起心要出卖我，今天决不饶你！”

范增丈二和尚摸不着头脑。他深知霸王一向尊敬他，但今天却这么待他，分明早已不信任自己了，便对项羽说："天下大局已经定了，愿大王好自为之。"

范增解甲归田，一路上怨恨不已，叹气道："刘邦是个假仁假义、刁钻刻薄的小人，一个亭长怎么能做君王？霸王可是个又能干又豪爽的英雄，将门之子，确实有君王气魄，只可惜……"

范增边走边想，边想边叹气。一路上，吃不下，睡不好，犹如风前残烛，气息奄奄。将至彭城，忽然背上生了一个毒瘤，凄凄惨惨、冷冷清清地合上了眼。这一年，范增七十又五。

范增死后，项羽醒悟过来，大喊上当，但悔之晚矣。

"无"不可以败敌，若变成"有"，则败敌可矣。因此，在施此计时要把握好度，把诳骗适时地变成事实，以虚假的实在战胜对手。真真假假，虚虚实实，虽然没有却佯装为有，让对方无法明确判断，然后紧接着把原本无的状态转变为实际上有的状态，一鼓作气取得胜利。

1944年时，盟军在北非、地中海战区连连奏捷，为加速对德作战的胜利进程，盟军准备在法国海岸实施大规模登陆作战。

希特勒早就关注盟军的这一举措，在大西洋沿岸修筑了坚固异常的"大西洋壁垒"，并有10个装甲师随时待命反击盟军的登陆部队。

盟军方面经过深思熟虑之后，认为只有用计诱骗德军，避开锋芒，然后出其不意地进行突然袭击，才有成功的希望。怎样用计来诱骗德军呢？

"伦敦控制小组"制定了叫做"刚毅行动"的一整套欺骗敌人的作战计划，以及围绕"刚毅行动"进行的各种大大小小的活动，诸如在欧洲各地从事游击破坏、散布谣言、煽动罢工、派飞机进行空袭等，最终使德军疲于奔命和兵力分散。

"刚毅行动"计划的目标，是要把德军西线的90个师的兵力，以及其空军和海军，吸引到离诺曼底海岸较远的各地去。该计划的一部分，是要让德军驻在斯堪的纳维亚半岛的27个师，稳住在那里不动。因此，盟军制造假象，似乎将在挪威从事牵制性的进攻。为了使敌人上当，英国成立了一个欺骗敌人的小组，假装在爱丁堡附近驻有兵力达25万人以上的英国第4军。该小组在1944年4月不断地用假造的师和军团的名义，拍发各种虚张声势的电讯故意让德军谍报机构收听。与此同时，英国派往挪威的谍报人员也巧妙配合了上述的欺骗行动。希特勒本打算把那里的部队往南调动，但由于受骗，不敢抽调那27个师。

“刚毅行动”计划主要之点是要使德军相信，盟军在诺曼底登陆并非真正的进攻，而是声东击西的手段，真正进攻的目标为加莱海岸。英国派人员前往中立国去收购加莱海岸的详细地图，另外盟军又假装有一支兵力达100万人的集团军驻在英国东南沿海一带，佯装准备进攻加莱，并且任命美国的巴顿将军为该集团军的司令。巴顿将军成功地扮演了这一虚构的集团军司令，他经常带一辆广播车，走访美军军营和市区社团，到处发表演说，演说的最后总要加上一句，“我来这里是个秘密，请不要提到我的名字。”巴顿的出现使德国人对盟军这一虚构集团军深信不疑。

其实蒙哥马利的第21集团军，早已秘密地隐伏在英国南部海岸，等候渡海进攻诺曼底了。但是为了掩护，盟方制造各种假象，似乎这支部队只是以巴顿将军为首的集团军的一部分，不久将开往英国东南沿海。

英国电影制片厂的布景师们制造了不少假的登陆艇，把它们从泰晤士河运到东南沿海；又用帆布制造了许多假的建筑物，如假弹药库、假医院、假兵营、假的部队食堂、假炮和假飞机等；又用充气的橡胶，制造了一个装甲旅的假坦克；这些东西都令人注目地分布在东南沿海一带。此外，英国建筑师又在多佛尔海岸十分显眼的地方建造了一个巨大的假油船码头，除了码头本身外，还配备了防坡堤、贮油罐、输油管道、发电厂和高射炮等。

以上种种手段，果然骗过了对方。希特勒以为盟军将在法国的加莱地区登陆，因而将机动的装甲师始终部署在加莱防线的背后，即使是盟军在诺曼底登陆之后，他依然固执地认为那是佯攻，真正的进攻部队将在加莱出现，因此拒绝调动装甲师支援诺曼底，等他醒悟过来时，一切都已无可挽回了。可见，“刚毅行动”的无中生有之计是相当成功的。

有时候欺诈必须比真实的行动考虑得更周全，在战争中或者在商战中更是如此，在青天白日、众目睽睽之下骗过对手，是要费尽心思做到密不透风的。

无中生有，不仅是无事生非，肆意制造事端，以达到自己的目的，还需要充分利用人们的心理，人的通性、劣根性都会成为施此计谋的支点。

某百货商店的经理这几天心急火燎，原因是月终将临，可销售计划尚未完成，眼看就发不出奖金了。店里实在没有什么商品是畅销货，怎么办呢？看着店里那堆积如山的牙膏，他犯了愁。忽然，他灵机一动，立即写了一张广告：“本店出售牙膏，每人仅限一管!”贴在店外最显眼的地方，并一本正经地吩咐营业员：“没有我的同意，只准卖一管。”不一会儿，广告前就围了一群人，人们议论纷纷：“怎么只能买一管?”“说不定要涨价。”渐渐地这家商店里就热闹起来了。为了能多买一管牙膏，有的人甚至不惜排几次队。与此同时，还有一些人通过关系找上门来，预购一箱又一箱的牙膏。傍晚，所有积压的牙膏全部卖完，这时经理脸上的忧愁也烟消云散了。

这位经理所运用的就是“无中生有”的计谋。从心理学上讲，他充分利用了人们的不安心理、好奇心理、争胜欲望、逆反心理，其中逆反心理是最重要的因素之一。一般说来，人们对于越是得不到的东西，越是想得到；越不让接触的东西，越想接触；越不让知道的事情，越想知道。这种逆反心理在消费上主要表现为越是不好买的商品，越能激起人们的好奇心和争购欲望。俗话说“物以稀为贵”，就是这个道理。越不好买越要买，这种行为的实现会使人得到更大的心理满足。而且，消费者从以往的经验中形成了一种心理定势，认为限购或凭票购买的商品一定是紧缺商品，大家都争着买的一定是好商品或便宜商品。

商战，就是一种智力游戏，需要心思缜密，惯于洞悉人的心理，还需要对顾客的心理、习惯等做出恰当的分析，这样企业才会成功，才会蒸蒸日上。

【当下启示】

生活中，我们常常遇到被人搬弄是非、造谣中伤的烦心事，这些无风起浪之事，多是来自于一些人极为自私的心理。但是，“无中生有”在生活中并不全都是恶意而丑陋的，朋友之间也常常会有一些善意的谎言和欺骗，互相慰藉，加深彼此的感情。有时候在性命攸关之际，还可以使用此计蒙蔽对手，从而安身立命。

第八计 暗渡陈仓——另辟蹊径，以奇制胜

【原典重现】

示之以动[1]，利其静[2]而有主。益动而巽[3]。

【注释】

①动：行动，这里是指用来迷惑敌方的正面佯攻、佯动等军事行动。

②利其静而有主：静，平静；主，主张。

③益动而巽：益和巽，都是《易经》的卦名。《易经·益·象》说："益：动而巽，日进无疆。"是说益卦下卦为震、为动，上卦为巽、为风、为顺。益，收益；巽，动、前进。联系本计，此句意为：表面上，努力使行动合乎常情；暗地里，主动迂回进攻敌人，必能有所收益。

【译文释要】

采取正面佯攻的行动，利用敌人被蒙骗决定固守时，暗地里迂回到敌后，趁虚而入，出奇制胜。

【计谋典故】

秦朝末年，各路豪杰纷纷举起了反秦的大旗。刘邦的部队首先进入关中，攻进咸阳。但是，西楚霸王项羽在巨鹿之战后，便携胜利之师进入关中，逼迫刘邦退出关中。由于实力上的差距，刘邦只得率部退驻汉中。为了麻痹项羽，刘邦退走时，将汉中通往关中的栈道全部烧毁，表示不再返回关中。事实上，刘邦是在等待时机击败项羽，夺取天下。

公元前 206 年，已逐步强大起来的刘邦，派大将军韩信出兵东征。出征之前，

韩信派了许多士兵去修复已被烧毁的栈道，摆出要从原路杀回的架势。关中守军闻讯，密切注视修复栈道的进展情况，并派主力部队在要塞加紧防范，阻拦汉军进攻。韩信“明修栈道”的行动，果然奏效，关中守军把主力派到了栈道一线，韩信立即派大军绕道到陈仓（今陕西宝鸡县东）发动突然袭击，一举打败雍王章邯、塞王司马欣、翟王董翳，平定“三秦”，为刘邦统一中原迈出了决定性的一步。

【谈古说今】

“暗渡陈仓”一般是指用正面佯攻的迷惑手段，来伪装自己真实攻击路线的计策。它的特点是将自己真实的意图隐藏在让人想不到的行动背后。“暗渡陈仓”和“声东击西”两者都是虚张声势，制造一种假象来迷惑敌人，并在假象的掩盖下，采取真实行动。但不同之处是声东击西，隐蔽的是攻击点；而暗渡陈仓，隐蔽的是攻击路线。如果混淆两个计谋的作用与操作方法，定会招致灾祸。为此，大家一定要认真分析，以防混淆。

暗渡陈仓是利用对手被我“示之以动”的迷惑手段所蒙蔽，而我即趁虚而入，以达军事上的出奇制胜。

谋略是智者的棋局，要设法采用正面的，常规的方法牵制对手，然后再悄悄另辟蹊径迂回到对手弱处，给其致命一击。在处于弱势的情形下，要先虚晃一招，而后再奇兵突出，给对手致命一击。

暗渡陈仓之计在战争中，有时候看起来跟小孩捉迷藏差不多，只要能瞒过敌人的眼睛，所用的手段和道具都不用考虑它是否太儿戏了，因为敌人跟我们玩的也是一场抓人的游戏，我们的目的是打败敌人，其他的只是途径或手段而已。

孙休是由权臣孙綝拥立的吴王，他一直假表心愿同孙綝交好，可暗地里却一直寻找着诛杀他的时机。公元 258 年 9 月，吴国权臣孙綝兵围吴国王宫，夺吴王玺绶，逼群臣同意废吴王孙亮，并降其为会稽王。然后，接受典正施正的建议，迎立琅琊王孙休为吴主，于是派人送书孙休，指斥废帝孙亮，亲近刘丞、全尚等佞臣，沉湎美色，搜取民女，不听劝谏，滥杀无辜大臣，为此自己推案旧典，运集大王，且百官立于道侧“迎候王即帝王”。

10 月 18 日，孙休将到建邺，孙綝的弟弟孙恩代执丞相职事，奉上玉玺，孙休再三辞让，始终未接受皇帝玺绶。孙綝率士兵千人迎至建邺城郊外，拜于道旁，孙休也立即下车答拜。当天车驾朝廷正殿，宣布大赦天下，改吴国年号为永安。这时，孙綝又上殿交上印绶，自称草莽臣，诣阙上书，说："臣自省才非国家干臣，虽位极人臣，不过因缘肺腑，伤锦败驾，罪负彰霸。陛下以圣德承大统，宜得良辅，但自思无益于朝政，故承上印绶，退还故也，以求避让进贤之路。"吴王孙休赶快引其进殿，以好言慰解，下诏明示：大将军孙綝忠计内发，扶危定倾，为安康社稷，立有赫赫功勋，今以孙綝为丞相、荆州牧，增加封邑五县；孙綝兄弟孙恩为御史大夫、卫将军、中军督，封县侯；孙据为右将军，封县侯；孙幹、孙均授将军职，封亭侯。

孙休被拥为吴王，是在吴王孙亮被黜废，大臣全尚等人遭逐杀，权臣孙綝因为顾及非议，暂时采取的权宜之计。孙休上台后，心里也非常清楚，东吴自孙权晚年以来，朝政人事更迭频繁，互相倾轧残杀从来没有停止，要想稳固自己的皇位，非除去强臣孙綝不可。但是，自己在建邺城中力量不强，硬对硬的拼斗，只会重蹈孙亮覆辙。所以，登基伊始，他为稳住孙綝，极力予以笼络。孙綝一门，五人被封侯，且都是典掌禁兵，成为东吴朝臣中罕见享受的荣耀，即是作为一项安置措施。接着他又对外明示无久居皇位之心，用以松懈孙綝等人的警惕性。当朝臣奏称请立皇太后、皇太子时，孙休明确下诏，"我以微薄之力，继承东吴大业，继位初始，并没有广施恩泽，后妃名号，嗣子之位，并非紧要之事"，一再拒绝朝臣奏请。

孙綝拥立吴王，并非出于真心，他一直对帝位跃跃欲试，就是在已经遣人迎立孙休的时候，他还想占据帝位。当时孙休正在驰往建邺的路上，孙綝打算搬进宫廷居住，且召集京城百官商议，群臣见状，大惊失色，但畏惧孙綝手握兵权，都一味的沉默，不肯公开表态。只有选曹郎虞汜，挺身而出，说："明公现在是东吴的伊尹、周公，担当将相重任，执掌吴王废立的大权，居上安定宗庙社稷，下施恩惠于平民百姓，上上下下，大大小小，都为您欢呼雀跃，把您看做是商朝的伊尹，汉代的霍光再现于世。现在琅琊王还未来，您却想入宫，这样群臣百姓之心将为之动摇，人们会疑惑不解，此举非发扬忠孝、扬名后世的做法啊！"虞汜明褒暗贬的劝谏，群臣的沉默态度，孙綝虽然心中不满，但不便明示，入宫打算只好暂时作罢。孙休即位不久，孙綝就带着牛和酒进奉吴王，吴王以群臣送礼一

律不收为由婉拒，孙綝干脆转送到左将军张布府里，张布赶紧设宴款待，酒酣意浓时，孙綝大声报怨："当初废掉少主时，不少人劝我自立为君，我以为皇上贤明，故此迎立。皇上没有我，哪能有今天。

现在，我给皇上送礼，都遭拒绝，这是把我与其他大臣同样看待，无所区别，我应当再立他人才是。"张布听其言，赶紧报告皇上孙休。

孙休见孙綝已萌发政变之意，急思对策，于是决定施行暗渡陈仓之计。先是屡次赏赐孙綝，表示对孙綝宠信有加。一次，有人上朝密告，说孙綝心怀怨恨，欲图谋反，请吴王注意。孙休听到后，不仅不予奖赏，反而把他拘起来送给孙綝处理，以示对孙綝坚信不疑。孙綝，又通过别人转告吴王，要求带兵外出驻屯武昌，吴王立即答应，结果孙綝令自己率领中军万人，乘吴王有旨，尽取京都武库中的兵器，一齐装船驰往武昌。孙綝还要求把朝中中书两郎带走典领荆州军事，当时主管者声言中书郎官不应离京外出，但孙休特赦孙綝，允许带走。

吴王以上措施，削弱了孙綝在朝中的力量。执告密者送孙綝处理，表面上显示对孙綝的相信，实是佯攻，暗示孙綝在京谋反不会成功，吴王孙休早有警惕，不可造次。果然，孙綝心虚，把自己的亲信精兵，赶紧运往荆州，甚至要破例带走中书两郎。在吴王孙休看来，孙綝把亲信带走，当然是越多越好，而强留在京，只是增加孙綝的羽翼势力。因此，孙綝此类请求，孙休也痛快地答应。

暗渡陈仓之计，离不开明修栈道，而修栈道的目的，是为了削弱敌人的力量，减少自己行动的损失，孙休以上举措，达到了这个目的。

暗渡陈仓之计，应用于商战，可引申为故意暴露自己的行动，用以迷惑、麻痹竞争对手或以此吸引顾客，然后暗中准备行动，战胜对手或赢得顾客。

美国泰德·特纳广播公司的创始人特纳向电视广播行业的挑战，也是使用了这种先制造某种假象麻痹对方，然后袭击的策略，跻身于电视广播事业，并成为电视巨子的。

当代美国，无所不在的强大电视网络覆盖着全国的每一个角落，人们从中愉悦身心，了解社会，获取信息，将自己与社会融为一体。

因为电视，每个人都不再是孤独的个体，人们的思维视野也不再受到时间和空间的局限。可见电视对于人们的生活是何等的至关重要。因此，电视网络自然是商业巨子们激烈竞争的又一舞台。

几度风雨，几番较量，如今三大广播公司已平分秋色形成垄断，人们也称之为三分天下。

三大公司达成默契，通力合作，一致对外，压制其他竞争者踏入这一领域。

面对如此紧紧联合的三大巨头，似乎任何人的挑战都无足轻重。

特纳在亚特兰大拥有一个小型超高频电视台，通过 17 频道播送电视节目。但它的信号非常微弱，有时甚至在亚特兰大也接收不到。

特纳意外地发现，广播电视领域中还有一片尚未被三大公司控制的绿地，那就是电缆电视台。

特纳深知，以他目前的力量和三大公司挑战必会碰得头破血流，在那个战场上，他几乎连招架的功夫都没有。

他为自己制定了“暗渡陈仓”的进攻策略，以求出奇制胜。一方面要给对手造成一种假象和错觉：特纳公司实力弱小，只能在不起眼的行当里维持生存，不敢涉足三大公司垄断行业，使三大公司无视他的存在；另一方面则要不动声色地积蓄力量和资金，要知道，维持一家大型电视台的费用几乎是一个天文数字。

他找到了一件“外衣”把自己包裹起来：亚特兰大电视台，公开的经营方针是不涉足新闻制作，只传递生活娱乐节目。

这个策略意味着亚特兰大电视台的地位很低下，经济实力也很弱小，更无意与谁一决雌雄。

任何大型广播公司的权威都是新闻制作，耗资巨大，新闻制作显示着公司的实力，与广告收益相辅相成。新闻也同时显示着节目的覆盖率。

在美国，区域性的小型电视台有很多，多数也都采用这种办法保护自己，至于三大广播公司，则认为只要牢牢把握新闻制作的权威便完全无后顾之忧。经营那些小型娱乐节目不过是小打小闹，成不了大气候。

特纳的亚特兰大电视台，既然不过如此，那么有谁会对它格外注意呢?三大广播公司的巨头忙得很，这件不值得注意的小事还排不上他们的日程表。

1973 年，特纳以获得勇士棒球赛的转播权为契机，建立起电缆系统的亚特兰大勇士网络，开发和占据这一片颇有潜力的空白地带。为了资金，他把手伸向了电缆经营者的口袋，因为，无线电视台通过电波向广大用户转送节目，有线电视台则通过电缆。

通过和电缆经营者的多方接触，特纳发现，他们非常欢迎使用他的电缆频道，因为在许多时候，电缆频道都有空闲，不仅有球赛实况，也希望有丰富多彩的生活节目和电影提供给电缆用户，也很愿意提供转播费用。

这对于特纳来说，简直是个福音，通过转播棒球赛，使他经营的娱乐节目有了观众，有了市场。如今费用又有所分担，如此一来，建立“全国性”的电缆服务市场大有希望，特纳真是喜不胜收。时隔不久，特纳就凭借电缆电视终于跻身于广播电视业，实现了暗渡陈仓，变美国电视业的“三分天下”为“四分天下”了。

三家实力雄厚的广播公司联合一致对外，三分天下的局势已定。此时特纳介入广播业，其阻力可想而知。然而特纳却“明修栈道”——声称只传递生活娱乐节目，不涉足新闻制作，背地里却“暗渡陈仓”——把目光投向电缆电视，积极运作。终于避过了强敌的排挤，跻身于广播电视业。

在生活中，面对一些困境的时候，“暗渡陈仓”可以为我们解除困境提供一条新的可行之路。另外，在面对一些不愉快的时候，为了维系必需的人际关系，不要逞一时之强，对人对事都要多加忍让。至于一些当面不好解决的问题，我们可以私下里通过其他手段来解决。20 世纪 20 年代，福特为达到清除其他股东以独享收益的目的，就是靠辞去公司总裁职务，暗中收买福特公司股票的方法解决问题的。

福特公司是世界上的第二大汽车公司，但福特公司在发展过程中也是历经坎坷的。

1916 年 11 月的一天，亨利·福特被报纸上的一个大标题惊呆了，上面写道：“爆炸性新闻!道奇兄弟状告福特!”原来，道奇兄弟因反对降低 T 型车价格，反对福特公司扩大再生产，于是状告福特侵犯股东利益，有意形成对汽车业的垄断，并要求公司拿出巨额利润进行分红。

此案一直到 1919 年 3 月，法庭才宣判：福特公司可以降低 T 型车价格，作为公司的管理者，福特有义务分发红利给股东。法院判决福特必须分发至少 1900

万美元的利润，同时，他可以把剩余的一半利润用于扩大投资。

尽管以福特公司的财务状况来说，完全可以给股东发放高额红利，但是福特却对法院判决非常不满，因为这些股东除了在公司创建之初投资了一点钱之外，就再没有为公司的发展尽什么力，而现在却伸手要钱!他想，怎样才能让这些股东自愿离开公司呢?

第二天，福特突然宣布辞去福特公司总裁的职务，新的总裁由他的儿子担任。不久，报纸上也登载了新闻："亨利·福特正准备成立一个巨大的新汽车公司!"新闻说新的汽车公司全部由福特家族控股，新公司肯定会超过现在的福特汽车公司，在新公司里，福特可以随心所欲地生产便宜实用的汽车。

看到这则新闻，福特公司的股东们着急了，福特汽车公司在福特的儿子接任总裁后，还会前途无量吗?自己手中的股票又会怎么样?自己的利益会受损吗?

正当股东们彷徨时，一个中间人出来了，他自愿做他们出让这些股份的中间人。股东们为了维护自己的利益，正巴不得手中的股票早些脱手呢，那么，到底谁愿意在这时收买这些股票呢?这个人当然是亨利·福特了。福特花了 1.06 亿美元买下了股东们手中的全部福特汽车公司的股票。

其实，福特才不会轻易放弃自己的公司。他只是采取了一个小小的手段，成功收购了所有的股份，赶走那些只会对公司指手画脚的人。这样，福特汽车公司就成为亨利·福特的家族性企业。

【当下启示】

在人际交往的过程中，若不能按常规原则办事，达到目的时，就要灵活地转正为奇，从另一条途径"渡过陈仓"达到目的，但要顺利地"暗渡陈仓"，必须"明修栈道"，即用明的一手，掩护暗的一手，明的是假，暗的是真。所以，人们在运用此计时应注意，明的一手应做到吸引对方，力求逼真，不能有丝毫疏忽，在渡过陈仓之前不能让对手察觉到你的真实的一手。但有时也可是双方心知肚明，只是做给外人看，为自己的言行举止找个合理的借口。

第九计　隔岸观火——顺时以动，坐收渔利

【原典重现】

阳乖序乱，阴以待逆①。暴戾恣睢②，其势自毙。顺以动豫，豫顺以动③。

【注释】

①阳乖序乱，阴以待逆：阳，指公开的；阴，指暗中的。阳、阴，在句中泛指敌我双方两种势力。乖，违背，不协调；逆，混乱。

②暴戾恣睢：残暴凶狠，胡作非为。

③顺以动豫，豫顺以动：语出《易经·豫·彖》，“豫，刚应而志行，顺以动，豫。豫顺以动，故天地如之，而况建侯行师乎?”豫，卦名，本卦为坤下震上。

【译文释要】

当敌方内部矛盾激化，以致公开地发生内乱时，我方应在暗中静观，坐待其局面进一步恶化。敌方互相残杀，必然自取灭亡。我方则必须顺时而动，且勿操之过急，这样就能像《易经·豫》卦上说的那样，达到胜利的目的。

【计谋典故】

东汉末年，袁绍兵败身亡，几个儿子为争夺权力互相争斗。曹操见状，决定击败袁氏兄弟。袁氏兄弟投奔乌桓，曹操向乌桓进兵，击败乌桓，袁氏兄弟又不得已投奔辽东太守公孙康。曹操闻讯哈哈大笑说：“你等勿动，公孙康自会将二袁的头送上门来的。”于是，下令班师，返回许昌，静观辽东局势。

公孙康见二袁归降，心想袁家父子一向都有夺取辽东的野心，现在二袁兵败，如丧家之犬，无处存身，投奔自己实为迫不得已。若收留二袁，必有后患；但若曹操进攻辽东，则可用二袁抵御之。

当公孙康探听到曹操已经转回许昌，并无进攻辽东之意时，认为收容二袁有害无益。于是，公孙康设伏兵将二袁兄弟一举擒拿，割下首级，并派人送到许昌。曹操笑着对众将说“公孙康向来惧怕袁氏吞并他，二袁上门，必定猜疑。如果我们急于用兵，反会促成他们合力抗拒。我们退兵，他们肯定会自相残杀。看看结果，果然不出我料。”

【谈古说今】

“隔岸观火”是当敌方内部分裂，矛盾激化，相互残杀，势不两立时，我方静观其势，坐收渔利。然而，我方切不可操之过急，免得反而促成他们暂时联手。这时，我方的正确做法应该是坐山静观，让敌手互相残杀，力量削弱。隔岸观火之计，观火不是目的，观火是为了取利，所以我方要把握好时机。要善于放“火”，激化敌方内部的矛盾，以便坐收渔翁之利。

战国时期，魏国经过改革后，国力日渐强盛，成为当时最强大的国家之一。于是，魏国将国都从安邑迁到大梁，不断地向外扩张，与赵、齐等国发生了尖锐的矛盾冲突。

公元前354年，赵国向依附于魏国的卫国发动进攻，迫使卫国屈服称臣。魏国以此为借口，出兵包围了赵国国都邯郸。赵与齐是盟国，眼看邯郸形势危急，赵国国王急忙派使者向齐国求援。

齐王召集大臣商议救赵事宜。齐将段干朋分析利弊，指出：“从当前的战略形势考虑，如果把军队直接开往邯郸去救赵，不但会造成将士伤亡，而且赵国既不会受到太大的损失，魏军也没有消耗实力，这对齐国的长远利益不利。如何才能既削弱两国，又信守盟约呢?”

段干朋主张实施先让魏、赵相互削弱，然后趁魏军疲惫之时再出兵攻击的战略方针。具体地说，就是先派一部分兵力南攻襄陵，以牵制魏军，待魏军攻打邯郸疲惫不堪后，再予以正面的攻击。他的这一谋略，有着“一石三鸟”的用意：其一，南攻襄陵，可使魏国陷于两面作战的困境；其二，向赵国表示援助的姿态，信守盟约，保持两国的友好关系，以坚定赵国抗击魏国的决心；其三，让魏、赵继续互相残杀，最后造成赵国受到重创，而魏国实力大幅削弱的结果，从而为齐国战胜魏国和以后称霸中原创造有利条件。

齐王采纳了段干朋的建议，以少量兵力联合宋国与卫国南攻襄陵，主力则按兵不动，静观势态发展，准备伺机出动。魏军攻打邯郸一年之后，赵、魏两国均已疲惫至极，齐王认为出兵的时机已经成熟，于是就命令田忌为主将，孙膑为军师，统率大军救援赵国。

田忌打算率军直奔邯郸，与魏军主力交战。孙膑不同意这种硬碰硬的打法，提出了“批亢捣虚，疾走大梁”的正确策略。他说：“要解开乱成一团的丝线，不能用手硬拉硬扯；要排解别人打架，自己不能直接参加进去打。派兵解围的道理也是这样，不能以硬碰硬，而应该采取‘批亢捣虚’的办法，就是撇开强敌，攻击弱点，避实击虚，攻其要害，使敌人感到形势不利，出现后顾之忧，围自然就会解开了。现在魏、赵两国长时间交战，魏国的精锐部队都在赵国，留在国内的都是一些老弱残兵，您应该迅速向魏国的都城大梁进军，切断魏军的后路，攻击它防备空虚的地方。这样一来，魏军必然被迫回师自救，我们就可以一举而解赵国之围。同时，又能使魏军疲于回师，从而便于我们击败它。”

田忌采取了孙膑的建议，统率大军进逼魏都大梁。大梁危急的消息传来，魏军不得不以少数兵力控制历尽艰辛刚攻下的邯郸，而以主力回救大梁。这时，齐军已在桂陵等候多时，设下了埋伏圈。魏军由于长期攻赵，兵力消耗很大，加上长途急行军回师大梁，士兵疲惫不堪，面对占有地利、休整良好、士气旺盛的齐军的攻击，完全陷入了被动挨打的困境，终于遭到惨重的失败。同时，刚占领的邯郸等地，也全都被赵军收复了。

齐王由于听取了大臣们的意见，正确地采用了不与魏军主力正面作战的策略，掌握了战争的主动权。后来，孙膑又用“批亢捣虚”的战术，调魏军匆忙回师救大梁，使齐国获得战争的胜利基本上已成定局，桂陵之战不过是把这种必然性转变为现实而已。因此，可以说，齐国对魏国是不战而胜的。

总而言之，在应战时，应该懂得如何借机削弱竞争对手的实力，然后凭借自己的优势迫使对手屈服，从而达到不战而胜的目的。

在当今激烈的职场竞争中，采取静观其变的态度，等待有利的时机的出现，

并且，在机会出现之时，迅速将自己推到最显著的位置来展现能力，才有可能被迅速提升。

劳伦斯现在是美国一家制片公司的总经理，而刚开始的时候，他只是一名小职员。

劳伦斯刚被录用时就发现公司内部的问题层出不穷，并且各种迹象表明：公司缺少强有力的负责人，领导层整体力量非常薄弱。从那时起，他就打定主意要改变公司的现状。

由于他所在部门的经理是个典型的官僚，因此劳伦斯便经常迎合这位上司的意向，同时，劳伦斯工作勤快、精力充沛，不久就赢得这位经理的欢心。

在日常工作中，劳伦斯还注意扩充自己的知识领域，对部门内的各项业务也比别人研究得清楚。于是，他很快便被提拔为部门的第一副经理。

上任后，他留意观察周围同事们的言谈举止，发现了几个颇有才华但得不到重用的人。于是，他便加强同这些人的感情沟通，并鼓动他们要维护对公司高级管理人员的尊重，等待机会，干一番大事。

劳伦斯所在的部门管理很混乱，缺乏有效的管理制度，于是他便经常思考解决此问题的办法，并且还在私下里研究了一套制度备用。后来，这个部门的管理混乱已经影响到经营业务，他便乘机毛遂自荐抓了一下制度整顿，结果使部门业务蒸蒸日上，工作成绩可观。董事会发现他是个人才，有意提拔他为公司副总经理。但是，他却对此毫不动心，反而表示愿意去当总经理的助理。这份差事历来不好做，没人去争取，董事会批准了他的请求。劳伦斯之所以愿意干这份差事，是因为他认为名份职位的高低是无所谓的，关键是能否掌握实权。

在总经理助理的岗位工作了一段时间后，劳伦斯逐渐有了影响总经理抉择的分量，并且使他那些“志同道合”的同事们逐步提升到了具有与其实力相当的职位，从而为自己今后执掌公司打下了群众基础。在其他方面，他也得到了很大地锻炼，为前程铺下了坚定的基石。一切准备基本停当后，他便开始等待合适机会。最后，机会终于来临。

一次，公司投入2000万美元摄制一部电影，但拍片进度缓慢。同时，由于管理不善，导演换了一个又一个，主要演员不是病了就是花边新闻满天飞，费用支出大大超过预算。公司的股东们一看苗头不对，再这样下去他们的投资就要付诸东流，于是决定要撤换公司行政领导。

这时的形势很明显，公司到了存亡之际，再不彻底改革，除倒闭之外别无他路。在这个关键时刻，谁有能力率先引领，战果必归于他。紧要关头，机会稍纵即逝，劳伦斯抓住机会，倾全力孤注一掷。

股东们来公司开了一系列会议，探讨解决危机的办法，而当权的管理者却提不出任何良策，这使董事会大失所望。正当无路可走时，劳伦斯站了出来，他简单明了地提出了自己的分析和解决问题的思路，并自荐由他来接手管理公司一切行政事务。由于当时他没有任何现任头衔，使他与公司危机祸根扯不上关系。当股东们有意大砍公司管理层时，各部门管理者都在被考虑裁减的范围，谁也不敢多说一句得罪人的话，而劳伦斯却是个圈外人物，没有丝毫顾虑。

他的发言博得股东们一致好评，打消了失望，最后决定任命他为公司总经理。至此，他平步青云，由总经理助理跃登总经理宝座。

接管公司后，劳伦斯不负众望，拿出准备多年的有效措施，力挽狂澜，使公司迅速摆脱了危机，一扫多年积存的萎靡风气，经营走上正轨，拍片任务也顺利完成，并一步步发展壮大。

志存高远是成大事者的先决条件，懂得积蓄力量、壮大实力、看准时机是成大事者的必备条件，目光长远并不为眼前利益所动则是成大事者的前提条件。“隔岸观光”虽能决胜于千里之外，但千万别忘了，选择好出手的时机才是关键。

在商战中，隔岸观火计可引申为：当竞争双方因矛盾激化而秩序混乱时，自己不卷入其中而是静观其变。竞争越激烈，对双方越不利。自己要根据形势的发展做好准备，相机行事，坐收渔人之利。

20世纪70年代末，欧洲人创造了“魔方”。

当香港人从报刊上看到欧洲人玩魔方的消息后，许多厂家都抓住仿制魔方填补东方市场空白的机遇，纷纷行动，派人去欧洲考察，了解魔方的生产情况。

民生化学有限公司的老板敏锐地发现为生产魔方创造条件也是一个机遇。他灵机一动，迅速让他的哥哥从欧洲将生产魔方的资料电传到香港，大量复制，同时在香港四家电视台同步播放广告："你想生产魔方吗?民生化学公司将为您提供全套技术资料。"一时间上百家塑料厂上门争购，一度萧条的民生化学有限公司一夜之间转衰为兴，大赚一笔。

第二次世界大战以后，美国的建筑业大为发展，砖瓦工工价看涨，这对失业者来说是一个难得的机遇。

一贫如洗的迈克为了生计由家乡来到芝加哥。他看到招工广告后，却没有投入应征当砖瓦工的洪流中，而在报纸上刊登了"你能成为砖瓦工"的广告。迈克租了一间店铺，请来一位瓦工师傅，买来1500块砖头和一堆沙石作教材，开展培训业务。许多人蜂拥而至，出高价受训。结果迈克10天就获利3000美元。

企业竞争如战场上的角逐。当一种为众人共有的机遇出现时，往往也可以给自己带来盈利的契机，能否抓住这一契机，关键在于能否"隔岸观火"。只有静观形势，耐心等待，不忙于一时竞争，才能冷静决断，抓住时机，实现自己的目标。

【当下启示】

隔岸观火，就是"坐山观虎斗"。若竞争对手内部矛盾激化，相互倾轧，势不两立，这时切不可操之过急，免得反而促成他们暂时联手对付。正确的方法应该是坐山静观，让对手同室操戈，互相残杀，力量削弱，甚至自行瓦解。隔岸观火之计，观火不是目的，观火是为了取利，所以要手疾眼快，把握机会。但机会不是等来的，不仅要把握机会还要善于创造机会，要放"火"，以便静坐观火取利。

第十计　笑里藏刀——麻痹对手，突袭制胜

【原典重现】

信而安之①，阴以图之②；备而后动，勿使有变③。刚中柔外也④。

【注释】

①信而安之：信，使之信；安，使之安。此二字指使对方不生疑心。

②阴以图之：阴，暗地里；图，图谋。

③备而后动，勿使有变：备，这里是指充分准备；变，这里是指发生意外的变化。

④刚中柔外也：表面上软弱，内里却很强硬，表里不相一致。

【译文释要】

表面上要做得使敌方深信不疑，从而使其安下心来、丧失警惕，然而我方在暗地里却另有图谋；要做好充分准备，然后再采取行动，不要引起敌方发生意外的变故。这就是外表上柔和，内里却很强硬的谋略。

【计谋典故】

战国时期，秦国为了对外扩张，必须夺取地势险要的黄河崤山一带。于是，秦王派公孙鞅率兵攻打魏国。公孙鞅大军直抵魏国吴城城下，却发现吴城地势险要、工事坚固，从正面进攻恐难取得胜利。于是，他苦苦思索攻城之计。

后来，公孙鞅探到魏国守将公子行原是自己的旧交，心中大喜，马上修书言和。他还建议约定时间会谈议和大事，并主动撤兵以表自己的诚意。公子行看罢来信，又见秦军退兵，非常高兴，马上回信约定会谈日期。公孙鞅见公子行已钻入了圈套，暗地在会谈之地设下埋伏。会谈那天，公子行带了三百名随从到达约定地点，见公孙鞅带的随从更少，而且全部没带兵器，更加相信对方的诚意。会谈气氛十分融洽，两人重叙昔日友情，表达双方交好的诚意。可是，忽听一声号令，伏兵从四面包围过来，公子行和三百随从反应不及，全部被擒。公孙鞅利用被俘的随从，骗开吴城城门，占领吴城。魏国只得割让西河一带，向秦求和。

公孙鞅用“笑里藏刀”之计轻而易举地夺取了崤山一带，不得不让人佩服。

【谈古说今】

笑里藏刀，原意是指那种口蜜腹剑、两面三刀，“口里喊友好，手里抄家伙”的做法。此计多用于军事政治与外交的伪装上，就是以友好的态度接近对方，令对方解除戒心，欺骗麻痹对手，来掩盖自己的真实意图，进行时必须始终保持微笑的态度，目的当然是消除对方的戒心，这点做得愈逼真则成功几率越高。是一种表面友善而暗藏杀机的谋略。

笑里藏刀有三种含义：其一，口蜜腹剑。嘴里讲的话比蜜还甜，心里却藏着一把杀人的利剑，正所谓“笑中有刀潜杀人”；其二，刚中柔外。表面上谦恭和善，骨子里却阴毒无比。这是一种以柔克刚的韬晦之术；其三，伪装顺从。一方面对别人表示诚心服从，按别人的意愿行事，另一方面却心怀异志，等待时机。

北宋自神宗起用王安石变法始，变法派和保守派的斗争就很激烈，这种斗争一直持续到北宋灭亡。其间有两次大规模的变动，即神宗死，高太后亲政起用司马光等，守旧派大臣尽废新法，变法派受挫；高太后死，哲宗亲政，提出要继承神宗的变法事业，重新起用变法派，守旧派失势。在这大起大落的政治斗争中，各类人物都露出其本来面目。被《宋史》列在奸臣传中的章淳就是在这样的社会背景下陷害忠臣吕大防的。

吕大防字微仲，“身长七尺，眉目秀发，声音如钟。自少持重无嗜好，过市不左右游目，燕居如对宾客。每朝会威仪翼如，神宗常目送之”。他年轻时曾任永寿县令，当时县境中没有水井，人们饮水需到很远的山涧去担。他行近县境时发现两个泉眼，便找来工匠，将此泉眼流出的水导入县内，使县内居民得以饮用，而此泉也被县内居民称为“吕公泉”。由此可见，吕大防是位忠正朴直、体恤民艰的有为官吏。

在政治倾向上，吕大防属于保守派。哲宗初立，高太后听政的元和年间，他和范纯仁继司马光执掌朝政。吕大防“立朝挺挺，进退百官，不可干以私，不市恩嫁怨以邀声誉。凡八年，始终如一”。可见他在元和年间为稳定大局作出了很大贡献，曾深受哲宗的信任。

高太后死，哲宗亲政后，变法派重新上台。但此时，王安石已死，变法派缺乏高瞻远瞩能统全局的领袖人物，从而使章淳、蔡京等一批佞臣窃取了朝政。吕大防毕竟是保守派的骨干，受到这些人的攻击是理所当然的。哲宗为平衡局面，只得将他暂放外任。他进宫向哲宗告别的时候，哲宗非常亲热地安慰他说：“爱卿暂时归故乡，过一段时间就召你回朝。”然而，正因为吕大防离开朝廷，离开了哲宗，便给了章淳等人进一步陷害他提供了机会。

章淳等人得势后，想要彻底打击元老重臣。但是，元老重臣都是受过太皇太后高氏（即宣仁太后，神宗生母，哲宗祖母）重用过的，不是轻易可以动摇得了的。要想否定这些人，否定这段历史，就得先想办法否定太皇太后。

为了寻找突破口，章淳等人便在哲宗的皇后孟氏身上打主意。

孟皇后虽然品德好，但她容貌不出众。哲宗年轻好色，宠爱一位叫刘婕妤的妃子。刘婕妤恃宠而骄，瞧不起孟后，自然有些矛盾。而且，孟后是太皇太后高氏做主所立，如果把孟后扳倒，那么就可以既直接破坏高太皇太后和哲宗的感情，又能为否定元和政治打开突破口。因此，章淳等人千方百计地罗织罪状。终于，他们以莫须有的罪名废去孟皇后，立刘婕妤为后。此后，围绕孟后的废立一直存在着尖锐的斗争。

章淳等人扳倒孟皇后后，索性一不做二不休，想进一步追废太皇太后高氏。为扩大打击面，他们再度罗织元和旧臣的罪名，对司马光等已故之人皆加以追贬，对活着的人更不放过。在这样的政治气候下，哲宗当然无法调回吕大防，但他始终也未忘怀这位忠直憨厚的老臣。一天，吕大防的哥哥吕大忠从渭州任所进朝，哲宗召见他，在谈完其他工作后，哲宗询问道：“执政欲迁诸岭南，朕独令处安陆。为联寄声问之，大防朴直，为人所卖，三二年可复相见也。”大忠心中很感动，叩谢出门。

章淳听说吕大忠进见哲宗，就在朝门外等候，见吕大忠出来，忙过去亲热地打招呼，寒暄后问圣上有无要谕，大忠与大防一样，也是心直口快、肚子里装不住事的人，便把哲宗的话原原本本说了一遍。章淳听后，暗暗吃惊，表面却非常热情地说：“我也正待令弟入京，好与他共议国是，难得上意如此，我可有一位好助手了，您静听好消息吧。”

章淳回府，立即找来在御史台与三省中的心腹，分别上奏章，罗织吕大防与其他几位元老重臣的罪名，并奏称司马光罪大恶极，死有余辜。同党吕大防等罪与光同，尚存人世，处罚太轻，不足以示后世，应继续加贬。

由于三省与御史台各方面交相上奏，而且同时上奏的还有其他几人，哲宗也不知吕大忠泄露自己语言之事、引发章淳报复的内情，便同时批复。在继续加贬刘挚、苏辙、范纯仁等元和重臣的同时，吕大防也被再贬为舒州团练副使。此后，吕大防再也没能回到朝廷，71 岁时老死贬所。

吕大忠轻泄哲宗之语，使章淳等人了解了哲宗对吕大防依然有留恋之情，于是就组织在各要害部门的心腹群起而攻之，好像吕大防真是罪大恶极。然而，更阴毒的是他并不单劾吕大防一人，而是连同其他元和党人一并劾之，造成并非纯属公报私仇的假象，既瞒过了吕大忠又迷惑了哲宗。如单劾吕大防一个，则容易被吕大忠知觉，如果吕大忠再向哲宗说明泄语之事，章淳的奸计就会露出来。哲宗不知大忠泄语之事，见章淳等人所劾又是一批人，并非单独针对吕大防，自然无法察觉是针对吕大防来的。待批复后，造成既成事实，等于是哲宗钦定之案，自然不好出尔反尔再调回吕大防了。

假亲近套出哲宗之语，假关心稳住吕大忠，组织人力弹劾旧臣，集体迷惑哲宗，终于彻底堵住吕大防返朝执政的道路，这便是章淳奸计的全部内容。

一天，从柏林希特勒的元首大本营会议室里，传出一声惊天动地的巨响。霎那间，会议室里一百多块玻璃震碎，浓密的黄色烟雾笼罩了会议室的上空，正在会议室主持军事会议的法西斯头子希特勒和参加会议的 24 名高级德国军官，全部被炸弹爆炸的气流掀翻在地上。这是第二次世界大战后期，最惊险的一次谋杀希特勒的行动。

这次谋杀行动的策划和实施者不是别人，而是一名积极为希特勒“效力”的 37 岁的受勋军官——希特勒的柏林陆军部办公室参谋长施滔芬贝格。

一年之后，随着盟军诺曼底战役的胜利，希特勒败局已定。德军内部厌战、反战情绪急剧蔓延，就连为希特勒立过汗马功劳的“沙漠之狐”隆美尔元帅也主张早日结束战争，以免无谓牺牲。可是，希特勒一意孤行，妄想挽回败局。

这时，在战争中失去了一只眼睛和一只胳膊的施滔芬贝格，利用职务之便，联络了一批渴望早日结束战争的军官，决心谋杀希特勒，并准备接管德国政府。

希特勒一向奸诈多疑，他所居住的元首山庄，平时总是戒备森严，岗哨林立，暗机四伏，根本就没有办法下手行刺。要达到谋杀希特勒的目的，关键是：怎样接近希特勒，并能够得到下手的机会。施滔芬贝格设想了许多办法，但都未能得手。最后他决定，投其所好。取得他的信任后，再图谋行刺。

机会终于来了，关在集中营里的成千上万的外国劳工，举行大暴动，对此希特勒束手无策，大伤脑筋。施滔芬贝格认为这是接近希特勒的大好时机。于是，就连夜制定了一个用以镇压外国劳工的庞大计划的纲要，代号为“女武神”，并立即报告给希特勒。他相信，为了这个重要的计划，希特勒定会召见他。

果不出所料，一天，元首山庄打来电话，要他立即进见。

“元首万岁!”施滔芬贝格一进门就用他那仅剩的一只胳膊向希特勒敬了一个标准的纳粹礼。“请坐”。希特勒向他胸前的勋章和那只空袖管瞥了一眼。接着说：“我的勇士，你对镇压那些蚂蚁似的犹太人有何高见?”

“元首阁下，全部计划纲要都在这里，我相信按我的计划办理，那些外国猪啰一个个都会变得比绵羊还老实。”施滔芬贝格急忙递上他的“杰作”。

“啊，非常出色，特别出色!”希特勒一边用放大镜看着，一边禁不住激动起来。

见此情景，施滔芬贝格立即接上话题说：“元首阁下，这个计划还不大完善，请允许我进一步修改后再向您汇报。我是没有完全想好，究竟怎么处罚那些参加暴动的人们，要是统统枪毙，人数太多，恐怕会使我们的军工生产受到影响，另外……”

“很好，你尽快去修改，必须在一个月之内，拿出具体方案。”希特勒看着这个为他的战争献出了一只眼睛和一只胳膊的年轻军官，现在又在为他分忧解难了，心中不免产生了几分喜欢。临走时，还很关心地询问了他原来所在的部队与伤亡的情况。

出师顺利，施滔芬贝格加紧了谋杀计划的实施。

一个月之后，他再次向希特勒汇报工作。这一次，他的公文包里，除了装有“女武神”计划详细方案之外，还装了一枚英国制造的大威力的定时炸弹。希特勒非常热情地接待了他，再一次肯定他的方案“特别出色”。他装出受宠若惊的样子，一再谦虚地说：“请元首指正，再进行修改。”正当他准备引爆炸弹时，一个偶然的因素，使他放弃了行动。原来，希特勒的两个死党戈林和希姆莱都是十足的战争贩子，希特勒之所以顽固坚持不结束战争，多半由于这两个“铁杆”给他打气。这3个人又经常在一起策划战争阴谋。施滔芬贝格一直想把他们三人同时炸死，以彻底铲除希特勒的主战派势力。很不凑巧，当时，另外两个人却不在场，施滔芬贝格这次就没有引爆炸弹，给希特勒留下了一次活命的机会。

又过了半个月，机会再一次来了。这次是希特勒召见“女武神”计划的全体设计人，可惜，因为会议时间太短，前后总计只有半个小时，他还没有机会打开引线，会议就结束了。

一天，施滔芬贝格被通知参加元首大本营由希特勒主持的军事会议。这次他做好了充分的准备。他先到厕所，从事先等候在那里的他的副官手中取回装有炸弹的公文包。然后，对一位副官说：“我的衬衣脏了，你知道，元首阁下是不愿意见到他的部下仪表不整的，请你带我找个地方，换换衬衣。”副官把他领到一间舒适的卧室，他从容地打开炸弹引信，同一名上校一边谈笑着，一边并排走进会议室，门口的卫兵不仅没有检查的他的公文包，反而还向他这位独眼独臂的军官立正敬礼。

一进会议室，希特勒正在听取一位军官的汇报，见他进来，看了他一眼，并很客气地回答了他的问候。他立即坐在向希特勒汇报情况的那位军官身边，同时，很自然地把公文包放在了桌子下，并顺势向希特勒一边推了推。炸弹距希特勒最多只有两米，此时，距爆炸时间还有5分钟。眼看大功就要告成，施滔芬贝格强压住内心的紧张和激动，趁希特勒专心听汇报而不注意他的时候，悄悄地离开了会议室，按照事先预定的路线，顺利地撤出了大本营。

5分钟后，一声巨响，炸弹按时爆炸。遗憾的是没有炸死希特勒，但他的双腿却被炸伤。原因是那位汇报情况的军官，无意中把公文包挪到了桌子的另一边，才使希特勒再一次免遭一死。

施滔芬贝格投其所好，取其信任，诱敌上钩。一次又一次地获得暗杀希特勒的机会，虽然最终因为偶然的因素没能达到预计目的，但是，这次行动的本身无疑是“笑里藏刀”之计的成功体现。而且，在希特勒被炸之后，仍然不相信炸弹是“忠心耿耿”为他“效力”的施滔芬贝格放的，却以为是外国特工干的，可见这一计谋的威力所在。

在人际交往中，有的人因为自己力量的弱小，不得不“身在曹营心在汉”，为达目的，委曲求全。世界上的事物不可能是完全均衡的，任何一种新生力量都有一个由弱及强的过程。当处于弱势时，就应伪装顺从，保持和发展自己的力量，等待时机。

郑袖是楚怀王的夫人，长得漂亮，又聪明机智，很得怀王宠爱。有一次，魏王赠送给怀王一位美人，姿色艳丽，热情大方，一下子把楚怀王给迷住了。

郑袖非常伤心，眼见被人横刀夺爱，而自己却有被打入冷宫之险。但是，她表面上却装出若无其事的样子，并且对那位新夫人表示好感。新夫人爱好什么衣服，喜欢什么玩物，郑袖一定给她办到；她要想把房子怎样布置，郑袖也很快给弄好，对新夫人的关怀，甚至比怀王还周到，像婢女服侍主人一样，无微不至，还在怀王面前，大赞新夫人的好处。

新夫人对这位老姐也非常感激，一时间交往甚密，凡事都要找她商量，亲昵地以姐妹相称呼。

“姐姐！”新夫人说，“我非常感激你对我这么好！”

郑袖说：“这算什么，咱们姐妹共事一个丈夫，正所谓骨肉相连，不分彼此。再说丈夫为一国之王，日理万机，我们做妻子的，应该多方体贴他，使他的疲劳有所减轻。如果我们不把家事处理得和谐，不是在折磨丈夫吗？妹妹，你能够这样给丈夫快乐，我也很快乐，我得感谢你才对。”

新夫人听了这番话，感动得眼泪都掉下来了，说：“姐姐的话过重了，妹妹实在担当不起，还请姐姐经常教训我，指导我怎样去增加丈夫的快乐。”

“何必客气，看在丈夫分上，我们凡事要有商有量，那丈夫就没有什么不快乐的了。”楚王见这一对如花似玉的夫人相处得这么好，心里也十分高兴，说：“女人大多凭美貌去博取丈夫欢心，且酸劲十足。但我的郑袖不会这样，她真能体贴我，晓得我喜欢新夫人，她竟比我更喜欢。”

郑袖知道怀王绝不怀疑自己吃醋后，暗自高兴。有一次，和新夫人闲谈的时候，似无意地告诉新夫人：“大王在我面前说你可爱极了，又漂亮又聪明，又温柔体贴。只有一点，大王嫌你的鼻子略尖了点儿。”

“姐姐，那可怎么办啊？”新夫人摸一摸鼻子问。

“这也没有什么了不起的。”郑袖依然若无其事地回答，“你以后见到大王时，轻轻把鼻尖掩一掩不就行了吗。”

新夫人认为这个办法很好，以后每次见楚王时就把鼻子掩起来，楚王觉得很奇怪，又不便当面相问，便问郑袖：“为什么新夫人每次见到我时，就把鼻子掩起来？”

郑袖诚恳地说：“我也听她说过，可是……”

“你说吧！”楚王追道，“夫妻间有还什么不可以直说的吗？就算说错了，我也不会怪你。”

郑袖装出害怕的样子，低声说：“她说你身上有一种恶心的臭味。”

“啊！我身为国王，身上竟有臭味？她会讨厌我？岂有此理？”这位喜怒无常的楚王发怒了，猛力把桌子一拍，狠狠地咆哮起来：“来人哪！快去把那个贱人的鼻子割下来。”

新夫人的容貌被毁了，郑袖的情敌被打倒了。

明里给予甜头，处处作出宽宏大度之状，甚至与对方交往甚密，从而博取其信任。然后，再利用可乘之机，巧妙地向对手进攻，从而达到制胜的目的。

【当下启示】

“笑”是一种伪装，更是一种武器。运用此计的关键在于“笑”必须真实自然、适度，让敌人感觉不出来。“笑”是为了“藏刀”，为此“刀”千万不能暴露出来，这点做得越逼真，则成功概率越高。在商战的谈判桌上，由于“笑里藏刀”是常用的计策，因此聪明的经营者不仅要用好这一计策，还要提防对手也用此计。

第十一计　李代桃僵——忍痛割爱，保全大局

【原典重现】

势必有损①，损阴以益阳②。

【注释】

①势：局势。

②损：损失。

③损阴以益阳：阴，这里是指局部利益；阳，这里是指全局利益。

【译文释要】

当局势发展到损失已不可避免的时候，要舍弃局部的利益，以求得全局更大的增益。

【计谋典故】

战国后期，越国北部经常受到匈奴蟾褴国等少数民族小国的骚扰，边境不宁。赵王派大将李牧镇守北部门户雁门。李牧上任后，并没有大举进攻匈奴而，是日日杀牛宰羊，犒赏将士。匈奴摸不清底细，也不敢贸然进犯。李牧加紧训练部队，养精蓄锐，几年后，兵强马壮，士气高昂。

公元前 250 年，李牧准备出击匈奴。他施一小计，以保护边塞牧民放牧为由先派少数士兵与敌骑交手，李牧的士兵与敌骑交手，假装败退，丢下一些人和牲畜。匈奴人占得便宜，得胜而归。匈奴单于心想，李牧从来不敢出城征战，果然是一个不堪一击的胆小之徒。于是亲率大军直逼雁门。李牧已料到敌军已经上当，于是严阵以待，兵分三路，给匈奴单于准备了一个大口袋。匈奴军轻敌冒进，

被李牧分割几处，逐个围歼。单于兵败，落荒而逃，蟾褴国灭亡。

李牧用小小的损失，换得了全局的胜利，真可谓是“李代桃僵”。

【谈古说今】

“李代桃僵”是一种舍小保大的计谋。此计的“李”是“桃”的牺牲品，为此它们之间必定存在着一定的联系，否则无法完成替代任务。人都是爱惜自己的，谁肯白白牺牲去成全别人，何况是拿生命开玩笑，愿意“代罪”现实社会中，有许多作奸犯科的头子是有替身的，即高价请人主持犯罪买卖，自己躲在幕后操纵，无事时，薪金照付，遇事时，则由替身出面，或坐牢，甚至代上刑场。这些人所以愿意“代罪”，目的是为了钱。当然，也有，或者是更多为了“义”或“情爱”而在危急关头李代桃僵的。

李代桃僵在人际交往中也有妙用，如恭维某人可借他人之口说“××很仰慕您……”在被恭维者面前，若以第一人称语气说，则必有谄媚的味道，会使人容易观察其目的，借他人之口说出的迂回之法，则更易使人接受，一旦遭拒，是第三者的面子不够大，与本人无关，第三者无形中成为挡箭牌，被恭维者也可化解尴尬。可谓一举两得，有备无患。

春秋时期，晋国有个谀臣屠岸贾，本是晋灵公宠臣，灵公被赵家的人刺杀后，晋成公继位，不久成公去世，其子继位为晋景公景公即位，升屠岸贾为大司寇，他要为灵公报仇，阴谋发动政变，夺赵氏之权，灭其族。

部将韩厥将屠的阴谋告诉赵盾的儿子赵朔，让他躲避，赵朔不肯，说：“事到如今，跑也跑不了，如你能为我赵家保存一点血脉，我就是死了也没有什么遗恨!因为我妻子现正怀孕，她是公主，是晋公的姑姑。”

“那赶快送她入宫躲避吧，迟了怕来不及。”

韩厥立即秘密告诉其门客程婴，叫他护送公主进宫。并嘱咐：“将来生女叫文，生男叫武，文人无用，武可报仇!”

第二天清早，屠岸贾亲自率兵把赵府围住，不问情由，将赵氏家族男女老少统统杀掉，检查尸体，独少了赵朔的妻子庄姬公主一人。

有人告密说公主入宫去了，屠岸贾便入宫奏知景公，要杀庄姬公主。景公说怕伤母后的心，屠岸贾又说公主已怀孕，一旦生下男孩，留下逆种，后患无穷，景公说待生产男孩后把他杀掉就是了。

屠岸贾于是派人探听公主生产的消息，隔不多久，公主果然生下一男孩，屠岸贾得知这个消息，马上带人进宫要孩子。公主慌了，忙把小孩藏在隐秘之处，屠岸贾搜不出什么，认为有人已抱孩子出宫去了，便到处悬赏缉拿。

赵盾生前有一位忠实门客叫公孙杵臼的，在当日赵府被围之时，便约同门客程婴一齐殉难。程婴说："赵夫人已怀孕，若生下男孩，我还得把他好好养大；如果是女，那时再死未迟。"公孙杵臼非常同意程婴的见解。过了一段时间，他们得知公主生一男孩，而且屠岸贾已带人前去搜宫，但没有抓到小孩。

面对这种情况，程婴对公孙杵臼说："这次他们虽搜不出来，以后必定还会再搜，必须想办法把孩子偷出宫去，藏在远方才保安全。"

公孙杵臼想了好久才说："只要找到一个最近出世的婴儿，冒称是赵氏孤儿，由我抱往首阳山躲起来，你去告密，屠贼搜着了假的，真的就不会再受威胁了。"

程婴说："我妻子刚好才生下一个男孩，与孤儿的生日相近，可以代替。可是，你犯了藏孤之罪，必定处斩……"

公孙杵臼说："为国尽忠是好事，你立即去抱儿子过来，然后去找韩厥将军，把孤儿设法安置好!"

程婴收泪回去，半夜里悄悄把儿子交给公孙忤臼带往首阳山，又去见韩厥，把公孙杵曰的计划告诉了他。韩厥听完大喜，对程婴说："刚巧赵夫人有病，叫我去请医生，你只要能把屠贼骗到首阳山去，我就设法把孤儿转移出来。"

一切安排停当，程婴就来到屠岸贾处告发，承认自己和公孙杵臼是赵家门客，受赵夫人委托，秘密带走赵氏孤儿，逃匿深山。恐日后事情败露，满门遭斩，因此先行检举，以保全家性命，并且还可得到重金奖赏。

"孤儿现在什么地方?"屠岸贾问。

程婴叫左右退去，然后告诉他："现藏在首阳山深处，要尽快捉拿，否则将逃往秦国去了。还要大夫亲往，别人多与赵氏有交情，信赖不得!"

屠岸贾听罢大喜，亲率兵马由程婴带路，直奔首阳山去。在深山处见有一草房，程婴说："就在这里。"说罢敲门，公孙杵臼出迎，一见情形，回身便走。程婴大声喝道："不要跑，屠大人已经知道了，快把孤儿献出来吧!"

武士把公孙杵臼绑起来见屠岸贾，屠厉声道："快把孤儿交出来!"公孙杵臼气愤地说：“没有!”屠岸贾下令搜查。不一会儿在阴暗的壁室里搜到了用锦绣裹住的小孩。

公孙杵臼一见，想扑过去抢，但被武士揪住。他指着程婴大骂：“你这个王八蛋，我和你同受赵氏之托，藏匿遗孤，想不到你这个小人，居然贪图小利，出卖我们，断绝赵氏血脉，真是丧尽天良!”把程婴骂得狗血淋头、羞惭满面。

屠岸贾见此急忙下令把公孙杵臼杀了，然后亲手把“孤儿”往地上狠狠一摔，咬牙切齿地说：“你赵家也有今日!”把孩子摔成肉饼之后，屠岸贾得意洋洋地回京城了。

正当屠岸贾往首阳山搜孤的时候，京城里的检查也松懈了。韩厥乘机托心腹假扮成医生，入宫给赵夫人治病，在药箱上贴一“武”字，赵夫人会意。诊脉完毕，乃将孩子暗藏在药箱内，带出宫去。韩厥把赵氏孤儿藏于密室，雇人精心哺养。

过了15年，赵武长大了。悼公要恢复赵氏声誉，韩厥趁机将冤情经过说出来，悼公大怒，为赵武雪冤，于是屠岸贾全家又被赵武杀尽。

公孙舍身巧调包，程婴忍辱救孤儿，以“李代桃僵”之法保存了赵氏孤儿，为赵氏家族最终报仇雪恨留下一条根。

在商业上，许多经营者深知李代桃僵的道理，却不善于应用，甚至缺乏长远眼光，不敢应用。所以，在商战中应用“李代桃僵”之计，要求领导者有高瞻远瞩的眼光、雄才大略的风格，要舍弃局部利益和眼前利益，保长远利益。

美国有一家叫“保业姆”的瓷器公司，其老板娘把公司的产品生产线分成3条：一条生产高档艺术品，精雕细刻，精工细作；一条生产中档产品；一条生产低档产品。这3个档次的产品中，唯有中档产品挣钱，高档产品赔本，低档产品全部手工制作，微利。

有人建议把公司的两条不挣钱的生产线去掉，老板娘却始终不肯。她为什么要保留这两条生产线呢?

原来，老板娘很有些头脑。当她刚刚从故去的丈夫手里接过这家公司时，就制定了战略目标：要以艺术精湛的美名著称于世，其产品要珍藏于美国国家博物馆中，以抬高身价，提高企业知名度。

为此，她采取了上述做法。高档产品不挣钱，目的是为了创名牌扩大声誉；生产低档产品的目的是培养艺术人才，以手工制作的精细显示产品的艺术价值。实际上女老板是以牺牲两条生产线的代价，来保证中档产品大幅度盈利，后来的事实证明，她是对的。

这个老板娘将本可用于扩大生产的人力、财力投在创造声誉、提高知名度上，从长远来看是明智的。

一种成功的管理模式能使一个奄奄一息的企业重获生机。可见管理模式对企业生存和发展的重要性，不过管理模式是人创造出来的，千万不要千篇一律，照抄别人的，一定要讲究适合自己的条件。

历史长河滔滔不息，新旧更迭反反复复，然而在浪涛更迭的感性迷雾面前，需要倾听各种声音，用清醒的理性，对之分析判断，才是成功使用“李代桃僵”之计的基本立足点。

【当下启示】

在两方对峙时，在政治舞台上，在商业竞争中，获得全胜往往很难，有时我方不得不遵循“两利相权取其重，两害相权取其轻”的原则，牺牲局部以保全大局。佛语云“舍得”，舍在前，得在后，有舍才有得，决策者必须要以大局为重，在危急关头即使是有“义”和“情爱”挡在前面，作为决策者也应当机立断，采取李代桃僵之计。

第十二计　顺手牵羊——趁虚而入，获取胜利

【原典重现】

微隙在所必乘，微利在所必得①。少阴，少阳②。

【注释】

①微隙、微利：指微不足道的间隙，微小的利益。

②少阴，少阳：阴，这里指疏忽、过失；阳，这里指胜利、成就。

【译文释要】

敌人出现微小的漏洞，必须及时利用；发现微小的利益，也一定要争取到。我方要善于捕捉时机，伺隙捣虚，变敌方的小疏漏而为我方小的得利。

【计谋典故】

公元383年，前秦统一了黄河流域地区，势力强大。前秦君主苻坚亲自坐镇项城，调集90万大军，打算一举歼灭东晋。他先派其弟苻融为先锋攻下寿阳，初战告捷，苻融判断东晋兵力不多并且严重缺粮，便建议苻坚进攻东晋。苻坚闻讯，不等大军齐集，便立即率几千骑兵赶到寿阳。当时的东晋将领谢石得知苻坚亲来而前秦的百万大军却尚未齐集，便想抓住时机，击败敌方前锋，以挫敌锐气，于是谢石派勇将刘牢之率精兵五万，强渡洛涧，杀了前秦守将梁成。刘牢之又乘胜追击，重创前秦军。谢石率师渡过洛涧，顺淮河而上，抵达淝水一线，驻扎在八公山边，与驻扎在寿阳的前秦军隔岸对峙。苻坚见东晋阵势严整，立即命令坚守河岸，等待后续部队。

谢石知道，若是等到前秦后续部队到达就敌众我寡，难以取舍，所以他决定

速战速决。谢石打算用激将法激怒骄狂的苻坚，派人送给苻坚一封信，说道，我要与你决一雌雄，如果你不敢决战，还是趁早投降为好。如果你有胆量与我决战，你就暂退一箭之地，放我渡河与你比个输赢。苻坚大怒，决定暂退一箭之地，等东晋部队渡到河中间，再回兵出击，将晋兵全歼水中。可苻坚却没想到此时前秦军中士气低落，撤军令一下，顿时军中大乱。前秦兵乱成一团，怨声四起，指挥皆以失灵，如潮水般撤退的人马已成溃败之势。谢石见机指挥东晋兵马，迅速渡河，乘敌人大乱，奋力追杀。苻融被东晋军在乱军中杀死，苻坚也中箭受伤，慌忙逃回洛阳。前秦大败。

淝水之战中，东晋军抓住战机，乘虚而入，是“顺手牵羊”的著名战例。

【谈古说今】

“顺手牵羊”是看准敌方的疏忽或是漏洞，抓住薄弱点，趁虚而入而获取利益的计谋。运用此计时，必须注意两点：第一，必须是在“顺手”的情况下，如果不顺手，不仅徒劳无功，而且还会影响原有的目的；第二，在牵“羊”之前，必须仔细斟酌一下，这“羊”是不是让你牵，是不是诱惑你上钩的诱饵。

总而言之，一定要在不影响主要目标的前提下采用“顺手牵羊”之计。

羊是一种温顺的动物，只要稍稍牵它一下，它就会随你而来。但是，并不是见“羊”(意外的小利)就牵。在牵之前，要先观察它是不是诱饵，因为对手常常会留下饵食诱你上钩。同时，还应深深懂得小利终归是小利，不能代替自己的主要目的，只要在不影响主要目的实现的前提下，才能顺手去取意外之利。

顺手牵羊在商战中可以引申为竞争对手有微小的漏洞，或者市场出现微小的机会时，必须乘机利用，从而变对方微小的疏忽或市场微小的机会，为我方点滴的成功。

自从旧金山发现了金矿的消息传出之后，便掀起了一股“淘金热”，世界各地希望一夜暴富的人都朝圣般向这里涌来。

在川流不息的人群中，有一位名叫李威·斯达斯的德国青年，他是跟随几位老乡一起远渡重洋到美国发财来的。然而，在淘金工地苦干了一段时间后，李威觉得这条生财之道太难，想另找出路。

随着越来越多的人群来到淘金工地，这里自然形成了一个巨大的消费市场。

众所周知，犹太人向来善于经商，李威作为其中的一员也不例外。极具经营眼光的他很快就发现了这一点：他认为自己如果为淘金者提供商品，那么就会比直接淘金赚钱更稳当。于是，他说干就干，他将自己带来的路费和伙食费作为资本，开了一家小商店，专卖一些日用品，包括露营用的帐篷、做马车篷的帆布等。生意果然不错。

有位淘金者来到李威的商店买东西，大发感慨地说："我们整天爬山搬石，这些棉布衣服烂得太快，要是用你的帐篷布做衣服，就会耐用多了！"

说者无心，听者有意。一句话把李威点醒了。他突发奇想：如果打破常规用帆布做成服装，说不定真会受到淘金者欢迎的。如果真是这样，那这千千万万的淘金者每人买一套这样的服装，生意就会好得不得了。于是，他用自己的帆布帐篷试制成几套服装出售，果然有淘金者愿出较高价购买，没多久就全卖完了，首战告捷，让李威信心大增。很快，他从帆布商处购入大量帆布，请服装厂按他的设计缝制成服装。这些大批生产的优良帆布服装还增加了几个口袋，便于淘金者放些锤子、钳子等工具和存放金矿石。

由于这种帆布服装耐磨耐穿，并有各种便于存放工具和矿石的口袋，比棉布工作服优越得多，果然大受欢迎。尽管李威不断扩大生产也满足不了需求，几年下来，就把李威的钱袋子胀得鼓鼓的。

成大事者是不会满足于现状的。李威乘胜前进，他在旧金山开设了专门缝制淘金者穿戴的服装厂和零售店，并成立了"李威·斯达斯公司"。服装厂成立后，李威组织一批技术人员对矿工的劳动特点进行调查研究，然后不断改进裤子的样式。比如，臀部的裤袋，在原来线缝的基础上，四角各钉上一颗铜钉，使口袋更牢固，这是因为矿工经常把样品矿石放进裤袋，用线缝易于裂开；扣子则用铜与锌合金制成，重要的部位还用皮革镶边。后来，又将帆布改用同样耐磨但质地柔软的法国尼姆产的哔叽布作原料，使裤子更紧身和柔软。

经过反复的革新改进，李威的矿工服不仅矿工爱穿，还受到了美国年轻人的青睐。随着式样的基本定型，它也有了一个特定的名字——牛仔裤。李威的牛仔装生意越做越大，逐步风行世界，年营业额高达数亿美元。抱着"淘金发财"美梦而来到旧金山的李威，从一个矿工的感慨中突发奇想，打开了财富之门，从而改变了自己的一生。

俗话说："海不辞水，故能成其大，山不辞土石，故能成其高。"从小处着眼，不开金矿而开小日用商店，从一点一滴做起，不辞微利、积微成多，最后汇成财富的大海，堆起了事业的高山。

"莫以利小而不为"应成为每一位商界人士的座右铭。只有不嫌弃每一分硬币，经过一个积累的过程才能获得更多。

在社会交往学中，"顺手牵羊"还可以被引申为"顺应他人之情，而达己之目的"。这是因为如果不了解对方的意愿，光想自己认为怎样就怎样的话，那么难免会导致社交的失败。

你如果要劝说一个人做某件事，那么在开口之前，最好先问问自己："我怎样才能使他愿意去做这件事呢?"

在这个方面，成功学大师卡耐基堪称高手，他讲过这样一件事：

卡耐基每个季度都要在纽约的某家大旅馆租用大礼堂20个晚上，用以讲授社交训练课程。有一个季度，他刚开始授课时，忽然接到通知，这家旅馆经理要他付比原来多三倍的租金。而这个消息到来以前，入场券已经印好，而且早已发出去了。同时，其他准备开课的事宜都已办妥。

很自然，他要去交涉。然而，怎样才能交涉成功呢?

旅馆经理感兴趣的是他们想要的东西。两天以后，卡耐基去找经理。

"我接到你们的通知时，有点震惊。"卡耐基说，"不过这不怪你。假如我处在你的位置，或许也会写出同样的通知。你是这家旅馆的经理，你的责任是让旅馆尽可能地多盈利。你不这么做的话，你的经理职位难得保住，也不应该保得住。假如你坚持要增加租金，那么让我们来合计一下，这样对你有利还是不利。"

"先讲有利的一方面，"卡耐基说，"大礼堂不出租给讲课的而是租给举办舞会、晚会的，那你可以获大利了。因为，举行这一类活动的时间不长，他们能一次付出很高的租金，比我这租金当然要多得多。租给我，显然你吃大亏了。"

"现在，再考虑一下'不利'的一面。首先，你增加我的租金，却是降低了收入，因为，实际上等于你把我撵跑了。由于我付不起你所要的租金，因此我势必再找别的地方举办培训班。"

"还有一件对你不利的事实。这个培训班将吸引成千的有文化、受过教育的中上层管理人员到你的旅馆来听课，对你来说，这难道不是起了不花钱的活广告作用了吗？事实上，你花5000美元在报纸上登广告，你也不可能邀请这么多人亲自到你的旅馆来参观。可是，我的培训班给你邀请来了，而这难道不合算吗?”

讲完后，卡耐基告辞说：“请您仔细考虑后再答复我。”当然，最后经理让步了。

在卡耐基获得成功的过程中，没有谈到一句关于他要什么的话，他是站在对方的角度想问题的。可以设想，如果他气势汹汹地跑进经理办公室，提高嗓门叫道：“这是什么意思！你知道我把入场券印好了，而且都已发出了，开课的准备也已全部就绪了，你却要增加三倍的租金，你不是存心整人吗？三倍！好大的口气！你疯了！我才不付哩！”

想想，那该又是怎样的局面呢？争吵的必然结果：即使他能够辩得过对方，但旅馆经理的自尊心也很难使他认错而收回原意。

因此，请大家记住：假如有什么成功的秘诀的话，就是设身处地替别人想想，了解别人的态度和观点；而一味地为自己的观点和主张作争辩，则只会陷于“顶牛、抬杠”的境地。

人性其实都是脆弱的，易被击垮但也易抚平。在关键时，你的一两句话也可以起到使人心理平衡的作用。

由此可知，在与人发生争执时，大家最好先站在对方的立场上想问题，顺迎其意，提出自己的主张。

“顺手牵羊”体现在为人处世上，是要人们不要把全部注意力都集中在一件事情上，而要把视野放得宽一些，这样就能充分了解并利用已有条件而增加更多获利的可能性。在日常生活的许多情况下，“顺手牵羊”常常有贪小便宜之嫌，但并不是完全这样。在生活中，我们要有发现机遇的眼光，并且要有大胆“牵羊”的决心和信心，有任何机会在我们眼前的时候，都要果断出手，不能“不以利小而不得”。美国总统里根当年就是利用他在偶然之间因疲倦而画的几幅画，“顺手牵羊”为他赢得了好的名声。

里根是美国历史上年龄最大的总统之一。由于年龄问题，他的体力有限，因此，在繁忙的工作中时常感到疲惫。

一天，里根在办公时感到身体比较疲倦，就放下手中的公务，信手从桌上撕下办公用纸，随随便便地画了7幅草图。这7幅画的名称分别叫做“牛仔”，“马”、“英国绅士”、“中国师爷”、“日本武士”、“法国富翁”、“法国幽默大师”。当然，里根的画技只是普普通通而已，但这7幅画还算得上生动和幽默。尤其以“牛仔”和“马”这两幅画为佳。里根越看越喜欢，就在每幅画的右下角署上他的大名“理查德·里根”。

里根的几个助手见到他破天荒地作画，都赞叹不已，也少不了随口奉承几句。里根不免有些飘飘然，同时又灵机一动，就派人把画送到拍卖行去出售。随后，他的画很快被某收藏家以一万美元的价格买走。此人当然不是看中里根的画技，而是认为总统的画可以说是奇货可居，日后必定会卖得更高的价格。

里根收到这笔钱后，立即打电话给美国伤残人协会，表示将捐献一万美元。里根的这一举动惊动了无孔不入的记者，于是美国各大报纸均以醒目的标题刊登了这条新闻，里根赢得了一片赞许之声。

这样，里根无意之中的信手涂鸦，在得到助手们的夸奖后，顺水推舟，拍卖掉了画，又“顺手牵羊”，把卖画的钱捐给伤残人协会，为里根赢得了极好的名声。

顺手牵羊是看准敌方在移动中出现的漏洞，抓住薄弱点，趁虚而入获取胜利的谋略。古人云：“善战者，见利不失，遇时不疑。”意思是要捕捉战机，乘隙争利，当然，小利是否应该必得，这要考虑全局，只要不会“因小失大”。小胜的机会也不应该放过。

【当下启示】

顺手牵羊是抓住对方薄弱点趁虚而入获取胜利的策略，实施顺手牵羊的关键在于“顺手”，即来去顺路，取之顺手，赢之顺时，得之顺便。如果在不顺的情况下强行取利，不仅徒劳无功，而且影响原有的主要目的的实现。

第三章　攻战计

“攻战计”是专门用于策划进攻的，其核心是“攻”，攻心为上，攻城为下；心战为上，兵战为下，以求得战而胜之。本套计策分别从佯之、换之、调之、纵之、引之五个方面来展开介绍的。

第十三计　打草惊蛇——探测虚实，采取行动

【原典重现】

疑以叩实①，察而后动。复②者，阴之媒③也。

【注释】

①叩实：问清楚，查明真相。

②复：反复，一次又一次地。

③阴之媒：阴，这里指的是隐藏着的尚不明显或未暴露的事物、情况；媒，媒介。

【译文释要】

发现了疑点就应查究清楚，并且在查明实情之后再采取行动。如此反复，是发现隐藏之敌的重要手段。

【计谋典故】

公元前627年，秦穆公发兵攻打郑国，大夫蹇叔建议秦穆公和安插在郑国的奸细里应外合，夺取郑国都城。可秦穆公不听，派孟明视等三将率部出征。临行之前，蹇叔痛哭说："恐怕你们这次袭郑不成，反会遭到晋国的埋伏，我们只有到崤山去给士兵收尸了。"果然不出蹇叔所料，郑国得知秦国要进攻后，便赶走了秦国安插在郑国的奸细，并且还做好了迎战的准备。秦军见袭郑不成，只得回师，但部队经过长途跋涉后，十分疲惫。部队在经过崤山时，真的像蹇叔所说的那样，遭到晋军小股部队的突然袭击。孟明视十分恼怒，便下令追击。但当追到山隘险要处时，晋军突然不见踪影。孟明视一见此地山高路窄、草深林密，便知

不妙。这时鼓声震天、杀声四起，晋军伏兵蜂拥而上，大败秦军，生擒孟明视等三将。

秦军不察敌情，轻举妄动，“打草惊蛇”，终于遭到惨败。

【谈古说今】

“打草惊蛇”原是借用了一句民间俗语，即“一旦草丛被搅动，那么里面的蛇便会受惊而走”。后来，比喻甲处受到打击，乙处感到惊慌。此计中，“草”是敌人的同类，“蛇”是敌人本身。“打草惊蛇”之计，一则指对隐蔽的敌人，己方不得轻举妄动，以免敌方发现我军意图而采取主动，二则指用佯攻等方法“打草”，引“蛇”出洞，中我埋伏，聚而歼之。

当对方真正的实力没有暴露，行踪诡秘，意向不明时，若要制胜，切不可轻敌冒进，而应当查清对方的主力配置、运动状况再说。

在军事斗争中，运用“打草惊蛇”之计的时候，应该把握好运用的时机与火候，因为在我方的实力还不足以在不加遮掩的条件下就能置对手于死地时，如果我方将作战意图过早地暴露，则会让我方成为战场上的被动者。“打草惊蛇”是为了让我方的对手暴露，而我方还是要严守军事机密，否则会陷于被动。当然，军事上有时也可以故意“打草惊蛇”诱敌暴露，从而取得战斗的胜利。

李自成起义部队逐步壮大，所向披靡，公元 1642 年，围困明朝都城开封。崇祯连忙调集各路兵马，援救开封，李自成部已完成了对开封的包围部署。明军 25 万兵马和一万辆炮车增援开封，集中在离开封西南 45 里的朱仙镇。李自成为了不让援军与开封守敌合为一股，在开封和朱仙镇分别布置了两个包围圈，把敌军分割开来。又在南方交通线上挖一条长达百里、宽为一丈六尺的大壕沟，一断敌军粮道，二断敌军退路。明军各路兵马，貌合神离，心怀鬼胎，互不买账。李自成兵分两路，一路突袭朱仙镇南部的虎大威的部队，造成“打草惊蛇”的作用，一路牵制力量最强的左良玉部队，击溃虎大威部后，左良玉果然因被围困得难以脱身，人马损失过半，拼命往西南突围。李自成故意放开一条路，让败军溃逃。哪知，左良玉退了几十里地又遇截击，面临李自成挖好的大壕沟，马过不去，士兵只得弃马渡沟，仓皇逃命。这时等在此地的伏兵迅速出击，明军人仰马翻，尸填沟堑，全军覆没。

明军不察敌情，轻率妄动，打草惊蛇，惨遭失败。李自成打草惊蛇诱出敌兵取得胜利。

可见，领导者要摸清动静，探测虚实，掌握情况，将其作为行动或不行动的依据，有利则进，不利则止。

“打草惊蛇”的计策用在战争上，便是通过侦察性的佯动，逼迫隐藏着的对手显露原形的谋略。它的诀窍是对可疑的地方要侦察实情，在完全掌握情况之后采取行动。反复查明情况，是发现隐秘敌情的重要手段。

第二次世界大战中斯大林格勒保卫战正在激烈进行。德军几乎调集了东线所有兵力围攻斯大林格勒，大有不拿下该城誓不收兵的架势。

这时，处在距斯大林格勒400公里之外的著名红军将领瓦杜丁的部队，在外围顽强地阻止了德军进攻后，赢得了暂时休整时机。德军没有能够突破瓦杜丁的防线，原地驻扎，开始整修工事，丝毫没有继续进攻的意思。和斯大林格勒相比，这里的战斗远没那么激烈。这种不正常的反差，很快引起了瓦杜丁将军的注意，他意识到，也许正是德军的缓兵之计，目的是为了拖住他的部队，不能去增援斯大林格勒。

瓦杜丁将军感到问题十分严重。如果调部队去救斯大林格勒，那么，当面的德军势必从背后追击，这样反而等于把敌人引进了斯大林格勒。要是自己按兵不动，只看住眼前的敌人，那又正中了德军的诡计。怎么办才好呢？眼看德军成批成批往斯大林格勒调动，该城危在旦夕。瓦杜丁将军果断采取了打草惊蛇的战术，迫使进攻斯大林格勒的德军抽调了兵力。

他先派飞机每天夜里向德军扔炸弹，白天在德军上空盘旋，进行骚扰，开始没有引起德军多大的反应。几天之后，德军就被搅得惶惶不安。晚上睡不好，白天也不敢出来晒太阳，整天缩在掩体里不敢动弹。然而，德军还是没有大规模的兵力调动。

瓦杜丁一看德军不见棺材不掉泪，索性组织了一次真正的进攻。他派部队绕到德军背后，在一个晚上突然向敌人发起了进攻，并占领了德军的后方阵地。德军搞不清红军的战略意图，加上连日来红军飞机不断进行轰炸，以为红军要从他们的后方阵地实施战略总攻，立即报告前线总指挥部说：“红军要从后方实施反攻，请火速调兵增援。”总指挥部依照“种种迹象”判定，红军真的要从背后反攻，于是急忙从斯大林格勒抽调大量兵力前来应战。守卫斯大林格勒的部队乘机发起了真正的反攻，从而取得了斯大林格勒保卫战的胜利。

战场上常常会面临这样的抉择：你可以这么做，也可以那么做，可是这么做和那么做都会有利有弊，高明的将军则会既不这么做，也不那么做，却取得了出人意料的胜利。官场的斗争也是如此，可另辟蹊径，巧妙斗争。

在商战中，制定每一个计划都需要谨慎。在计划出台之前，决策者都需要事先调查、研究，分析、预测，以掌握市场行情，了解对手，认清消费者的需求，准确把握后面的经销活动，以保证经营有的放矢，达到自己真正的经营目的。面对变幻莫测的商品市场，有时也同样需要“打草惊蛇”。在企业经营中，产品销售是决定企业生存和发展的关键。企业生产产品，是在可行性调查的基础上试产的。新产品在投放市场要有一个试销的过程，“试销”便是“打草惊蛇”的商业运用。

1982年，濒临破产倒闭的美国第三大汽车制造公司——克莱斯勒，在李·艾科卡的领导经营下，终于走出了连续4年亏损的低谷，但如何重振雄风仍是李·艾科卡苦苦思索的课题。

企业家常用的方法是提高企业的知名度和产品的市场占有率，而出奇制胜，价廉质优又是重要手段。李·艾科卡根据克莱斯勒当时的情况，决定首先出奇制胜。他把“赌注”押在敞篷汽车上。

美国汽车制造业停止生产敞篷小汽车已经10年了，原因是由于时髦的空气调节器和立体声收录机对于没有车顶的敞篷汽车来说是毫无意义的，再加上其他原因，使敞篷小客车销声匿迹了。

虽然预计敞篷小客车的重新出现会激起老一辈驾车人对它的怀念，也会引起年轻一代驾车人的好奇，但是克莱斯勒大病初愈，再经不起大折腾，为了保险起见，李·艾科卡采取了“打草惊蛇”的策略。

李·艾科卡指使工人用手工制造了一辆色彩新颖、造型奇特的敞篷小客车。当时正值夏天，李·艾科卡亲自驾驶着这辆敞篷小客车在繁华的汽车主干道上行驶。

在形形色色的有顶轿车洪流中，敞篷小汽车仿佛是来自外星球的怪物，立即吸引了一长串汽车紧随其后。几辆高级有顶轿车利用其速度优势，终于把李·艾科卡的敞篷小汽车逼停在路旁。这正是李·艾科卡所希望的。

追随者下车来围住了坐在敞篷小客车里的李·艾科卡，提出了一连串的问题。

“这是什么牌子的汽车?”

“这车是哪家公司制造的?”

“这种汽车一辆多少钱?”

……

李·艾科卡面带微笑地一一回答，心里满意极了，看来情况良好，自己的预计是对的。

为了进一步验证，李·艾科卡又把敞篷小客车开到购物中心、超级市场和娱乐中心等地，每到一处，都吸引了一大群人的围观，道路旁的情景又一次次重现。

经过几次“打草”，李·艾科卡掌握了市场的情况。不久，克莱斯勒公司正式宣布将男爵型敞篷汽车面市，美国各地都有大量的爱好者预付了定金，其中还有一些女骑士！结果，第一年敞篷汽车就销售了23000辆，是原来预计的七倍多。

敞篷小客车能不能被汽车市场接受？能接受多少？对这些，李·艾科卡没有十分把握， 而且刚喘过气来的克莱斯勒公司决不能冒险。于是李·艾科卡亲自驾车“打草”，了解市场的接受程度，确定无疑后，才正式推出产品，结果成绩显著，“打草惊蛇”之计帮助克莱斯勒公司重新起飞。

李·艾科卡利用“打草惊蛇”的谋略，掌握了敞篷汽车的市场销售前景，一举推出，第一年就销售了23000辆，获得了巨大的成功。相反，如果没有经过试探，而贸然生产敞篷汽车，也许会成功，但也会冒失败的风险。所以，这种“打草惊蛇”的试销，可谓是万全之策。

新产品的开发是一个企业生存发展的命脉，但是，新产品的开发也是风险极大的投资。为了降低风险，产品在上市之前，一定要先试销，以试销来了解消费者对该产品的接受程度，作为修正、改善、放弃的参考。试销就是“打草惊蛇”，不过它是以消费者的意见和反应为主。

在日常生活中，我们做任何事情的时候，在不清楚别人的真实意图之前，不要作出比较武断的决定，否则，则会使自己成为众矢之的。相反，我们要学会多方试探，因为别人的喜好、心情等都会通过表情或行动体现出来。此计并不是在教我们为人处世的圆滑之术，只是因为了解这些对我们处理好日常的人际关系很有帮助。

清代文学家姚柬之在河南临漳县当知县的时候，断过这样一起凶杀案。被害者是一名姓姚的妇女，凶手作案不仅残忍，而且不留痕迹。县衙公差经反复勘查，也未发现什么线索。不少人认为凶手是流动作案，早已远走高飞，再调查也无济于事。

姚柬之并不灰心，他再次勘查了案发现场，详细了解了案发当天姚氏邻居的情况。他发现案发之日正是县试复试的前夜，县试第一名杨某在复试那天请了病假，而杨某正是姚氏的邻居。姚柬之立即派人把杨某找来进行询问。杨某的回答没有什么破绽，但神色有些慌张。姚柬之与杨某一直谈到天黑，才放杨某回家。

杨某回家要路经一座城隍庙。当杨某走到城隍庙的时候，天黑得伸手不见五指，风吹得树木野草哗哗作响。心怀鬼胎的杨某十分害怕，心都快要从嗓子眼蹦出来了。突然，从庙门跳出一个人影。杨某一看，原来是满脸血污、披着长发的姚氏。杨某心想，这是被害者的鬼魂找他算账来了，于是被吓得浑身抖如筛糠，双腿一软，跪在地上磕头求饶，讲了一大堆悔过认罪的话，把整个命案的过程讲得一清二楚。

正在这时，城隍庙的四周亮起许多火把，一批衙役将杨某团团围住。一位班头拿着铁链走过来对杨某说："姚大人在此已等候多时了!"杨某这才如梦方醒，知道进了姚柬之的圈套。这个道貌岸然的衣冠禽兽杨某，终于得到了应有的惩罚。

俗话说：不做亏心事，不怕鬼叫门。杨某作恶心虚，最怕姚氏之魂找他讨命。姚柬之要人装扮成"女鬼"姚氏，这才使案情大白于天下。

【当下启示】

"打草惊蛇"作为一种计谋，指的是在敌情不明或敌情可疑时，应先进行试探性的佯攻，以诱使敌人将真实的情况暴露出来。但是，在用此计策时，务必在反复侦察之后，方可采取行动，以防掉入敌人设置的陷阱。

第十四计　借尸还魂——借形借力，东山再起

【原典重现】

有用者，不可借[1]；不能用者，求借[2]。借不能用者而用之，匪我求童蒙，童蒙求我[3]。

【注释】

①有用者，不可借：意为凡自身可以有所作为的人，就不会甘愿受别人利用。

②不能用者，求借：意为那些自身难以有所作为的人，却往往有可能被人借以达到某种目的。

③匪我求童蒙，童蒙求我：语出《易经·蒙》。在这里，蒙字本义是昧，指物在初生之时，蒙昧而不明白。“蒙”卦的卦象是下坎上艮。艮象山，坎象水；山下有水，是险的象征；人处险地而不知避，便是蒙昧了。童蒙，这里是指幼稚无知。

【译文释要】

凡是自身可以有作为的人，往往很难驾驭和控制，从而不能加以利用；而自身难以有什么作为的人，则往往可以被人利用，以达到某种目的。这就如同幼稚蒙昧的人需要求助于足智多谋的人，而不是足智多谋的人需要求助于幼稚蒙昧的人。

【计谋典故】

“借尸还魂”来源于神话传说。

从前，有个人叫李玄，因长得相貌不凡、博学多才被太上老君看中，收为徒弟，并授之长生不老的法术。

有一天，太上老君要带他到天上走一遭。但是，肉身是不能上天的，于是他把自己的肉身留下来，灵魂跟随太上老君遨游天际去了。临走之前，李玄对他的小徒弟说："我的肉身就留在这里，你一定要好好守护，在7天之内，我肯定就回来。如果过了7天我还未回来，那么就证明我已在天上成仙了，到那时你才可以将我的肉身火化。"

小徒弟道："请师父放心，徒弟牢记在心。"徒弟日夜守在师父的肉身前，不敢有丝毫的马虎，可是到第六天，忽然传来母亲病危的消息。这让徒弟很是为难，若要回家，为母送终，师父的肉身就会没人看管；若要留在这里，则不能尽儿子之孝。后来，有人劝他说："你看你师父已经到第六天没回来了，多半是成仙了。在师父和亲生父母之间作出选择时，应首先考虑亲生父母。"于是，小徒弟只好伤心地把师父的肉身给火化了。到了第七日，李玄的灵魂回来了。可是到处找都没有找到自己的肉身，在情急之下，路边正好有一个刚刚饿死的乞丐，李玄也顾不了那么多了，赶忙把自己的灵魂附在其上面。借尸还魂之后的李玄完全换了一个人，和那乞丐一样蓬头垢面、袒胸露乳，而且还有一只脚是跛的。这就是所谓的"借尸还魂"，带有浓厚的民间神话传说色彩。

【谈古说今】

借尸还魂，原意是说已经死了的东西，又借助某种形式得以复活。"借尸还魂"作为一种计策，指假借外力或其他条件来恢复自身生机，从而达到东山再起的目的。此计一般用在被动或是其他一些不利的被动局面之中，名为"借尸"实为"还魂"。借尸还魂关键在于会"借"，当自己的力量不足以转败为胜时，就要借助一切可以利用的力量，以壮大自己的力量；借助一切可以利用的形式，以实现自己的意图；另外，也可以假借他人名义，实现自己的战略计划。

历史上常有这种情况，在改朝换代的时候，都喜欢推出亡国之君的后代，打着他们的旗号来号召天下，用这种"借尸还魂"的方法，达到夺取天下的目的。

秦朝实行暴政，天下百姓"欲为乱者，十室有五。"大家都有反秦的愿望，但是如果没有强有力的领导者和组织者，也就难成大事。

中国历史上第一个农民起义领袖陈胜，实在是一位很具战略眼光的人物，他所领导的农民起义，虽然自己没有得到权力，但后来焚毁秦王朝的那场大火，却是由他点燃起来的，他因此成为一位名垂千古的历史人物。

公元前209年，阳城(今河南登封东南)的地方官派了两个军官，押着900名民夫送到渔阳(今北京市密云西南)去防守。军官从这批壮丁当中挑了两个个儿大、办事能干的人当屯长，叫他们管理其他的人。这两个人一个叫陈胜，阳城人，是个给人当长工的；一个叫吴广，阳夏(今河南太康县)人，是个贫苦农民。

陈胜和吴广本来不相识，后来当了民夫，碰在一块儿，同病相怜，很快就成了朋友。他们只怕误了日期，天天急着往北赶路。

到大泽乡(今安徽宿州东南)的时候，正赶上连天大雨，水淹了道，没法通行。他们只好扎了营，停留下来，准备天一放晴再上路。

秦朝的法令很严酷，被征发的民夫如果误了期，就要被杀头。大伙儿看雨下个不停，急得真像热锅上的蚂蚁似的，不知道怎么办才好。

陈胜偷偷跟吴广商量：“这儿离渔阳还有几千里，怎么也赶不上限期了，难道我们就白白地去送死吗?”

吴广说：“那怎么行，咱们开小差逃吧。”陈胜说：“开小差被抓回来是死，起来造反也是死，一样是死，不如起来造反，就是死了也比送死强。老百姓吃秦朝的苦也吃够了。听说二世是个小儿子，本来轮不到他做皇帝，该登基的是扶苏，大家都同情他；还有，楚国的大将项燕，立过大功，大家都知道他是条好汉，现在也不知道是死了还是活着。要是咱们借着扶苏和项燕的名义，号召天下，楚地的人一定会来响应我们。”

吴广完全赞成陈胜的主张。为了让大伙儿相信他们，利用当时人大多迷信鬼神的心理，想出了一些计策。他们拿了一块白绸条，用朱砂在上面写上“陈胜王”3个大字，把它塞在一条人家网起来的鱼肚子里。民夫们买了鱼回去，剖开后，发现了这块绸子上面的字，十分惊奇。

到了半夜，吴广又偷偷地跑到营房附近的一座破庙里，点起篝火，先装作狐狸叫，接着喊道：“大楚兴，陈胜王。”全营的兵士听了，更是又惊又害怕。第二天，大伙儿看到陈胜，都在背后点点戳戳地议论着这些奇怪的事，加上陈胜平日待人和气，就更加尊敬陈胜了。

有一天，两个军官喝醉了酒。吴广故意跑去激怒军官，跟他们说，反正误了期，还是让大家散伙回去吧。那军官果然大怒，拿起军棍责打吴广，还拔出宝剑来恐吓他。吴广夺过剑来顺手斩倒了一个军官。陈胜也赶上去，把另一个军官杀了。

陈胜把民夫们召集起来说：“男子汉大丈夫不能白白去送死，死也要死得有个名堂。王侯将相，难道是命里注定的吗?”

大伙儿一齐高喊说：“对呀，我们听您的!”

陈胜叫弟兄们搭个台，做了一面大旗。旗上写了一个斗大的“楚”字。大伙对天起誓，同心协力，推翻秦朝。他们公推陈胜、吴广为首领。900条好汉一下子就把大泽乡占领了。临近的农民听到这个消息，都拿出粮食来慰劳他们，青年人纷纷拿着锄头铁耙到营里来投军。人多了，没有刀枪和旗子，他们就砍了许多木棒做刀枪，削了竹子做旗杆。就这样，陈胜、吴广建立了历史上第一支农民起义军。历史上把这件事称作“揭竿而起”。

起义军打下了陈县(今河南淮阳)。陈胜召集陈县父老商量。大家说：“将军替天下百姓报仇，征伐暴虐的秦国。这样大的功劳，应该称王。”陈胜就被拥戴称了王，国号叫做“张楚”。

陈胜之所以能掀起那么一场轩然大波，既是时势造就，也是他运用计谋使然。领导者一定要善于分析战争中各种力量的变化，要善于利用一切可以利用的力量。有时，我方即使受挫，处于被动局面，如果善于利用敌方矛盾，利用一切可以利用的力量，也能够转被动为主动，改变战争形势，达到取胜的目的。

在兵法中有“绝处逢生”一说，其意是处在极危险境地中的人必将竭尽全力拼搏，才能有生存的希望。在企业经营中，对于衰落期的产品，或连年亏损的企业，要善于“借尸还魂”，要改转适销对路的产品，要改革企业的管理，哪里有生机就往哪里转，绝不犹豫。

几年前，李厂长接过一家已经倒闭的街道办制胶厂。该厂倒闭时，亏下数十万元外债并欠全体工人9个月的工资。

刚刚接手这个“烂摊子”的时候，李厂长苦苦思索着。该怎样从目前的困境突围出去呢？该怎样让企业起死回生呢？最后他决定，总不能让厂子就这样闲置下来，于是他用集资的办法招收了两百多名工人，同时买了油毡纸把漏屋蒙起来，暂时解决了厂房问题，后又从外地租来机器，解决了设备问题。

然而，正当李厂长对制胶厂实施“起死回生术”时，获得了这样一个准确的市场信息：制胶业市场产品过剩，许多同行业厂家纷纷下马。在得到这个情报的第一刻，李厂长的脑子里就想到一个“变”字。但是，怎么“变”呢？经过一番周密的市场调查和分析后，他发现了一个商机：本地区畜牧业兴旺，皮革多，生产皮革制品有利可赚。于是他立马决定，转产皮革制品。他就地取材，用皮革制作成自行车坐垫、手提包、背包、儿童包、旅行包等产品，很快占领了市场，半年之后，债务还清了，工人工资补发了。小本生意获大利，让一些在亏损的漩涡中挣扎的小厂羡慕不已，纷纷来参观学习。李厂长预感到这些人即将成为自己的竞争对手，于是他又想到“变”。不久后，该厂转产牛皮鞋、皮箱、山羊革夹克衫。这时很多工人来问他：“这么畅销的产品为什么要转产?”不久，这个问题便让现实做了解答：许多来取经的工厂，回去后争相大批生产，结果市场很快就出现了滞销现象。而这时李厂长早就转产了，他们的新产品又在市场上找到了新的顾客。

皮革厂办得比较顺利，新产品很畅销，可李厂长想问题却比常人深一层，他认为：如果企业再次陷入困境，或是一种行业陷入困境，就会危及厂子的经济效益。为了避免这种现象发生，应该事先想好突围的办法。皮革制品的销售很不稳定，仅靠一种产品风险大，如果采取“一业为主，多业并举”的策略，那么在一种业务不景气时，别的业务可以马上扩大，弥补损失。于是，李厂长决定上一种新产品。为了选择新产品，他四处奔走，了解市场行情。有一天，一张“首届A市骡马物资交流会”的海报吸引了他。虽然这张海报跟他们厂的生产没有直接关系，但使他想到了牛皮这种资源。本地牛皮资源丰富，皮质又居全国之首，加工牛皮不失为一种生财之道。另外，他还从市场上了解到“黄牛蓝湿皮”在外贸市场上是紧俏商品，李厂长觉得这又是一个新的商机。于是他立即组织研发小组，很快就生产出了色泽鲜艳的黄牛蓝湿皮。当年，这一产品就被一个外商看中，与他们厂签订了供货5万张的合同。由于他们厂的产品质量好，又守信用，不久，黄牛蓝湿皮就远销到日本、新加坡、印度等国家。

就这样，在李厂长精明的带领下，仅用几年的时间，过去一个倒闭了的小工厂成功突破困境，如今已变成了年产值过亿元的大厂。李厂长因此成了享誉国内外的著名企业家。

纵观李厂长的成功路，他一直运用的都是同一个策略：以企业长远为主，利用反光镜随时找出影响发展的问题所在。因变应变，对企业不断实行自我开发。

决策者或领导者在遭受失败后，要有永不认输的心态，寻找机会，东山再起在失败时要保持清醒的头脑，冷静地进行分析，准确地做出判断，不惜一切手段，积极主动地转败为胜。在企业发展中，领导者要不断开发自我，不断顺应市场的需求来进行改变，开拓未知领域。

领导者要想化腐朽为神奇，要想“还魂”就得借形借力，一般不能借有能力、有作为的，因为会难以驾驭和控制，而应借用那些无能力、无作为的，因为既可以很方便地驾驭和控制，又不易引起对手的注意。领导者要学会无用之用，即利用那些所谓无用的东西加以利用。

陆俟，北魏高宗时期人，机智过人，办事干练。

陆俟年轻时被任命为内都下大夫，善于为人处事，对上谦恭，对下平和，小心谨慎，左右逢源。他与人交往行事时，先要细细观察，揣摸对方的心思，心中有了数，因此讲话自然十分得体，办事自然灵活、顺利。同僚们与他共事都非常融洽，愿与他往来。

北魏高宗文成帝兴安初年，陆俟被赐爵为聊城侯，先后出任散骑常侍、安南将军、相州刺史，代为长广公。在他主持州政期间，扶正压邪，敢于打击横行乡里的豪强恶徒，扶助正直善良贫弱者，为他们撑腰做主。经过陆俟的治理，一向为非作歹的恶徒渐渐收敛，社会秩序大为改善，百姓们终于有了一个比较安定的生活环境。

陆俟治理地方的方法与诸多官员不一样，但相当有效。他一到任，首先明察暗访，将州中那些德高望重、有权威、有影响的老者恭恭敬敬请到府上，待为上宾，虚心求教，征询他们对州政的意见，请他们就如何治理各抒己见。这些老人见多识广，对全州的大小事情、历史与现状都了如指掌。长者多智，本就有许多良谋妙计，又见陆俟礼贤下士，尊重民意，征询意见非常诚恳，都愿意助刺史一臂之力。双方一拍即合，老者们将心中的想法一一道出，毫无保留。如此，陆俟大有收获，不但州中的方方面面了然于胸，而且集中了老者们的经验和智慧，如虎添翼，信心倍增。这些老者也就理所当然地成了他长期合作的智囊团。

陆俟的另一妙招更令人叹服。他也是先调查了解，摸清底细，再挑选了各豪强之家的子弟百余人，将他们统统收为养子，殷勤招待，引导教化，并赏给衣物。然后，让他们各归其家，并要求他们回去后老老实实生活，不能惹事生非，给刺史和官府找麻烦。同时，让他们充作自己的助手，平时务必留心州中发生的大小事情，一旦有异，及时禀报，对恶人恶行尤要随时监视举告。这百余人，百余双眼睛、耳朵，使陆俟有了千里眼、顺风耳，州中事无巨细都难瞒过他。有些不法之徒刚刚作案得手，很快就被查得明明白白，抵赖不得。不论多复杂的案件用不了多久就水落石出，该罚则罚，该判则判，都迅速有了公正的结果。全州上下，又佩服又惊讶，奇怪刺史明察秋毫、料事如神，凡他说的事没有不灵验的，不明底细的人，真以为他做事有神灵相助。那些作案的恶徒，心惊胆战，主动服罪；那些心存邪、图谋不轨的奸人也都龟缩起来，不敢轻举妄动。经过陆俟大力整治，全州很少再发生抢劫偷盗之类的案件，风气大变，百姓安居，大家都庆幸遇到了一个清正睿智的刺史。而陆俟呢，为官7年，贫寒节俭如故，两袖清风、一身正气。

陆俟治州，政绩斐然。当他被调任散骑常侍时，州中百姓都自动聚集起来，苦苦挽留，有千余人联名请愿，无论如何也要恩准陆俟留任。

圣人尚有欠缺，何况凡人，凡事亲力亲为，此人不可能成大事。事必躬亲的人其结果是一事无成。为政必善于用人，唯用人，自己才有更多的时间和精力处理更重要的事情。为官不能以自己的智慧代替手下的人，充分利用他人的力量来协助自己开展工作，针对不同的人，用不同的方法加以任用，从而借人之力为己之力，这才是真正高明的领导者。

【当下启示】

借尸还魂，是说在面临危机或失败后，凭借或利用某种力量，东山再起。凭借新力量是“借尸”，东山再起就是“还魂”。“借尸还魂”在为人处事上，要求运用者具有相当的灵活性，在自己处于危难之际能及时发现生机。或是在自己的计划难以施行之时，用敏锐的眼光发现有利条件，并借此达到目的。

第十五计　调虎离山——因势利导，智胜强敌

【原典重现】

待天①以困②之，用人以诱之，往蹇来返③。

【注释】

①天：这里指天时、地利等客观条件。

②困：作使动词用，使困扰、困乏。

③往蹇来返：语出《易经·蹇》九三爻辞。原文为“往蹇，来返。”“蹇”卦的卦象为艮下坎上。艮象山，坎象水。王弼注曰：“山上有水，蹇难之象。”因此，“蹇”在这里是有难的意思。

【译文释要】

利用不利的天时、地利条件困扰敌人，用人为的假象诱惑敌人，以使其处处皆难、寸步难行。

【计谋典故】

东汉末年，诸侯并起，各霸一方。年仅17岁的孙策，继承父志，势力逐渐强大。

公元199年，孙策欲向北推进，准备夺取江北卢江郡。卢江郡南有长江之险，北有淮水阻隔，易守难攻。另外，占据卢江郡的刘勋势力强大，野心勃勃。孙策知道，如果硬攻，则取胜的机会很小。于是，他和众将商议，定出了一条调虎离山的妙计。他利用刘勋极其贪财的弱点，派人给刘勋送去一份厚礼，并在信中把刘勋大肆吹捧一番，还表示要与刘勋交好。孙策还以弱者的身份向刘勋求救，请

求刘勋发兵降服上缭。刘勋见孙策极力讨好他，万分得意。上缭一带，十分富庶，刘勋早就垂涎欲滴想夺取，今见孙策软弱无能，免去了后顾之忧，于是决定发兵上缭。虽然其部将刘晔极力劝阻，但刘勋已经被孙策的厚礼、甜言迷惑住了，根本听不进任何反面的意见。然而，孙策则时刻监视刘勋的行动，见刘勋亲自率领几万兵马去攻上缭，城内空虚，心中大喜，说："老虎已被调出山了，我们赶快去占它的老窝吧！"于是，立即率领人马，水陆并进，袭击卢江，几乎没遇到顽强的抵抗，就顺利地占领了卢江。刘勋猛攻上缭，一直不能取胜。突然得报，孙策已取卢江，情知中计，后悔已经来不及了，只得灰溜溜地投奔曹操。

孙策取胜就是运用了"调虎离山"之计。

【谈古说今】

在"调虎离山"这一计谋中，"虎"是指强敌，"山"指有利的地形或时机等条件。当敌人占据有利的条件下就很难取胜，聪明的做法是将敌人引出来再攻打。此计的关键是"调"。为了获得胜利，通过制造各种假象，让对方产生错觉，然后因势利导去牵着对方走，或者是故意泄漏一些假情报来"调"动对方朝着错误的方向发展，从而达到削弱对方或战胜对方的最终目标。

老虎离了山，威势自然减三分，强敌脱离了有利的环境及其充分控制的领域，也会由强变弱。因此，大家要利用各种条件来造成竞争对手进入对其不利的境地。

在敌我双方正面对峙时，若对手盘踞在防守严密的城堡或要塞中，我方就要设法使对方放弃城堡或要塞。

在楚汉之争时，韩信、张耳率汉军越过大行山，与楚的羽翼赵国战于井陉口。

赵国的广武君李佐车向成安君陈余建议说："听说汉将韩信，渡过黄河，俘虏魏王、生擒夏锐，最近又阏于血战，如今更在张耳的支援之下，正准备攻占赵国。可见韩信是乘胜而远征，确实有锐不可当之势。我又听说'从千里之外运军粮，将士就会挨饿；临时砍木柴做饭，军队也会吃不饱。'现在，去井陉口的道路，崎岖不平，车马都很难行，只要继续走几百里，粮食必然落在后方。所以希望足下借我精兵3万，从近路切断汉军的粮道，而足下在这里深沟高垒，守住城池不跟汉军交战。如此，就会陷汉军于进退两难，我再出奇兵切断汉军的后路，让汉军在野战时无法掠夺，不到 10 天就可把两员汉将的头送到足下面前。希望足下能采纳我的计策，否则我们必然成为汉军的俘虏。”然而，刚愎自用、迂腐疏阔的陈余认为韩信兵少且疲，不应避而不击，断然拒绝采纳李佐车的正确作战方案。

广武君的战略没被陈余采纳，韩信很高兴，于是放心率兵去井陉口。当韩信到井陉口 30 里处，就把军队停下来宿营。

到了半夜，韩信下令全军出发，并且精选轻骑兵两千多人，每人手持一面红旗，从近路隐藏山阴处，在暗中偷偷地监视赵军。然后，嘱令伏兵说：“赵军一看我军开拔，必然倾巢而出追击我军，这时你们就以闪电术攻进赵城，拔下赵军的军旗，插上汉军的旗帜！”

接着，韩信又下令副将分发军粮说：“打败赵军以后会餐。”各将领都不敢相信，只表面应付说：“知道了。”

最后，韩信又对部将说：“赵军先占据有利的地形修筑堡垒，而且没看见我军大将的旗鼓，所以他们可能不会攻打先头部队，这是因为他们担心我军走到险要之处反击。”

于是，韩信先派一万人为先头部队，走出山地，背着河川布阵，赵军远远看到以后大笑。第二天早晨，韩信大张旗鼓，一边打鼓一边前进，从井陉口开始攻打，这时赵军就出城迎战，双方激战很久。

这时，韩信和张耳就假装丢下战鼓和军旗，做出败退到河岸的模样，而驻守在河岸的汉军把他们引入军营，双方再度展开激战。赵军果然倾巢而出，争抢汉军所丢的旗鼓，并且追击韩信与张耳。其实，韩信与张耳二人，已经进入河岸军中，河岸军殊死共战，赵军无法获胜。不料韩信所埋伏的两千骑兵，正在等候赵军倾巢而出的良机，于是一声令下，冲进赵城，纷纷拔下赵旗，插上汉军的旗帜。

赵军既然无法战胜，当然也就不能生擒韩信等将。不得已准备返回城内时，才发现城墙上全是汉军的旗帜，惊恐之下，误认为汉军已经俘虏赵王及其大将。为此赵军大乱奔逃，赵将一再制止也无效。同时，又有汉军的夹击，结果赵军大败，在泜水之岸成安君陈余被杀死，而被俘虏的赵军将士不计其数。

汉军各将领纷纷献上首级和俘虏，然后一边向韩信祝贺胜利，一边问：“兵法云‘要以山脉和丘陵为右背，要以河川沼泽为前左’，这次将军反倒叫我们进

行‘背水一战’，而且说‘击破赵军后会餐’。当时我们不大相信，可是现在居然打了大胜仗，请问将军，这是什么战术?”

韩信回答说：“我这种战术兵法上也有，只是各位将军没有注意到而已。

韩信巧施妙用、调虎占其山，显示了一名优秀将领决策的英明。大家要设法使对方在不知不觉中放弃优越的条件，把虎引开，使山空虚，而后乘虚而入，一举拿下虎山，待虎发觉后，已无挽回败局的可能。同时，一旦虎没了老巢，就可以任凭进一步处置了。

总而言之，当面对占据有利地形的强敌，强攻不利时，大家就应诱骗、调动敌人脱离良好的条件后，再去消灭。

在商战中，一般说，人们都争取能在己方的场地与对手谈判，谁能够将对手调离其熟悉的环境，谁就会争取得到起码的主动权。“天时、地利、人和”，是一切社会活动得以成功的客观必备条件。

所以，聪明的企业家或谈判人员，采取种种办法将对手调“虎”出“山”，一般也就会得到“人和”。这犹如体育比赛的主客场制，在主场比赛，取胜的把握就较大，有时甚至弱队战胜强队。

在己方的场地谈判，不必分心于熟悉环境或适应环境，而对方既离“山”，身处客地，就不能不讲求礼仪，也不好过分侵犯主人，因而己方在心理上、气势上就占了上风。

19世纪40年代末，在太平洋沿岸的美国加利福尼亚州发现了金矿。美国人和成千上万的欧洲人，纷纷背井离乡到美国西部淘金。这些欧洲人大多是在纽约登陆的，这是由于当时美国还没有连通太平洋到大西洋的铁路，而巴拿马运河也还没有提到议事日程，因此前往旧金山的人们往往要坐轮船到南美的最南端。

一个叫范德比的老商人，看到这是一个发财的好机会，决心开辟一条通过尼加拉瓜的航线，让人们走近路直达旧金山。他亲自到尼加拉瓜四处活动游说，最终和当时的总统查摩罗签订了一项秘密协定。这个协定规定：凡从尼加拉瓜过境船只均由范德比负责。从此，范德比垄断了穿越尼加拉瓜船只的过境专利权。没出几年，老范德比就在这条航线上赚了好几百万美元。

此事引起了一位叫华尔克的年轻商人的注意。华尔克眼看老范德比靠这条航线大把大把地赚钱，自己从商好多年，却一直没有太大成绩，十分嫉妒，于是决心把这条航线夺过来，据为己有。这样，一来可以靠这条航线赚钱，二来还可以减少自己的黄金采购公司的运输成本。

夺取一笔小生意好办，夺取一条航线谈何容易。范德比从商几十年，可谓商场老手，和他斗需要动一番心思。华尔克想：老家伙在国内政界、商界颇有影响，搞得不好，不仅达不到目的，反而会使自己身败名裂。思来想去，华尔克想出了一个“调虎离山”之计。他决定设法把老范德比引诱出国，然后乘其不备下手。

他首先用重金收买了范德比的私人医生，让他建议范德比去欧洲疗养。

一天，医生对范德比说：“您最近身体状况不太好，可能是劳累过度，建议您去法国休养半年或更长一些时间，否则，您的心脏会有危险。”

为了促使范德比下决心出国休养，他还用钱收买了经常与范德比有来往的一些夫人、太太们，让她们给范德比的妻子、女儿、儿媳吹风，说：“您家老先生面色不好，心脏又不太好，不如到外国去休息一阵子，美国的气候太差了，再这样下去，恐怕有生命危险，法国的巴黎最适合他这样的老人休养。”家人一听十分着急，一天催他三四遍，让他出去休养。虽然范德比本来身体没什么大毛病，自我感觉也挺好，但经不住许多人劝说，自己也怀疑身体是否真的快不行了。于是，便动身到巴黎休养去了。

范德比一走，华尔克立即采取了行动。他用船装了几百名打手和满船的军火前往尼加拉瓜，登陆后，和事先联系好的尼加拉瓜内奸里应外合，以迅雷不及掩耳之势，攻占了尼加拉瓜首都。直捣查摩罗总统官邸，威逼查摩罗总统修改协定，让他主宰航线。查摩罗总统一气之下，心脏病发作，当即毙命。华尔克趁火打劫，马上扶持了一个尼加拉瓜内奸当傀儡总统，他自任尼加拉瓜军队总司令，控制了政权。不久，尼加拉瓜新政府宣布取消了原政府和范德比的协定。至此，华尔克终于如愿以偿。

虎为百兽之王，而百兽又都生活在山中。在山中，虎可借百兽增势，百兽也可借老虎而显威。它们之间因互相勾结狼狈为奸，更扩大了其威势，增加了对抗的力量，如果把老虎诱离深山，使它与百兽分开，就可以大大分散减弱虎势，这时再来降虎，就容易多了。

所以，调虎离山是人们对近忧之应变的一种常用策略。

一个企业或一个团队当中，总会有一些人或功高盖主或由于威信过高而自负自满，这种人无疑会成为领导者的一大心病。现代的领导者也可以采取时升实降的方法，分其势。比如将其调往另一个地方担任高职，而没有实际的重要职能。或将其调往较偏较冷的部门任领导。既分散了他的势力，又使其无话可说。

在现代经商活动中，当自己和对手共同争夺一块市场时，只有将对手所依赖的基础予以拆除，使之力量分散，才能削弱对手，增加自己的胜算。20世纪80年代，三菱在打击三井要组建的“东京风帆船会社”的时候，就是通过“调虎离山”之计，达到瓦解其力量目的的。

20世纪80年代，三井物产公司的益田与其上司涩泽荣一商量，准备自己组建一个“东京风帆船会社”。

当时涩泽荣一是第一银行的总裁，也是三井出资设立的东京股票交易所的幕后主持人。在得到涩泽荣一的赞同后，益田立刻和当时的政界要员联系，私底下也和地方上的海运营业者联合，准备设立大海运公司。有三井公司和财政界的大人物作为后盾，地方上的船主席、货主当然陆续申请加盟，甚至当时的一些富商也都陆续响应。

三菱的弥太郎得到这个消息之后，知道如果这个会社成立的话，将会成为三菱的一个劲敌，尽管三菱有实力与其正面竞争，但考虑到这家会社雄厚的资金来源，以及涩泽在社会上的地位，却又不容小视。

为了给这家新公司的建立设立障碍，或者让其计划流产，弥太郎采取了一系列的应付措施。

弥太郎首先利用与自己有深厚交情的报界大亨大限所办的两种报纸攻击涩泽，使涩泽的名誉、声望因舆论的讨伐而迅速跌落，从而让参加新公司的商人心中产生怀疑和不安，动摇其参加这个会社的愿望。

同时，弥太郎派人到各地去进行捣乱，以厚利诱惑最热衷于新会社建立的藤井，使他脱离新公司。接着去说服其他的商人，为达到目的，三菱用低利资金流通、低运费为条件来引诱他们。

经过这一系列的行动，弥太郎使地方人士对三井物产公司产生了反感，进而使得这些地方人士开始猛烈地抨击“东京风帆船会社”的建立。弥太郎还私下收买了东京股票交易所的股东，撤换了涩泽的亲信，断绝了东京股票交易所支援“东京风帆船会社”的资金。

1980年8月10日，尽管“东京风帆船会社’还是成立了，但是由于弥太郎一连串的计谋，使太多中途退出加盟，这不仅让会社运行的资金发生问题，而且也失去了大宗物资如米、木材等的运送，让新会社的业务一直无法顺利开展。

调虎离山不仅适用于商战，同样适用于日常生活之中。我们知道，当一个人身处自己所熟悉的环境之中时，很容易争取到主动权，但是当一个人身处于异境之中时，则很容易陷入被动。因此，在现实生活中，与人相争之时，要利用自己的有利条件，引诱对手，使之陷于被动，才会使我们控制局面。虎是强大的，但是只要我们能将虎所居之地变成其不利之所，就能使之力量削弱。

钱塘县有一个姓李的后生，在西湖昭庆寺的左侧有一所房子，价值300两银子。3年前，李生曾借过寺内一个叫慧空的僧人50两银子。3年到期之后，慧空和尚却要他连本带利还100两银子。

李生见逼债紧迫，只得以房子作了抵押，结果只剩回30两银子。在和尚住进了李生的房子之后，李生与母亲只得搬走，租房居住。

李生的朋友贾秀才知道这件事之后，送给他142两银子，其中12两用来交房租，130两用来向和尚赎回原屋。不料，和尚说已修缮过此屋，只有另外加银子才能赎回。实际上，慧空和尚是不愿把房子归还李生，故意找茬。

贾秀才见慧空和尚如此昧心贪利，就想整治他一下。

一天午饭后，贾秀才来到昭庆寺左侧的那所房子。小和尚说他的师父慧空正在楼上午睡。贾秀才装作有事要见慧空，便独自上了楼。此时，慧空脱了衣帽，在床上睡得正香。而对面人家开着窗户的屋内有一个少妇正在做针线活，很像大户人家的媳妇。贾秀才见此情形，顿时计上心来。他将慧空的衣帽穿上，对着那个妇人嬉皮笑脸地调戏起来，气得她放下针线活，跑下楼去。贾秀才迅速脱下和尚的衣帽，将其放回原处，就悄悄地下楼离开了。

当慧空还在楼上睡觉的时候，只听见楼下乒乒乓乓的敲门声，不一会儿就冲进房内十来个人，向慧空和尚骂道：“你这个秃驴，竟敢在光天化日之下调戏良家妇女!”说罢，众人把慧空的衣服扯碎，砸烂了不少东西，还威胁说如不快点搬走，就把慧空扭送官府。

慧空知道这家是一个人户人家，自己惹不起，只好答应近日搬走。这时，李生又来找慧空谈房子的事情，结果可想而知，这次，李生顺利地以130两银子的价钱赎回了房子。

贾秀才就是用“调虎离山”之计使慧空和尚无法在其霸占之屋居住，从而帮朋友成功赎回房屋的。

【当下启示】

调虎离山计运用的道理，是说若遇上势力强大的对手，要善用谋，用假象使对手离开驻地，诱他就我之范，丧失他的优势，使他处处皆难，寸步难行，由主动变被动，而我则出其不意地制胜。

第十六计 欲擒故纵——以退为进，收获人心

【原典重现】

逼则反兵①，走则减势②。紧随勿迫，累③其气力，消④其斗志，散而后擒，兵不血刃⑤。需，有孚，光⑥。

【注释】

①反兵：回师反击。

②走则减势：走，逃走；势，气势。

③累：消耗。

④消：瓦解。

⑤兵不血刃：兵，兵器；血刃，血粱刀刃，即作战。

⑥需，有孚，光：语出《易经·需》。需卦的卦象为乾下坎上，乾象刚、健，坎象水、险。需，在这里有等待之意；有孚，有信用，有诚意，为人所信服；光，光明、通达。

【译文释要】

如果逼得敌军太紧，它就会拼命反扑。让敌人逃跑可以削减它的气势，对逃跑之敌要紧紧跟随，不能过于逼迫，通过消耗其体力来瓦解其斗志，等其溃散时再去捕捉他，就可以避免我方不必要的损失。要善于等待时机，要有耐心，才能获得胜利。

【计谋典故】

三国后期，蜀汉在诸葛亮的精心治理下，呈现出繁荣的气象，为了抵御曹丕，又恢复了与孙权的结盟关系。当时西南夷酋长孟获叛乱，并率10万大军直逼成

都。诸葛亮为了解决北伐的后顾之忧，决定先亲自率兵平定孟获。

孟获是南中地区少数民族的首领，在当地颇具影响力，他与朱褒等人结党密谋，趁刘备刚死之机，杀死蜀国派往南中一带的官吏，发动了叛乱，公然与蜀国为敌。

公元225年春天，诸葛亮召集50万大军，兵分三路挺进南中。

诸葛亮知道孟获在当地兵民中威望很高，许多人都服从他的指挥，就想利用孟获的威望来治理南中，所以事前传令军中，不准杀他，一定要活捉。

孟获得知蜀军已进南中，就率军前来迎战，但见蜀军军容不整，战旗杂乱，不禁笑道："都说诸葛亮善于治军，用兵如神，今天看来不过如此。"两军对垒，蜀军冲出王平与孟获交战，岂料不过十几回合，王平就露出败相，调转马头向后败退。孟获催马紧追，追赶出十多里，忽听得杀声四起，四面冲出蜀军伏兵，将孟获人马团团围住，尽管孟获指挥兵士拼命突围，但最后仍被蜀军活捉。

军士将孟获押进诸葛亮的大帐。诸葛亮笑颜以对，良言相劝。孟获仍强硬地说："我并不是被打败的，不过是一时大意才被捉住，如果真打硬拼，我可以战胜你们。"诸葛亮挥动羽扇，微微一笑，让人摆上酒肉招待孟获大吃一顿，然后将他送出营去。

孟获回营，派兵据守泸水南岸，阻止蜀军渡河。诸葛亮乘敌不备，偷渡过河，并袭击了孟获的粮仓。孟获暴怒，要严惩将士，激起将士的反抗，于是相约投降，趁孟获不备，将其绑赴蜀营。诸葛亮见孟获仍不服，便再次释放。从那之后又4次擒拿并4次释放。最后一次，诸葛亮火烧孟获的藤甲兵，第七次生擒孟获，终于感动了孟获，他真诚地感谢诸葛亮7次不杀之恩，誓不再反。从此，蜀国西南安定，诸葛亮才得以举兵北伐。

诸葛亮对孟获的七擒七纵，意在安定边寨，扩大疆土，免除征战之忧。此后，诸葛亮任命孟获为蜀国的官员，全权管理南中地区。

从此，南中一带安定了，农业等方面都有了较大的发展，人民生活也得到了改善。

如果诸葛亮不为大局着想，擒孟获，开杀戒，必然将叛军逼至绝境，从而使之决心破釜沉舟、背水一战。尽管蜀军完全可以击败叛军，也势必大伤元气，而且不能根治祸乱，诸葛亮也就无法集中精力对付曹魏。

诸葛亮七擒孟获，未损耗元气，又得到了一位大将，可谓一举两得。

【谈古说今】

“欲擒故纵”的意思是为了要捉拿它，暂且先放纵它，使它不加以防备。“纵”是“擒”的方法，是为了“擒”的目的。纵敌必须要保证擒敌，如果不能保证这一点，将会是“一日纵敌，百日为患”。纵敌不是要使之日益强大，而是要消耗体力，瓦解其斗志，以便顺利擒拿敌人。

“欲擒故纵”中的“擒”和“纵”，是一对矛盾。“擒”是目的，“纵”是方法。古人有“穷寇莫追”的说法。实际上，不是不追，而是看怎样去追。把敌人逼急了，他只得集中全力，拼命反扑。不如暂时放松一步，使敌人丧失警惕，斗志松懈，然后再伺机而动，歼灭敌人。

“欲擒故纵”也可理解为以退为进，使其心服口服，甘拜下风。取法其上，适得其中。正如，人们在跨过门槛登上台阶时，都会高抬腿、低落步。大家若能将这种以退为进的方法适时地运用自如，定会收到意想不到的良好效果。

“欲擒故纵”的关键是“纵”字，不要舍不得看似即将到手的东西，时机未到，出手太急往往会造成事与愿违的结果。只有耐心一些，把握局势，用巧妙的“纵”才会达到牢固的“擒”。学不会“纵”的人，“擒”也不会长久。

作为领导者，要发挥自己的管理协调能力、沟通能力，以及自身的人格魅力，令对手和部下叹服，达到众望所归的完美地步，使人心悦诚服、甘心情愿、尽忠尽责、积极主动地工作，增强团结力量，达到预期目标。

与敌作战中，若将对手完全包围，穷追不舍，对方如狗急跳墙般放手一搏，展开猛烈的反击，对我方将造成莫大的损失，所以要尽量避免这种情形发生。

古人云：“欲持之，必先张之。”商战中，就需要领导者有较深的城府，故作姿态，以退为进。

钟平良是一个台湾青年，20岁之前家里几乎一贫如洗，一家三口每月的开支全靠父亲那可怜的200元工资来维持。面对家里穷困的现状，钟平良从小就立志要做一个有钱人。高中毕业后，他没有继续上大学，而是来到一家汽车修理厂当了一名学徒工。两年下来，钟平良在修车技术和资金方面都有了一定的积累。于是，他很快选择了离开那家待遇还算不错的修理厂，自己单开了一家。由于钟平良的服务质量特别好，他的汽车修理厂生意一天比一天火。

按理，他可以在这条道路上继续走下去，全家的开支也不用担忧了，但他不是一个这么容易就满足的人，他的理想是干一番大的事业，拥有一家自己的汽车制造厂。正是在这一理念的驱动下，1984 年 8 月，他放弃了生意蒸蒸日上的汽车修理厂，招聘了几个技术人员，搞起了汽车研发，然而，两年下来，在几乎耗尽了所有积蓄之后，连一辆成型的汽车也没有研发出来。在这种情况下，钟平良觉得自己有点不知天高地厚，如果继续干下去，可能会亏得血本无归。经过了近一个月的思索之后，他做了一个决定：退而求其次，研发技术含量比汽车低的摩托车。又一个两年过去了，这一次的结果和前一次不同：他不仅研发出了属于自己的摩托车，而且性能还不错，他将自己的产品命名为“野狼 125”。

为了将“野狼 125”尽快投入市场，钟平良找了一个合作商对其投资并进行大量生产。在摩托车上市之前，他慎之又慎。因为作为一生意人，他深深懂得一种产品能否拥有市场，关键在于消费者能否接受。在当时，台湾的摩托车产品不下十种，销售市场竞争十分激烈，如何出奇制胜地打开市场是至关重要的一环。

好的方法不是没有，关键是要善于思考和发现。不错，钟平良在和企划部的人员经过了数天的研讨之后，终于想出了一计高招——“欲擒故纵，吊人胃口”。

为了制造一种神秘感受，以引起人们的普遍关注，3 月 25 日，公司不惜重金，在各重要路口的巨型广告牌上张贴出一幅幅别出心裁的图文广告，一幅“野狼 125”摩托车的幽默漫画，一句令你摸不着头脑的广告词：“今天不卖摩托车，请您稍候 6 天，买摩托车您必须慎重考虑。有一款您意想不到的好车就要来了”。

人们看了这幅既没标明厂家，又没标明品牌的幽默漫画式的摩托车广告，大惑不解，都在猜测这是哪一个厂家生产的一部什么样的摩托车呢？胃口真的被吊了起来。3 月 26 日，“野狼 125”摩托车的幽默漫画广告继续在巨型广告牌上贴出，不过广告词改了，改成了 6 个字：“请您稍候 5 天。”

3 月 27 日，巨型广告仍继续贴出，不过广告词又改了，改成了 4 个字：“稍候 4 天。”

3 月 28 日，广告词变成了 5 个字：“请再等 3 天。”并提醒人们：“要买摩托车，您必须考虑到外观、油耗、动力，以及省油、耐用等。这一部与众不同的好车就要来了。”人们的胃口这下子被吊得更高了，都互相打听它到底是哪一家公司出品？真的有什么与众不同吗？

第二天，广告词变成了 7 个字：“请您再等候两天”，并配了解说词：“让您久等的这部外型、马力、省油、耐用度都能令您满意的新款‘野狼 125’摩托车就要来了。”此时，人们欲一睹“野狼 125”摩托车风采的欲望被彻底激发起来了。

3 月 31 日，“野狼”最后还要卖个关子，广告词改为：“对不起，让您久候的‘野狼 125’摩托车，明天就要与您见面了。”

第二天，千呼万唤始出来的一辆辆崭新的“野狼 125”摩托车披红挂绿地出现在各大商场。前来观看和购买的人摩肩接踵、络绎不绝。“野狼 125”的市场开拓得不错，并成为畅销产品，连续 5 年，其销售量位居台湾众多摩托车之首。钟平良也成了台湾商界的传奇人物。当商家在满足客户各种各样的需求后，仍不能激起消费者的购买欲望。钟平良却根本不理会这一套，通过产品上市前刻意制造的神秘氛围，吊足了大家的胃口，最终让自己的产品一炮走红。

人有一种特性，对于未知都会好奇，盼望则是对好奇心的满足。欲擒故纵，吊起人的胃口，其结果必然是——不看的想看，不买的想买了。

商家在拓展自己业务的时候，常常采用“欲将取之，必先予之”的“欲擒故纵”之计，可以说是百试不爽。商家之所以会使用此计，是因为人们往往很容易被一些小利益所诱惑。聪明的商家就想法牺牲一些小利益将顾客吸引到自己的柜台前去消费更多的产品。

美国的可口可乐公司，在刚进入中国市场的时候，也是采用“欲擒故纵”的手段促销。

可口可乐公司先无偿地向中国的经销商提供了价值 400 万美元的可乐灌装设备，并且花大力气在电视上做广告，提供低价的浓缩饮料，让中国的厂商和经销商乐于生产和推销美国的可口可乐。而当中国的市场被打开之后，中国的厂商和经销商再向他们进口设备和原料的时候，他们就根据市场行情的需要来调整价格，抬高价钱了。

多年来，美国的可口可乐风行中国，销量成倍增长，为美国商人赚足了钱，

正是因为当初成功地施行了“欲擒故纵”之术。

日本武田制药公司在20世纪推出了“武田制药福彩券”抽奖活动。这个抽奖活动，设了1600多名高贵奖品，参加的条件非常简单，只要消费购买武田制药公司的维他命E一盒，便可参加。具体要求是：消费者要在空盒上注明自己的姓名与住址，以及药房的店名地址。在空药盒雪片般寄来参加抽奖时，武田制药公司动员了许多专家来鉴定盒子的真伪。通过这一抽奖活动，生产假药和出售假药的商店纷纷落网，极大地维护了武田制药的利益，也极大地提高了武田制药的名声。

武田制药的这一做法，是又一种高明的商界“欲擒故纵”之术啊！

在日常的生活中，无论大事小事，都要注意凡事不能操之过急，要讲求点谋略。如我们在进入商场买东西时，一旦看到了自己心仪的物品不要立刻露出感兴趣的表情，而应该平静并很快转移视线。如此一来，商家就会把握不准你的心理，在这种情况下你往往会将自己的心爱之物以比较合适的价格拿下。从刘备谋取徐州的事例中，我们就能够看出一些为人处世的方法。

汉献帝初平四年(公元183年)，割据兖州的曹操派遣泰山太守应劭前往琅玡迎其父曹嵩与家人到兖州。途经徐州时，徐州牧陶谦为交好曹操，特派都尉张护送曹嵩一行。不料张护杀死曹嵩与其家人，席卷财物而去。于是曹操便把账记在陶谦身上，以为父报仇为名，发兵攻打徐州。

陶谦面对兵临徐州城下的曹操大军，自知难以抵抗，便请北海相孔融、青州刺史田楷前来相救。孔融请刘备同去救陶谦，刘备遂欣然带领关羽、张飞、赵云和数千人马奔赴徐州。

刘备率军在徐州城下与曹将于禁的部队小试锋芒，初战告捷，让被曹军围困的徐州暂时缓解了危机。于是陶谦急忙将刘备迎入城内，盛宴款待。陶谦席间主动提出将徐州让给刘备，说：“当今天下大乱，公乃汉室宗亲，正当为国出力。老夫年迈无能，情愿将徐州相让，公勿推辞。我当自写表文，申奏朝廷。”陶谦这样做无疑是很聪明的，刘备既然来了徐州这个军事要地，以他的志向，决不会放手不要的，陶谦这样不仅可以保全自己和家人，还可以落个好名声。刘备闻言愕然，急忙推辞说：“我本是为了义气前来相助，您这样说，莫非怀疑我有吞并之心？”陶谦表白说：“这是老夫推心置腹之言，绝非虚情假意。”但刘备只是推辞，终不肯接受。糜竺见二人再三辞让，便说：“现在兵临城下，且当商议退敌之策。待事平之后，再议相让不迟。”

于是刘备写信给曹操，希望曹操以国家大义为重，撤走围困徐州之兵。恰好这时吕布攻破兖州，进占濮阳，威胁曹操后方。因而曹操便顺水推舟，卖个人情，接受了刘备的建议，退兵而去。其实，刘备之所以推而不受徐州，是因为他明白时机还没成熟，现在要了徐州，只会破坏自己的名声。

陶谦见曹军撤退．徐州转危为安，便差人请刘备、孔融、田楷等人聚会，庆祝解围。饮宴既毕，陶谦再向刘备让徐州。刘备说：“我应孔融之约救援徐州，是为义而来。现在若无端据有徐州，天下将以为我是不义之人。”糜竺、孔融、关羽、张飞等皆纷纷劝刘备接替陶谦治理徐州。刘备苦苦推辞说：“诸位欲陷我于不义耶？”陶谦推让再三，见刘备终不肯受，便说：“如您必不肯接受，那就请暂驻军近邑小沛，以保徐州，何如？”众人也皆劝刘备留驻小沛，刘备方始同意。

不久，陶谦染病，日渐沉重，便派人以商议军务为名，把刘备从小沛请来徐州。陶谦躺在病榻上对刘备说：“今番请您前来，不为别事，只因老夫病已垂危，万望您以汉家城池为重，接受徐州牌印，老夫死亦瞑目！”刘备说：“可让您的二位公子接班。”陶谦说：“其才皆不能胜任。老夫死后，还望您多加教诲，千万不能让他们掌握州中大权。”陶谦死后，徐州军民极力表示拥戴刘备执掌州权，关羽、张飞也再三相劝。至此，刘备才同意接受徐州大权，担任徐州牧。

【当下启示】

欲擒故纵这一招兵家妙计，如今仍深深地影响着当今社会上一系列没有硝烟的战争，作用于形形色色的人群，例如商场、政坛……不管是哪个行业的领导者，都应该有宏观长远的眼光、识别良才、慧眼的虚怀若谷的胸襟、足够的智谋。

第十七计　抛砖引玉——以小引大，诱其出洞

【原典重现】

类以诱之①，击蒙也②。

【注释】

①类以诱之：类，类似；诱，引诱，诱惑。

②击蒙也：击，打击；蒙，蒙昧。语出《易经·蒙》，蒙卦的卦象为坎下艮上。其上九爻，为阳爻处于蒙卦之终，按王弼的解释，其喻意为“处蒙之终，以刚居上，能击去童蒙，以发其昧也，故曰‘击蒙’也。故‘不利为寇，利御寇’也”。

【译文释要】

用类似的东西诱惑敌人，乘其迷惑懵懂的时候打击他。

【计谋典故】

传说唐代诗人常建，听说赵嘏要去游览苏州的灵岩寺。为了请赵嘏做诗，常建先在庙壁比较显眼的地方题写了两句，赵嘏见到后，立刻提笔续写了两句，并且比前两句写得要好。这样四句合在一起，便成了一首完整的绝句。后来文人称常建的这种作法为“抛砖引玉”。

【谈古说今】

抛砖引玉，是设法使对方上当进行攻击的策略。用小的代价换取大的收获，即撒下诱饵钓金鳖之意，自己付出的是一点鱼饵，但钓上来的却是金鳖，也就是所得到的是更好的更多的。

此计用于军事谋略，是指在易受暗示的情况下，用一些小恩小惠去迷惑、诱骗敌人，使其懵懂上当，中我方圈套，然后乘机击败敌人的计谋。“砖”和“玉”，是一种形象的比喻。“砖”，指的是小利，是诱饵；“玉”，指的是作战的目的，即大的胜利。“抛砖”是手段，“引玉”是目的，“抛砖”是为了“引玉”。“抛砖”贵在所抛之“砖”要像“玉”，是一种形于敌的伪装；“引玉”关键在于所“引”之“玉”确实是比“砖”的价值高的“玉”。钓鱼需用钓饵，先让鱼儿尝到一点甜头，它才会上钩；敌人占了一点便宜，才会误入圈套，吃大亏。得与失的互为转化之效果，有时也并不是马上就可以见到的，但懂得其中奥妙的人，会掌握取舍的主动权，让它发挥出意想不到的效果。在商业营销中，经营者常以让“利”促销来吸引消费者，从而赚取更大利润，而这便是“抛砖引玉”的具体运用。

军事上，面对久攻不战，龟缩于有利地形的敌人，高明的领导者常从敌人薄弱部位下手，顺其心计诱其出洞，再次而打之。

有一年，楚国发兵攻打绞国(今湖北郧县西北)，大军行动迅速。楚军兵临城下，气势旺盛，绞国自知出城迎战，凶多吉少，决定坚守城池。绞城地势险要，易守难攻。楚军多次进攻，均被击退。两军相持一个多月。楚国大夫莫傲屈瑕仔细分析了敌我双方的情况，认为绞城只可智取，不能强攻。他向楚王献上一条“以鱼饵钓大鱼”的计谋，他说：“攻城不下，不如利而诱之。”

楚王问他诱敌之法。屈瑕建议：“趁绞城被围月余，城中缺少薪柴之时，派些士兵装扮成樵夫上山砍柴，敌军一定会出城劫此柴草。头几天，让他们先得一些小利。等他们麻痹大意，大批士兵出城劫夺柴草之时，先设伏兵断其后路，然后聚而歼之，乘势夺城。

楚王担心绞国不会轻易上当，屈瑕说：“大王放心，绞国虽小但轻躁，轻躁则少谋。有这样香甜的钓饵，不愁它不上钩。”楚王于是依计而行，命一些士兵装扮成樵夫上山砍柴。

绞侯听探子报告有樵夫进山的情况，忙问这些樵夫有无楚军保护。探子说：“他们三三两两进山，并无兵士跟随。”绞侯马上布置人马，等“樵夫”背着柴禾出山之机，突然袭击，果然顺利得手。抓了三十多个“樵夫”，夺得小少柴草。一连几天，果然收获不小。见有利可图，绞国士兵出城劫夺柴草者越来越多，楚王见敌人已经吞下钓饵，便决定迅速逮大鱼。

第六天，绞国士兵像前几天一样出城劫掠，“樵夫”们见绞军又来劫掠，吓得没命似的逃跑，绞国士兵紧随其后追赶，不知不觉被引入楚军的埋伏圈内。只见伏兵四起，杀声震天，绞国士兵哪里抵挡得住，只好投降。就这样，楚王以“抛砖引玉”之计，轻易地夺取了绞城。

史学家范晔说，“天下皆知取之为取，而不知予之为取”。一语道破了抛砖引玉的得失观。

战国时，齐国的孟尝君是一个以养士出名的相国。由于他待士十分真诚，感动了一个具真才实学而十分落魄的士人，名叫冯谖，冯谖受到孟尝君的礼遇后，决心为他效力。

一次孟尝君要派人其封地薛邑讨债。冯谖说我愿去，但不知用催讨回来的钱，需要买什么东西？孟尝君说就买点我们家没有的东西吧!冯谖领命而去。到了薛邑后，他见到老百姓的生活十分的穷困，听说孟尝君的讨债使者来了，均啧啧有怨言。于是，他召集了邑中居民，对大家说：“孟尝君知道大家生活困难，这次特意派我来告诉大家，以前的欠债一律作废，利息也不用偿还了，孟尝君叫我把券契也带来了，今天当着大伙的面，我把它烧毁，从今以后，再不催还!”说着，冯谖果真点起一把火，把所有的债券契的都烧了。薛邑的百姓没有料到孟尝君如此仁义，个个感激涕零。冯谖回来后，孟尝君问他讨的利钱呢？冯谖回答说：不但利钱没讨回，借债的券契也烧了。孟尝君便大不高兴，冯谖对他说：您不是要叫我买家中没有的东西回来吗？我已经给您买回来了，这就是“义”。焚券是义举，这对您收归民心是大有好处的啊!

数年后，孟尝君被人谮谗，齐相不保，只好回到自己的封地薛邑。薛邑的百姓听说恩公孟尝君回来了，全城出动，夹道欢迎，表示坚决拥护他，跟着他走。孟尝君甚为感动，这时才体会到冯谖的苦心。这就叫“好予者，必多取”，小的损失可以换取大的利益。

没有无回报的付出，也没有无付出的回报，领导者要适时地给对手以微利微隙，这样才能钓得大鱼。

在商业竞争极为激烈的今天，领导者要想获得成功，除了及时地把握商机之外，还必须有敏锐的洞察力和独辟蹊径的奇想。不论平民还是富翁，贪小便宜是人的天性。所以让利销售也是行之有效、有利可图的。

在哈尔滨市有一家饭馆，名叫“有马食堂”。这家餐馆的外表并不华丽高雅，其内部装修也简单朴素，它供应的菜式亦是较大众化的东西。但是，当地的人们都注意到，那里的生意异常兴隆，每天都有络绎不绝的顾客，而且大多都是大人带着小孩。

一家普通的餐馆，生意为什么会比同类餐馆要兴旺得多呢？

这引起了不少人的关注。经过观察后才发现，原来“有马食堂”在经营上有高招，用馈赠的形式讨好小孩以招徕顾客。其具体做法是，每当有顾客带小孩前来用餐时，该餐馆的服务员就热情地给顾客带来的小孩送上一条绘有动物图案的纸制围裙。

其实这条纸围裙价值为 5 毛钱。但为何它能招徕顾客呢？因为这围裙是由该店的“画家”当场画上各种精美图案的，而且所画的图案均是小孩喜欢的小动物，生动有趣，使小孩爱不释手。小孩在餐馆用餐时围上这么一条美不胜收的小围裙，吃得十分开心，全家人这一顿饭也很有乐趣。用完餐后，这条围裙还可以带回家去，于是，小孩吃完一顿饭便可以得到一件玩具。

小孩子人虽然小，但心却很大。因为围裙是手画的多种多样的图案，小孩总希望多获得几条，所以常常要求父母带他们到“有马食堂”去用餐。众所周知，天下父母都有一颗爱子女之心。当父母看到自己的孩子得到围裙时的高兴情景，便会寻找时机带孩子前来光顾。开始时，这些顾客与其说是自己用餐，不如说是为了取悦孩子。但是，这样一次两次，重复多次，他们渐渐对“有马食堂”有了感情，成为忠诚的顾客了。最后，一传十，十传百，“有马食堂”的名声传遍了哈尔滨市，生意又怎么会不兴隆、不发达呢？

如今，“有马食堂”的老板胡有为已连续在哈尔滨市开了 5 家“有马食堂”分店，总资产达数百万。胡老他的成功证明：一条纸围裙，可以获得大的回报。

需求是永远存在的，如果把两种需求捆绑在一起，以一个为饵，以另一个为实际的，将会开辟更大的利润空间。

商业活动中，宣传是商家制胜的法宝。如何有效地宣传自己的产品对商家来说尤为重要，而商家为有效地宣传自己也是妙计百出。尤其是一些商家为加强宣传效果而施的“抛砖引玉”之策，更是堪称经典。20 世纪，茅台酒就是在国际博

览会上一摔扬名。

1915年，在国际巴拿马商品博览会上，各国都选送了众多的商品参展，包装精美的商品，让各国的宾客看得眼花缭乱。

在这次博览会上，中国的茅台酒也被送去参展，但是因为包装古旧，在很长一段时间都无人问津。这让参展的中国团队非常着急。

当时，博览会上的一名中国工作人员灵机一动，计上心来。他提着一瓶茅台酒，来到了展览大厅最热闹的地方，故意装作不小心把酒摔在了地上。

酒瓶落地后，摔得粉碎，同时一股浓郁的酒香在顷刻间弥漫了整个大厅，人们不约而同地齐声称赞“好酒!好酒!”这时候，习惯喝“香槟”、“白兰地”的外国人，才领略了中国茅台酒的魅力。

这位中国工作人员的“抛砖引玉”之计让茅台酒在这次博览会上被评为世界名酒，从此声名远播。

在复杂的政治斗争中，试探对手的政治意图是很重要的事情，而这种试探又不能是直截了当的，只有通过委婉含蓄的渠道传达出来。由此，“抛砖引玉”之术就极为常用。20世纪70年代，中美双方为了改善外交关系，就是巧妙地通过“乒乓外交”，巧妙试探。从而“抛砖引玉”，打开外交缺口，并最终实现正常交往的。

1971年，第三十一届世界乒乓球锦标赛在日本的名古屋举行。中美两国的乒乓球代表队都参加了这届比赛，这次比赛为两国传送和解信息，提供了机会。

朝鲜战争后，美苏两国为了争霸，拼命进行军备竞赛。美国看到中国是一个发展中的大国，不容忽视其在世界的影响，于是放出和解的信号。尼克松首先从华盛顿发出含蓄的信号，一改过去“共产党中国”、“赤色中国”等称呼，再三表示准备同中华人民共和国恢复某种联系。这样的信息，自然引起独具慧眼的中华人民共和国外交家周恩来的注意。精明、干练的周恩来在等待着时机给予回应。

这次世界乒乓球锦标赛，正是一个难得的机会。

有一天，美国乒乓球队队员格伦·科恩正在路边等车接他去体育馆参加比赛。中国乒乓球队队员乘坐的大轿车经过时，停了车，请他上车一起走。格伦·科恩就在车上与中国一名队员交谈起来，下车前两人还交换了礼物。

这件偶然发生的事情，使中国队领导十分不安，因为多年来，中美两国相互敌视。如果这种情况继续下去，闹出一个不幸的政治事件，谁也担待不起。他认为还是谨慎为好，于是就向国内请示如何处理。

周恩来接到报告后，不仅没有批评，反而指示我国乒乓球队领导邀请美国乒乓球队访问中国。

接到中国球队的邀请后，美国乒乓球队既高兴又纳闷，美国球队领导表示谢意，但并没有立即接受邀请。他似乎已意识到中国人的主动接近，具有不同寻常的政治意义。于是，立即向美国驻日本大使馆征求意见，大使也拿不准，便请示美国国务卿，国务卿罗杰斯又请示尼克松。

得到中国邀请美国乒乓球队访问这一消息后，尼克松立即召开国家安全委员会会议，根据“乒乓球的扣人心弦的急转事态”，讨论全面对华政策。他们认为，这是中国政府对美国两年来耐心建议的一个微妙的而且准确无误的回答。这不是一段偶然的插曲，而是预示着一个重大外交进程的开始。

事实恰恰如此，周恩来正是利用“乒乓事件”，向美国传送一个重大的外交信号。当尼克松召开安全委员会会议时，周恩来也在抓紧布置着一切。中国不仅把签证发给了所有的球队人员和夫人，而且还发给了3名号称“中国通”的美国新闻记者。为了使这一举动看起来不偏不倚，中国同时向在名古屋参加比赛的4个国家的球队发出了邀请，这几个队是：加拿大队、尼日利亚队、英国队和哥伦比亚队。自然，在北京受到中国和世界最大关注的就是这批美国人了。

至此，周恩来的“乒乓外交”开始诞生了。

周恩来决心把这次球队的访问，变成一个重大的政治事件。美国队一到北京，就给他们享受了红地毯的待遇。在两国球队首场精彩的表演赛之后，周恩来邀请美国客人参加在人民大会堂举办的招待会。这种待遇，在当时，通常是不给外国运动员的。这一举动，使这次访问达到了高潮。周恩来发表了具有历史意义的讲话：“你们这次应邀来访打开了两国人民友好交往的大门。我们相信，中美两国人民的友好往来，将会得到两国大多数人的赞成和支持。”美国队领队做了同样的表示，同时邀请中国乒乓球队访问美国。周恩来表示，同意接受邀请。

这次招待会后，美国的3位记者，立即把周恩来的讲话传到了美国。

尼克松、基辛格、罗杰斯仔细地研究了周恩来的讲话原文，并很快做出决定：立即宣布关于放松同中国接触的新措施的声明。

当天中午，白宫以尼克松总统的名义发表声明，准予给中国来访者签发进入美国的签证，解除广泛的经济限制。

第二年，中美友好往来发表在上海公报上，不久又正式建立了外交关系。

周恩来用一只小小的银球，打开了中美关系的20年的僵持局面，开始了中美关系的新篇章，进而改变了世界政治格局。

领导者要灵活，随机应变。要抓住机会，借势拓展延深。由此及彼，达到交际的最终目标。

美国的罗伯梅德家庭用品公司，自创业8年来生产迅速发展，利润以每年18%～20%的速度增长。这是因为该公司成功运用了一种威力无比的经营管理武器——激励机制，也就是以高工资激发雇员的进取心和竞争欲，从而为公司创造更多的劳动成果——利润。

该公司建立了利润分享制度。把每年所赚的利润，按所规定的一个比率分配给每一个员工。这就是说，公司赚得越多。员工也就分得越多，员工明白了这个“水涨船高”的道理，人人奋勇，个个争先，积极生产自不待说，而且主动改进产品。因此，该公司在家庭用品业中一直以高质量著称，赢得大量订单。

从表面上看，工资高，成本也就高，利润就偏少。而事实上，该公司形成了一个良性循环的增值体系：高工资→高效率→高利润→更高工资→更高效率→更高利润……就长期而言，给雇员支付高于一般水平的工资，反而是一项降低成本的有效手段。因为支付给雇员的那部分工资，毕竟只是新增长的利润的一部分。高工资手段起着加强企业向心力的作用，稳定雇员队伍，还能从别处挖来人才。

罗伯梅德公司的良苦用心换得了财源滚滚来。这一明智之举已为越来越多的企业所效仿。

罗伯梅德公司的优势即在于懂得“精打细算”，算得准，抛出一块砖，可以赚得一块玉，可谓一本万利。

行“抛砖引玉”之计，既要有一定的远见、智慧，也要有过人的耐心。

在日常生活中，人们经常会看到许多企业都对社会福利事业和文化事业慷慨解囊。有人也许会迷惑不解，这些赞助企业所赞助的事业与其经营几乎毫无联系，而这样的重金赞助有什么用呢？

美国的菲利浦·莫里斯公司是一家热衷于赞助事业的公司，它是以生产万宝路牌香烟和食品、饮料为主的跨国公司。其公司总部设在纽约，生意遍及五大洲，年营业额超过百亿美元，是世界500强之一。

菲利浦·莫里斯公司长期以来把赞助作为一种有效的推销术，每年都制订赞助计划，拨出大量财力、物力、人力支持世界各国的一些文化事业活动。它所赞助的范围很广，包括美术、音乐、舞蹈、戏剧。

在美术方面，1985年，该公司赞助的项目有："20世纪艺术中的原始主义"美术展在美国底特律和达拉斯巡回展出；"捷克斯洛伐克犹太工艺美术"在美国、加拿大巡回展出；反映美国南部艺术特色的"南方民间艺术"在纽约展出；在联邦德国举办的瑞士画家保尔·柯里的"个人画展"；在巴西的圣保罗，赞助马里达·彼德罗索的雕塑展；在危地马拉，赞助当地的纺织展览；在意大利罗马和法国巴黎赞助了这两座历史名城的比较展；纽约市摄影作品在东京和北京的展出。

在舞蹈、戏剧方面，如对弗吉尼亚莎士比亚戏剧艺术节的赞助。并且在艺术节期间，请剧团到该公司的里奇蒙特生产中心进行了7场演出，公司的职工还与剧团演员进行了联欢。

在音乐方面，1986年，该公司赞助了以琼·格里洛为首的美国纽约大都会歌剧院歌唱家访华演出；尤以1986年的"菲利浦·莫里斯爵士基金会"影响最大，这是一个由最有名的艺术家组成的"菲利浦·莫里斯超级乐队"，他们用20天时间访问了欧洲的安特卫普、布鲁塞尔、海牙、洛桑、伦敦、巴黎、米兰、马德里、慕尼黑等11个城市。

以生产香烟、食品、饮料为主的公司每年花大量的金钱去赞助与本公司经营毫不相干的事情，眼光短浅的人认为这是白费钱或愚蠢之举。而菲利浦·莫里斯公司董事会主席兼首席执行官哈米什·马克斯韦尔则认为："我们作为社会中的一员，除了像其他公司一样生产产品，提供劳务和就业机会，向政府纳税，为股东增加利润外，我们还懂得社会的其他需要。为此，我们准备履行和我们公司地位相对应的义务，为社会福利事业做出贡献。"他还进一步解释说："没有社会的发展，就不可能有商业的繁荣。对于一家公司来说，参与社会发展比单纯追求经济利益更为重要。同时，菲利浦·莫里斯公司作为一家知名企业，我们一直在探索创造性思维。并且，我们想通过自己作为法人团体的努力使这种探索方式生动、活泼一些。这样可以使我们的员工意识到他们是在一个积极的环境里工作，从而使他们都以在菲利浦·莫里斯公司工作为荣。”

该公司通过赞助文化事业密切了公司与社会的关系，扩大了公司的影响力和知名度，从而促进公司产品的销售，而事实证明这样做是正确的。比如，万宝路牌香烟在泰国市场原来是没有销路的，自从该公司赞助了“大都会环球歌剧使者”在泰国和东南亚地区巡回演出以后，就逐渐打开了该国的市场，起到了“抛砖引玉”的作用。

“赞助”这种企业行为在表面上是企业出了钱，但事实上，则是消费者和其所在地政府的税收部门出的钱。这是由于其赞助费是在税前支出的，企业本身所承担的只是一小部分而已。因此，这样的“抛砖引玉”是一种十分明智的为企业树立形象的推销术。

【当下启示】

日常交往中，“抛砖引玉”经常被人们用来自谦，比如，在我们表示提出一种不成熟的想法或建议，供别人借鉴的时候，就可以这样说。但是，此计被作为一种谋人之术的时候，也可以是一种以小利谋大利的诱骗术，掠夺术、谋取术，尤其适合对付那些喜欢贪图小便宜的竞争对手。

第十八计　擒贼擒王——抓住关键，事半功倍

【原典重现】

摧其坚，夺其魁[①]，以解[②]其体。龙战于野，其道穷也[③]。

【注释】

①守其魁：夺，抢夺、抓获；魁，第一、大，此处指首领、主帅。

②以解其体：解，瓦解；体，躯体、整体，此处指全体军队。

③龙战于野，其道穷也：语出《易经·坤》。

【译文释要】

击溃敌人的主力，抓获其首领，便可瓦解其全军。好比群龙无首，战于郊野，必然陷于穷途末路。

【计谋典故】

唐朝安史之乱时，安禄山之子安庆绪派勇将尹子奇率10万劲旅进攻睢阳。御史中丞张巡见敌军来势汹汹，决定据城固守。尹子奇率兵攻城二十余次，均被击退。尹子奇见士兵已经疲惫，只得鸣金收兵。晚上，尹子奇的部队刚准备休息，忽听城头战鼓隆隆、喊声震天，尹子奇急令部队准备与冲出城来的唐军激战。然而，张巡只是不时擂鼓，并没有出战。尹子奇的部队一夜都处于作战状态，将士们疲劳至极，眼睛都睁不开，倒在地上就呼呼大睡。这时，城中一声炮响，张巡率领守兵冲杀出来，敌兵从梦中惊醒，惊慌失措，乱作一团。张巡一鼓作气，接连斩杀五十余名敌将，五千余名士兵，敌军大乱。张巡见状，急令部队擒拿敌军首领尹子奇，可张巡从未见过尹子奇，根本不认识。于是，张巡心生一计，用秸

杆削尖作箭，射向敌军。敌军误以为张巡军中已没有箭了，便争先恐后地向尹子奇报告这个好消息。这时，张巡便乘机急令神箭手向尹子奇放箭。一切正如张巡所料一般，敌军一片混乱，大败而逃。

张巡用计策击毙了敌兵首领尹子奇，从而轻松地击退了攻城的敌兵。

【谈古说今】

俗话说："打蛇要打七寸。"为什么要打七寸呢？因为此处是蛇的心脏所在的地方，打坏了蛇的心脏，蛇自然就会死去。否则即使把蛇斩为两段，它仍然有反扑的能力。事间的任何事物都有关键和要害之处，所以，人们只要找准抓住了关键和要害，就会取得事半功倍的效果。

"擒贼擒王"就是擒拿敌人的指挥者，在战争中的关键在于摧毁敌人的指挥中心，消灭敌人主力；在工作中的关键就是抓主要矛盾、解决矛盾的主要方面，抓关键、抓重点。这是由于，一旦抓住了主要矛盾、主要方面，那么次要矛盾、次要方面就会迎刃而解。摧毁敌人的指挥系统，抓获杀死主帅，敌人就会混乱，丧失斗志。施行此计要从三方面入手：一是擒其首领，使其群龙无首，陷于混乱；二是打其要害，抓住问题的关键；三是提纲挈领，掌控全局。

擒贼擒王虽然语出自唐代诗人杜甫的《前出塞诗》："挽弓当挽强，用箭当用长。射人先射马，擒贼先擒王"。但是早在三国时期就已被一代枭雄曹操运用自如。

曹操当年矫诏联络的十几路大军讨伐董卓不成，众人纷纷离去之后，趁朝廷动乱，无暇多顾，便彼此争城夺地混战开来。别的地方不说，单就关东一带，几天前还是盟友，现在却相互绞杀。今天是袁绍打公孙瓒，明天是孙坚击刘表，后天是曹操攻陶谦，然后袁术袭刘备，过后是吕布战完曹操又攻刘备，你争我夺，互不相让。就在此时，朝廷所在地的长安又发生了更大的动乱。

那时王允用美人计除掉元凶董卓之后，自己不久又被人杀害。于是董卓的旧属李傕、郭汜、樊稠共掌朝中大权。不等时局安定，他们三人就勾心斗角，相互厮杀起来。李菠先以樊稠私通马腾、韩遂，以求"谋反"的罪名，将他杀害。郭汜却也因此而担心李傕如法炮制罪名加害于己，便想先下手为强，带兵攻打李傕。李傕却早有防备，先派兵进宫，把献帝扣在手中，并一把火烧了皇宫。郭汜见皇帝被李傕掳去，怕自己手中没有王牌，急了眼，就把三公九卿等朝廷文武大臣统统押了起来，然后两家刀兵相见。郭汜、李傕这一场恶战，几乎毁了整个长安城，可是谁也消灭不了谁。这时，本在关东镇守的镇东将军张济从弘农回来，劝两家不要再战，还建议皇帝跟他出关到弘农去。李傕、郭汜本来就已打得不耐烦，便一个放了皇帝，一个放了众大臣，双方罢了兵。献帝踏上了去弘农的路程。

15 岁的献帝带着一帮皇亲国戚和忠于汉室的老臣，在乱兵的纷扰下，走走停停，停停走走，从那年 7 月到 12 月，经过半年时间，才从长安到达弘农。还没等安顿好，李傕、郭汜却又后悔，他俩合兵一处追了过来，想把皇帝再次揽在手中。献帝一行听此消息，只好丢下所有的财宝、书籍、宫女，仓皇向旧都洛阳逃跑。一路上辗转流离，坐牛车，住窝棚，吃青菜、窝窝头，总算于次年 7 月到达洛阳。可洛阳经董卓焚烧之后，又几经战乱摧残，几十万人口的大城，现在只剩下几百家，宫殿全毁。献帝只好借居在中常侍赵忠的家里“办公”，唯一赶来“勤王”的外官只有一个河内太守张杨。

这时的曹操，正在许昌一带发展势力。他的谋士荀彧看到汉朝天子几经辗转，如今初定洛阳，正需要人扶持，尽管已无能行令天下，但这块牌子有它特殊的作用，尤其是对曹操这种想成大事而眼下势力还不够雄厚且群雄割据的局面下，谁拥有“天子”这张王牌，别人当另眼相看。于是便极力劝曹操西进洛阳“护驾”。他对曹操说：春秋时期，晋文公迎奉周襄王，终于当上了霸主；秦朝末年，汉高祖为义帝发丧佩孝，争得天下人心。近年来董卓作乱，皇上蒙难，是将军你首先起兵，只是因为关东诸军战乱纷起，你才没能远上关中去辅佐帝王，但天下人还是知道你的效忠心。现在皇上已经到达洛阳，忠义之士罹汉朝，黎民百姓也怀念过去的日子。将军若是此时能去保驾，下可顺从民众的愿望，上可以宾服四方的豪杰。至于皇上周围那几个武将不过是盗贼之流，不值得顾虑。如果万一失去了这个机会，让别人抢先把皇上接走，那就悔之晚矣!曹操一听十分有道理，就带领本部人马去洛阳“护驾”。

曹操来到洛阳，见了献帝。汉献帝十分高兴，大加封赏。可时隔不久，曹操看到旧皇都洛阳城内，官场上盘根错节，关系网密密麻麻，倘若不翦除这些根基，则不利于自己施展拳脚。为断其根基，曹操决定迁都到许昌。尽管汉献帝初回洛阳，惊魂未定，不想再挪动身躯，但慑于曹操重兵在握，不得不从，于是便又匆匆迁都至曹操的本营——许昌。

曹操在许昌大兴土木，盖起宫殿，请献帝入宫，又修建宗庙，便于天子祭祀先皇，大有匡扶汉室之势。献帝遂封曹操为大将军，地位在三公之上。天子既已在自己手中，又是大权在握，曹操便想试试这张王牌的威力了。当时各地军阀中，以袁绍为最强，曹操想试探一下袁绍对朝廷的态度，便让汉献帝下一道诏书责备袁绍地大兵多，却不思朝廷，一心树立私党，扩充势力，意欲何为？袁绍一见此诏书，不敢怠慢，赶忙上书申辩，并表示愿意效忠朝廷。曹操牛刀小试，即获成功。从此，曹操挟天子以令诸侯的把戏越来越多，而给他带来的好处也越来越大。

汉献帝虽身处困境，生活窘迫，但仍为正统，是民心之所向，众望之所归，挟天子以令诸侯，名正言顺。作为领导者，就要有曹操般的眼光找准“王”。擒“王”，就如同曹操控制住了汉献帝，领导者只要抓住了事情的关键所在，事情就好办多了。

俗话说：“人无头不走，鸟无头不飞。”讲的是首领在一个组织中的引导、组织和凝聚的重要作用。如果一个组织失去了起这种作用的首领，则会“树倒猢狲散”，有时抓住其首领，可以震慑其余。所以领导者攻击一个组织时，要首先抓住其魁首，进而捣乱其组织，破坏其系统。

16 世纪下半叶，泰国和缅甸两国曾为互相吞并进行过多次战争。当时，亚热带地区盛行用大象作战。

1959 年泰国被缅甸打败。时隔 15 年后，已经长大成人的泰国王子，在泰国的都城自立为王。他牢记亡国之恨，每日组织操练象战，随时准备抵抗缅甸军队进攻。缅甸国王听到这个消息后，十分不安。他感觉泰王的存在，简直是眼中钉，肉中刺，必欲除之而后快。但由于泰王深得民心，又重视操练军队，研究象战，缅甸国王暂时未敢妄动。在备战 8 年后，缅王派王储率领大军对泰王进行讨伐。泰王料到缅王不会坐视自己称王，对这次讨伐早有准备，于是立即召开御前会议研究具体作战方案。

“缅王与我有灭国之恨，今日又派兵前来讨伐，各位有什么退敌之计可尽管说来。”泰王说。

“这次缅军来势凶猛，他们准备了这么长的时候，率领象军上万，必然想一举灭掉我国。我军战斗力虽强，但兵力上不占优势，以我看，只能智斗，不可硬拼。”说话的是泰王的同胞弟弟，他分析的有理有据。

“依你看如何智斗？”泰王问。

“缅甸王储是缅甸国的王位继承人，所谓国之根基。缅王派他亲自出兵，是要让他在群臣面前树立威信，以便日后接替王位。我们就来个擒贼先擒王，设法生擒王储，把他作为人质，逼敌退兵。这是动摇缅国基业的大事，他一定会乖乖就范。”大家一听要活捉王储，都来了精神。

泰王说：“这个主意不错，怎样才能生擒王储，你有什么好办法吗？”

“大家看这样行不行，我们在王储必经之路上设下埋伏，王储对我国地形不熟，肯定会中计，我们再借机捉住他。”

大家都说这个办法好。

于是泰王命令：“我和王弟出面迎敌，其余将领率兵在密林处埋伏，等我和王弟将其引入伏击圈，一起上手生擒王储。”

泰王和其弟乘着坐象，在王储经过的一片雨林中提前等候王储。

王储率领象队浩浩荡荡地前来进攻泰国，因地形不熟，果然在丛林中迷了路，绕了个圈子又回到既定的进军路线上，一看泰王只带不多随从来应战，急忙命令兵士上前冲杀。泰王兄弟边战边退，等王储进了设下的埋伏圈时，泰王一个手势，伏兵四起。几千只大象载着手拿兵器的泰军杀了出来，缅军阵脚大乱。眼见就要生擒王储了，不料，意外的事情发生了：原来泰王兄弟所乘的大象，看见缅军大象四处逃散立即追赶。两军大象你追我赶，霎时间尘土飞扬，敌我难分，两军成犬牙交错之势。过了好一阵，尘土落定，泰王一看左右，大吃一惊，原来刚才尘土遮天蔽日之时，自己已经孤入敌阵，周围只有少数随从跟来。只见王储率军立于树下，四周都是缅军，泰王心想，这下坏了，擒人不成，还要反被人擒了。情急之中，他高声向王储喊道：敢与我一对一决一雌雄吗？”

王储本来可以命手下蜂拥而上杀掉或生擒泰王，但他受王者风范熏陶多年，十分顾及王者的身份。心想，如不应战，有失王威。于是，催动坐象向泰王的坐象冲去，泰王坐象受到突然冲撞，象头一偏，象身正好横对王储，王储一看正是象战中杀敌的最好时机，举刀向泰王砍去，泰王急忙闪过，头盔被砍落在地上。

此时，泰王坐象回身过来一撞，正好使王储的坐象横向对他，泰王举刀猛砍，正中王储左肩，王储立即血流如注，倒在象脖子上。缅军一看主帅被杀，无心恋战，急忙退兵而回。

王储被泰王斩杀，缅王自感无颜，此后的150年内再未敢骚扰泰国。使泰国安享了一个多世纪的平安。

《长短经·格形》中说：“善于作战的人，既没有机智的名声，也没有英勇的战功；既不在白刃面前冒险，也不在失败之后才做准备。”这是因为这些领导者们从来都不用真正动手，以力相拼，而只需打击对方的要害，从而获得成功。

现代商战中，许多人崇尚一种“间接路线，”这与“攻敌之所必趋”“攻其所爱则动”的策略有异曲同工之妙。商战中，企业的竞争完全是实力的竞争，但商界战场大多数的情况是，同一行业总存在实力相当的竞争对手，一旦直接火拼，势必两败俱伤。因而他们的竞争除了继续大力开发新技术，抢先推出新产品外，主要策略都转向千方百计地吸引消费者。

消费需求是多种多样的，一般又有主导需求和辅助需求。主导需求决定人们的购买行为。精明的经营者，应善于对影响市场消费的诸因素进行仔细分析，在诸多需求中，抓住主导需求，才能在竞争中获胜。

年轻的中国留学生王强来到英国的一所大学攻读硕士学位。

该大学坐落在英国的一个小镇里，同大部分留学生一样，在学习之余王强也思考着如何打工赚钱补贴生活费用。可是由于大学所处环境，工作机会并不多。

一天，王强听见室友抱怨说，在此地吃不到正宗的中国菜。王强灵机一动：此地中国留学生甚多，与其打工赚钱，倒不如开一家中餐店，成本不高且有人光顾。他把想法和室友们一说，大家纷纷赞同。

不久，在这所大学附近，一家名为“留学生之家”的中餐店开业了，由于没有什么竞争对手，再加上周围的中国留学生们纷纷光顾，生意异常红火。

由于中西文化传统不同，在饮食上也有很大的区别，相对西餐而言，传统的中国菜对身处异乡的中国留学生更有吸引力。王强针对中国留学生这一特殊消费群体推出中式餐饮，满足了他们的需求，也给自己带来了丰厚的收入。

现如今，信息的作用越来越重要。信息在一定程度上就是知识和财富。因此，远见者若能敏锐地获取有利信息，就占尽了先机。要寻觅可用信息，从特殊需求中寻找财富。信息是本，产品是根，只有“擒”住了市场之根本，大家才能在商业竞争中立于不败之地。

在商业中，经营者在面对问题的时候，要善于找准问题的症结所在，只要能够抓住主要矛盾，就能够解决主要问题。不管是具体的生产环节，还是商业的经营理念，商家都必须抓住重点，否则，虽然劳心劳力，也收效甚微。

在与人交往的过程中一定会遇到许多复杂的事情，这个时候，我们一定要保持一个清醒的头脑，冷静思考，找出问题的症结所在，以防止被一团乱麻的杂事搞得晕头转向。如果为了一些小问题而斤斤计较，则不仅于事无补，反而会影响我们解决问题。相信，只要站得高，看得远，能够直接从问题的关键入手，则会容易得多。

有一天，有一位医生走进了美国某公司经理休瓦普的办公室里，他声称自己有一条经营的秘诀。

休瓦普打量了一下这位医生，有些讥讽地说：“我搞了几十年的经营，也没发现什么秘诀。我很忙，没空陪你玩，你还是回去给你的病人看病去吧。”

这位医生并没有生气，反而仍然很自信地对休瓦普说：“我不只会给有病的人治病，也会给有病的公司治疗。我觉得您不应该放弃每一个可能对你有利的机会，而我现在对您来说，可是机会之神。您就当受骗一次，挤出两分钟时间给我，这样你又有什么损失呢？”

面对这位医生的纠缠不休，休瓦普只得耐着性子听他讲述秘诀。

医生不急不慢地对他说：“请您以后在开始每一天工作的时候，按轻重缓急的顺序，依次列出这一天您必须要做的6件重要工作，然后你依次认真把这6件事完成。至于其他的事情，您把他们全都交给下级去做。”

休瓦普听后，感觉很不以为然：“难道这就是你要告诉我的秘诀吗？

医生肯定地回答是，并对他说：“请您先在实践中试一试，如果您试完之后，觉得这个建议毫无价值，您就忘记我好了；如果觉得秘诀有效，您可根据对它的相信程度付给我钱。”

在以后的一段时间里，半信半疑的休瓦普经理试着用医生的“秘诀”改革工

作方法，让他感到很惊喜的是，很快就取得了令人惊奇的成就。

这一年的圣诞节，那位医生收到了休瓦普亲笔写的感谢信和一张2. 5万美元的支票。也就是说，这位医生的秘诀足足价值2. 5万美元。

其实，这位医生的秘诀就是经营管理中的“抓大放小”。作为管理者，只需要抓好关键工作，掌握好工作的目标和方向，而一些相对具体的工作应分配给员工去做，并明确他们的责任，充分调动员工的积极性，这样才能更好地发挥集体的力量优势，从而推动各项工作的发展。

故事中医生的秘诀之所以能够价值2.5万美元，就是因为它能帮助别人从根本上解决问题。

【当下启示】

如果一个组织的形成和发展取决于少数关键人物，那么一旦关键人物不存在，便会立刻“树倒猢狲散”。因此，要消灭和瓦解一个组织，攻击的重心是它的首领和核心人物，一旦把他们击倒，组织就会群龙无首，很快就被破坏，即“擒贼擒王”。大家不能满足于小的胜利，要通观全局，扩大战果，以求全胜。如果错过时机，放走了竞争对手的主干力量，就好比放虎归山，后患无穷。

第四章　混战计

“混战计”是专门应付战争中的混乱局面的，其精髓就在于“混”，即在实际运用中，表面上“混”而实际上“清”，让对手摸不着头脑，乱其心志，然后引诱对方按自己的意图行事，从而达到乱中取胜的目的。本套计策是分别从蛊之、剥之、困之、乘之、利之五个方面来展开介绍的。

第十九计　釜底抽薪——断其根源，方截其流

【原典重现】

不敌其力①，而消其势②，兑下乾上之象③。

【注释】

①不敌其力：敌，对抗、攻击；力，强力、锋芒。

②而消其势：消，削弱、消减；势，气势。

③兑下乾上之象：兑下乾上为《易经》六十四卦中的履卦。兑为泽，为阴柔之象；乾为天，为阳刚之象。整个卦象为阴胜阳、柔克刚。若占得此卦，预示事情将经历险阻而后通达，终于顺利。此处借用此卦，意在说明：遇到强敌，不要去与之硬碰，而要用阴柔的方法去消灭刚猛之气，然后设法制服他。

【译文释要】

不要迎着敌人的猛劲去与之硬拼，而要设法削弱敌方的气势，采取以柔克刚的策略制服他。

【计谋典故】

东汉末年，诸侯混战。

公元 199 年，袁绍率领 10 万大军攻打许昌。

公元 200 年，曹操与袁绍相峙于官渡。由于两军对峙了很长时间，双方粮草供给成了关键。袁绍从河北调集了一万多车粮草，囤聚在大本营以北 40 里的乌巢。曹操探听到乌巢并无重兵防守后，决定偷袭乌巢，断其粮草。他亲自率 5000 精兵打着袁绍的旗号，夜袭乌巢。乌巢袁军还没有弄清真相，就被曹军包围了。

一把大火点燃，顿时浓烟四起。曹军乘势消灭了守粮袁军，而袁军的一万多车粮草顿时化为灰烬。袁绍大军闻讯，惊恐万状，军心浮动。此时，曹操发动全线进攻，袁军士兵已丧失战斗力，10万大军四散溃逃。

袁军大败，袁绍带领800亲兵，艰难地杀出重围，回到河北，从此一蹶不振。

这就是著名的官渡之战，曹操没有做无谓的正面攻击，而是运用“釜底抽薪”的计策，从敌人的背后下手，烧毁了袁军军粮，断了袁军的后路，从而使得袁军大败。

【谈古说今】

“釜底抽薪”指从锅底抽掉柴火，比喻从根本上解决问题。此计应用在军事上，是指当面对强大的敌方之时，不要去直接面对敌人的锋芒，而是要想办法消灭其赖以生存的条件，使其从根本上瓦解。

所谓“釜底抽薪”，就是要解决问题，除非针对根本着手，否则就无法真正解决。事物都有“标”和“本”两方面，所谓“标”就是事物的枝节或表面，“本”就是事物的根本、根源。一般的问题都是从“标”上反映出来，但是最终的原因都在其“本”上。所以领导者要解决问题不能治标不治本，而应先治本而后治标，只有断其源，才能截其流。这样做初看起来好像离开了要解决的问题，但实际上是从根本上解决问题。

此计的关键是能够抓住事物主要的矛盾，也就是如何找到对方之“薪”。只有除掉“釜底”之“薪”，才能治标又治本。只要除掉了敌人所依赖的条件，敌人的威胁也就消除了。

此计在军事战略中，是指对强敌不可用正面作战取胜，而应该想办法消灭其赖以生存的条件，断其后援或拆其后台，使其从根本上瓦解。运用此计时要注意以下两点：一是要善于发现敌人的“薪”，即主要矛盾，但在情况不同时，“抽薪”的目标也不同。一般来说，凡是影响敌人的后劲力量，就是“抽薪”的目标。二是要恰当选择“抽薪”的手段和方法。

《孙子兵法》所谓“微乎范乎，至于无形；神乎神乎。至于无声，故能为敌之司令”。司令，就是能够掌握对手的生死，如天上的司命神一样。领导者若想成为真正的司令，就要打击对手的关键、根本，给予重创。

釜底抽薪在军事斗争上的运用特别多。在国外军事史上，也有许多成功的典

型战例。

1845年卡菲尔战争期间，桑迪里率领的卡菲尔军队同坎贝尔上校和萨默塞特上校所率领的英国开普人联军，在阿马托拉山交战。联军气势很盛，并占优势，一举将桑迪里彻底打败。但桑迪里不甘失败，收集卡菲尔军队残部，重振旗鼓。为了击败联军，桑迪里采用釜底抽薪术，袭击联军的辎重列车，并且一举成功。联军辎重列车被毁，供应困难，被迫撤退。

第二次世界大战中，日军利用航空母舰运输兵力、兵器，集中全力对美军占领的中途岛进行攻击作战。为了粉碎日军的攻击，美军太平洋舰队司令尼米兹率领一支舰队，悄悄穿过日军潜艇警戒线，驶抵中途岛北侧待机。这时，美军从侦察中得知日军航空母舰的位置，并推断出日军飞机袭击中途岛后返回航空母舰的时间。当日军飞机从航空母舰上刚起飞，便立即组织五十多架轰炸机对日本舰队进行轮番攻击，4艘航空母舰全部被炸沉，致使日机返航后无处降落，耗尽汽油后，纷纷坠入大海。

第二次世界大战末期，德国为了实现其征服世界的野心，加紧对原子弹的实验制造。盟国为了清除这一潜在的巨大威胁，决定用釜底抽薪之谋，通过破坏其制造原子弹的必需原料重水的生产，阻止研制计划的实施。英国战时内阁命令联合作战司令部，迅速派遣奇袭部队攻击德国生产重水的挪威诺尔斯克电气化工厂。1943年2月17日，奇袭突击队急袭成功。此后，德国又修复了部分诺尔斯克工厂，重新生产重水。不久，美国航空队摧毁了该厂发电所，迫使德国将全部储存的重水装运回国。盟军突击队获得情报后，又用定时炸弹将运重水的“开特罗”号轮船炸毁，使德国仅存的部分重水全部泄入湖底。

可见，对手再强大，也会有弱点，领导者要找准对手的死穴，这样就可以轻而易举地击败对方。

商战中，与对手竞争，经营者也要善于抓住核心问题，仔细分析对手的优势所在，设法瓦解。精明的商家都很重视产品的高科技含金量，不断地研发、创新，使其更新换代的产品不断出现，就是因为技术革新是从根本上瓦解对手产品优势的关键。同时，人才，资本、市场、信誉等因素也是商场决胜的关键。在现代商业竞争中，合理运用此计，也可以收到奇效。

施展“釜底抽薪”之计，可以从挖对方的“墙脚”开始，逐步削弱对方战斗力，从而改变力量对比。“釜底抽薪”之计，在现代商业竞争中的运用千变万化，不同的人使用，就会有不同的形式。日本的京山英太郎就运用“釜底抽薪”之计，争取顾客，提高市场占有率，从而最终使自己立于不败之地。

1970年，京山英太郎兴建了一座游泳池，这座游泳池位于大阪电气化铁路线牧野站前方，这是一座既巨大又豪华的游泳池，它可以同时容纳一万人游泳。

然而，在牧野站靠大阪方向的前一站牧方站，已有一个由大阪电气铁路公司自己经营的游泳池。对来自大阪的游客来说，英太郎的游泳池比牧方站的游泳池要远一站。同时，大阪电气铁路公司还利用车上的播音设备，大力宣传：“下一站是牧方站，牧方游泳池就在那里。”于是，旅客自然而然地就在牧方站下车。

京山英太郎感到问题的严重性。为了扭转地理上的劣势，夺走牧方游泳池的顾客，唯一的办法是使游客知道牧方站的下一个站——牧野还有一个好的游泳池。要达到这个目的，最有效最简捷的办法是在游客最多的大阪电气铁路线上多做广告，以让人们产生“到牧野游泳池看看”的念头。

可是，大阪电气铁路公司拒绝接受做车厢广告。京山英太郎只好亲自带上12名职员，来到牧方站，向由牧方站游泳池中尽兴而归的人，散发自己游泳池的免费入场券。

免费入场券的发放，真可说是立竿见影。从第二天开始，来京山英太郎的牧野游泳池的人数直线增加。即便这样，京山英太郎也没有放松他的行动速度。第二个星期天，他继续带领职员，在牧方站向刚从游泳池出来的顾客们散发免费入场券。

这个战术的效果非常理想，尽管大阪电气铁路的车长们声嘶力竭地宣传：“下一站是牧方游泳池！”但游客们大都充耳不闻，牧方游泳池的泳客锐减，而京山英太郎的牧野游泳池则门庭若市、热闹非凡。

终于，大阪电气铁路公司受不了了，要求京山英太郎停止发放免费入场券的活动。这时，京山英太郎想，如果这时候提出车厢广告的建议，对方仍会感到犹豫。于是，他绝口不提车厢广告的事，而是说：“可以考虑你们的建议，但是希

望你们今后不要在车内广播‘牧方游泳池’的词句，作为互惠条件。如果无意改变播音内容，那么在车抵牧野站前，希望也能替我们广播一下，以示公允。”对于这个建议，大阪电气铁路公司方面当然大摇其头，哪有代替竞争对手做广告宣传的傻瓜呢？于是，京山英太郎装出一脸委屈的神态说：“既然你们有困难，我也无意强人所难，但最低限度，你们应该同意让我在车内把手上做些广告。”不得已，大阪电气铁路公司方面怕节外生枝，立即接受了这个建议。从那以后，牧野游泳池的泳客与日俱增，每年接近25万人次，而这个数字相当于整个夏季到富士山观光的总人数。

“釜底抽薪”是商业竞争中的一种常用谋略。京山英太郎采用此法，将宣传广告具体到人，从而扩大本企业的影响，战胜竞争对手。

在政治上，“釜底抽薪”也是常用的一种谋略。实践证明，采用此种“釜底抽薪”之计，往往能起到战争等暴力手段取不到的效果，可谓“四两拨千斤”。

公元前313年，秦国企图攻打齐国，但是楚国和齐国是盟友。面对这一形势秦惠王决定先破坏楚齐联盟，再攻打齐国。但是，谁能担当这一重任呢？秦惠王想到了谋略家张仪。于是，他先免去张仪的宰相之职，然后派他到楚国游说楚怀王与齐国绝盟。

张仪来到楚国后，了解到楚怀王是个既贪婪又喜好奉承的人，于是他便对楚怀王说：“我们秦王最喜欢的人莫过于您楚怀王，而我心甘情愿为其效劳的人，也没有超过您楚怀王的。我们秦王最憎恶的人莫过于齐王，而我讨厌的人也莫过于齐王，但遗憾的是大王您却和齐国友善。因此，我们秦王不能够支持你楚王，我也不能为您效劳了。如果您能听我话，跟齐国断绝同盟，您就可以派使者到秦国去，收回秦王过去从楚国兼并的600里商于之地。这样，齐国就变弱了。您这样做的结果是削弱了北面的齐国，施恩德于西面的秦国，自己又得了600里的商于之地，这是一举两得的事啊！”

楚怀王听了张仪的一席话，心里很高兴，便不假思索地与齐国绝交了，同时，还把宰相的印信交给了张仪，每天请他欢饮作乐，就好像600里土地已经到手了。

楚怀王的大臣们都向他祝贺，只有大夫陈轸感到忧虑不已。楚怀王问其缘故，陈轸便向楚怀王说出了张仪离间楚齐联盟的真实目的。但是，楚怀王利令智昏，根本听不进陈轸的忠告，当即派一将领同张仪一道到秦国去接受土地。

张仪回到秦国后，马上改变了态度。他假装生病，3 个月不见人，将转让土地之事束之高阁。

楚怀王觉得张仪迟迟不提土地的事，一定是嫌楚国与齐国断交不坚决，于是又派人去侮辱齐王。齐王大怒，把象征着友好的楚国兵符也折断了，同时，与秦国修好。

张仪见齐、楚同盟被拆散了，于是开始上朝。他对跟随他入秦的楚将说："你为什么不接受土地？从某地至某地，宽广一共 6 里。"楚将说："我奉命接受的是 600 里，不是 6 里。"

于是，楚将回国报告楚怀王。楚怀王一听，方知中了张仪的计谋。楚怀王大怒之下，准备发兵伐秦。这时，陈轸劝他不要去攻打秦国，而应联秦伐齐，从齐地找回失去的土地。然而，楚王一心想复仇，根本听不进陈轸的规劝，于是大举攻秦。秦、楚会战于汉中的丹阳，楚军大败。

楚怀王怒不可遏，动员全国的军队再度攻打秦国，蓝田一战，又遭惨败。韩、魏两国见状，乘机南袭楚国，直攻到邓地。最后，楚怀王不得不割地求和，才逃过了被灭国的危险。

在为人处世上，我们要学会以柔克刚，懂得寻找处理问题的突破口，找到解决问题的关键。只要找到了解决问题的关键点，不管多么困难的问题，都会迎刃而解。美国总统林肯在帮朋友的儿子打官司的时候，面对一个已经被判决的案子，依然坚持翻案，最终就是通过找到一个案情的关键点，才赢了官司，从而使得朋友的儿子最终脱罪。

一天，林肯得知自己朋友的儿子小阿姆斯特朗被判犯有谋财害命罪。林肯对小阿姆斯特朗的为人非常了解，认为他不可能杀人，于是就申请担任这个案子的被告律师。

林肯查阅了全部的有关案卷，并进行了仔细的研究。看过这些案卷之后，林肯才要求法庭复审。

复审开始了。全案的关键在于原告方面的一位证人福尔逊的证词。证人福尔逊一口咬定他在月光之下清楚地看到小阿姆斯特朗用枪击毙了死者。

在法庭上，林肯问福尔逊："依你所说，你与小阿姆斯特朗相距二三十米，你能看得清楚吗?你当时在一个草堆后面，而他在大树后面。"

福尔逊回答："那天晚上，皓月当空，完全可以在二三十米内看清目标。"

林肯又问："你说你很清楚地看到了小阿姆斯特朗的脸，是这样吗?"

福尔逊回答："是的。"

林肯又问："你肯定是在23点吗?"

福尔逊回答；"没错。"

接着林肯发表了一番惊人的言论："女士们，先生们，这个证人是一个彻头彻尾的骗子。他一口咬定10月18日23点在月光下认清了被告的脸。但是，常识告诉我们10月18日晚上的月亮是上弦月，23点的时候，月亮已经下山了，哪里还会有什么月光?即使那天晚上的确有月光，月亮也应当是在西边，而草堆在东边，大树在西边。如果被告的脸是对着草堆的，那么他的脸上是不可能有月光的，证人怎么可能从二三十米以外的草堆处看清楚被告的脸呢?"

整个法庭立即哗然。大家都被林肯缜密的分析所折服，原告和福尔逊也哑口无言。

法庭最后宣布小阿姆斯特朗无罪获释。这一案件让林肯一举成为全美最著名的律师。

【当下启示】

世界上的事物都是互相联系、互相影响、互相依存的。一事物必须借助于另一事物才能生存和发展，那么后者便是前者的必要条件。事物失去了存在的必要条件，它就会自行削弱或消亡。所以，如果我们想要达到削弱或战胜竞争对手的目的，可以先破坏对手赖以生存的必要条件。

第二十计　浑水摸鱼——把水搅浑，乱中取利

【原典重现】

乘其阴乱①，利其弱而无主。随，以向晦入宴息②。

【注释】

①乘其阴乱：阴，内部。此句意思是乘敌人内部发生混乱。

②随，以向晦入宴息：语出《易经·随》卦。随，卦名，本封为震下兑上。上卦为兑为泽；下卦为震为雷。言雷入泽中，大地寒凝，万物蛰伏，故卦象名“随”。随，在此处为顺从之意。《易经·随》卦的《象》辞为：“泽中有雷，随。君子以向晦入宴息。”

【译文释要】

乘敌方内部发生混乱，利用其力量虚弱且没有主见。我方则应顺取利，就像到了夜晚，人必须入室休息一样。

【计谋典故】

东汉光武帝刘秀在未登基之前，曾在河北一带与王朗大战二十多日，但是王朗实力雄厚，刘秀不敌，便带着少数的亲信逃到蓟州。可刚到达，遇到蓟州兵变，归顺王朗，要活捉刘秀。刘秀实无他法，于是再次仓皇出逃。当逃到饶阳时，刘秀一行人已经是又乏又饿。于是，刘秀便冒充王朗的使者到驿站去骗饭。驿站的官员信以为真，急忙拿出美味佳肴来招待。刘秀一行人一连好几天都没吃过饭了，便狼吞虎咽起来。这时，驿站的官员起了疑心，便喊了一声“邯郸王驾到！”这一喊不要紧，众人吓得目瞪口呆。刘秀也吓得站起来了，但很快就坐下了。他

心想："如果真是邯郸王来了，跑也跑不掉，何不将计就计。"于是，他示意众人坐下，很平静地说："准备迎接邯郸王！"等了一会儿，也不见邯郸王，才知道是驿站官员在搞鬼。刘秀一行人酒足饭饱后，便悄悄地离开了。

刘秀在此运用的就是"浑水摸鱼"之计。

【谈古说今】

"浑水摸鱼"，原意是在混浊的水中，鱼晕头转向，如果此时乘机摸鱼，则可得到意外的好处。后指在混乱的形势中，把握主要矛盾，找准发力点，从而达到既定目标。有时是把本来明朗的局面搅浑，从中谋取利益。此计用于军事，是指当敌人混乱无主时，乘机夺取胜利的谋略。在复杂的战争中，弱小的一方经常会动摇不定，就有可乘之机。更多的时候，这个可乘之机是靠主动去制造而不是等待。一方主动去把水搅浑，一切情况开始复杂起来，然后可乘机行事，

要实施此计，最重要的条件是"浑水"。水浑一般有两种情况：一是水本来就浑，我方抓住时机趁乱取之；二是水本来是清的，我方事先把水搅浑，然后再去"摸鱼"。

此计的关键是"浑"的隐蔽性和随机性。鱼儿能看见周围的动静，人就不容易捉到它。这里的"浑"包括敌境内部政治环境的混乱和敌人思维的混乱两个方面。其随机性体现在敌人混乱之时，取利要随时顺势而为。

赤壁大战，曹操大败。为了防止孙权北进，曹操派大将曹仁驻守南郡(今湖北公安县)。

这时，孙权、刘备都在打南郡的主意。孙权的大都督周瑜因赤壁大胜，气势如虹，便下令进兵，攻取南郡。同时，刘备也把部队调到油江口驻扎，眼睛死死地盯住南郡。周瑜见状十分生气，在己方营帐内嚷道："我东吴攻打南郡，唾手可得。刘备休想做夺取南郡的美梦！"刘备为了稳住周瑜，便先派人到周瑜营中祝贺东吴将获南郡。周瑜心想：我一定要见见刘备，看他有何打算。第二天，周瑜亲自到刘备营中回谢。在酒席之中，周瑜单刀直入问刘备驻扎油江口，是不是要取南郡？刘备说："听说都督要攻打南郡，特来相助。如果都督不取南郡，那我就去占领。"周瑜大笑，说："南郡指日可下，如何不取？"刘备说："都督不可轻敌，曹仁勇不可挡，能不能攻下南郡，话还不敢说。"周瑜一贯骄傲自负，听

刘备这么一说，很不高兴，他脱口说道：“我若攻不下南郡，就听任豫州(即刘备)去取。”刘备盼的就是这句话，于是马上说：“都督说得好，子敬(即鲁肃)、孔明都在场作证。我先让你去取南郡，如果取不下，我就去取。你可千万不能反悔啊。”周瑜听后一笑，哪里会把刘备放在心上。周瑜走后，诸葛亮建议刘备先按兵不动，让周瑜先去与曹兵厮杀。

周瑜发兵，首先攻下彝陵(今湖北宜昌)。然后，乘胜攻打南郡，却中了曹仁诱敌之计，自己中箭而返。曹仁见周瑜中了毒箭受伤，非常高兴，每日派人到周瑜营前叫战。然而，周瑜只是坚守营门，不肯出战。

一天，曹仁亲自带领大军，前来挑战。周瑜带领数百骑兵冲出营门大战曹军。开战不多时，忽听周瑜大叫一声，口吐鲜血，坠于马下，被众将救回营中。原来这是周瑜定下的欺敌之计，一时传出周瑜箭疮大发而死的消息。周瑜营中奏起哀乐，士兵们都戴了孝。曹仁闻讯，大喜过望，决定趁周瑜刚死，东吴没有准备的时机前去劫营，以割下周瑜的首级，到曹操那里去请赏。

当天晚上，曹仁亲率大军去劫营，城中只留下陈矫带少数士兵护城。曹仁大军趁着黑夜冲进周瑜大营，只见营中寂静无声，空无一人。曹仁才知中计，急忙退兵，但是已经来不及了，只听一声炮响，周瑜率兵从四面八方杀出。曹仁好不容易从包围中冲出，退返南郡，又遇东吴伏兵阻截，只得往北逃去。

周瑜大胜曹仁，立即率兵直奔南郡。等周输率部赶到南郡，只见南郡城头布满“刘”字旌旗。原来赵云已奉诸葛亮之命，乘周瑜、曹仁激战之时，轻易地攻取了南郡。同时，诸葛亮利用在南郡城中搜得的兵符，连夜派人冒充曹仁救援，又轻易地夺取了荆州和襄阳。周瑜这一回才知上了诸葛亮的大当，气得昏了过去。

要想“浑水摸鱼”赢利，就要设法扰乱对方，使之失去判断能力，待其指挥系统混乱再伺机发动攻击。同时，还要注意动荡混乱的局面不是经常遇到的，要积极利用，机不可失，失不再来。

在军事上，面对强大敌人的时候，硬拼是没有取胜把握的，而通过计谋，造成对手之间的混乱，使对手陷于自身矛盾之中时，就会对其他事务无暇顾及，则我方就会有机可乘。不过制造对手混乱的计谋，要依据一定的条件，如果不具备

条件，对手就不会中计。唐朝的时候，张守挂与契丹作战的时候，就是偶然间得知对手之间的矛盾，借机挑拨，才成功引起对手内讧，从而成功的“浑水摸鱼”，将对手击败。

周瑜全力以赴战曹军，诸葛亮却采用“浑水摸鱼”之计夺取南郡。从这可以看出，作为领导者一定要正确分析形势，发挥主观能动性，千方百计把水搅浑，将主动权牢牢掌握在自己的手中。

在商战中，“水”犹如商场，“鱼”则如商机。众多的经营者都想从市场这个“大鱼池”里“捉鱼”回去，但并非每个人都能如愿以偿。往往是那些独具慧眼、手腕灵活的经营者渔利较多，他们常常趁着市场的混乱，甚至故意制造混乱。然后凭着自己的能力和智慧，悄悄地把“鱼”“摸”去。日本的间组公司就是在日本五大建筑公司垄断市场的情况下，成功制造“六大建筑公司”的名号，取得商机的。

第二次世界大战后，日本百废待兴，各行各业都离不开电，因此到处都在不停地建造水坝和电厂。当时，日本国内公认的五大建设公司是鹿岛、大成、清水、大林、竹中。

间组建设公司是一家专营隧道、大坝等土木工程的公司。神部满之助董事长在外面开展业务时经常碰钉子，这让他深深感到，不被看成一流的大公司，是不利于公司业务开展的。

“好吧！他们不承认，我就搅他个天翻地覆！”

神部是一位雄心勃勃、斗志旺盛的领导者。当他的公司企望进一步发展时，遇到这样的障碍，他自然不会就此罢休，而是采取了一般人想不到也做不到的策略。

不久，日本国内各大报社都收到了间组公司一笔大额的广告费，其要求新奇而简单：五大公司刊登广告时，落款加上间组；间组公司刊登广告时，也并列于五大建设公司；在新闻、报道、评论等一切见报的文章中，凡提及建设业的大公司时，把以前的“五大建设公司”改为“六大建设公司”。

既有利可图，又无损于人，这样利己不损人的事，各报社何乐而不为。

广告登出后，神部开展业务，经常遭人明嘲暗讽，但他一概置若罔闻、视而不见。对于“这就是‘六大建设公司’之一的间组公司的老板神部先生”之类的话，他慨然应之。

然而，公司内的部下却忧虑不安。因为，毕竟间组公司与五大公司还有不小的差距，而且实力在间组之上的建设公司还多的是。像那样的广告，既被别人耻笑，还会被人认为是“骗子公司”。

神部理解自己的部下，然而他也自有他的如意算盘。结果，神部没有失算，尽管知情人嘲讽、厌恶他，建设业的舆论却被他搅乱了。在那之后，经常有不知情者慕名而来，而间组公司当然也没有让他们失望而去。间组公司的业务扶摇直上，规模也越来越大，逐渐把一些实力原来在其之上的公司纷纷抛在后面，很快便名副其实地成为了日本第六大建设公司。

如果日本建设业舆论的一泓清水，没有被神部借报社之力搅浑的话，那么间组公司就没有机会登上第六大建设公司的宝座。

搅浑水，这是先决条件。条件具备了，如果神部不能让慕名而前来光顾的顾客满意而归的话，那么他的如意算盘也是打不响的。

在政治斗争中，此计也常常会被人们所使用，因为运用此计的人不需要付出什么代价，就可以取得很好的效果。使用此计的人进退自如，不用担负什么风险，有利可图就“浑水摸鱼”，无利可图就“隔岸观火”。所以精明的政治家在局面混乱的时候，一定要对可能在混乱局面中会“浑水摸鱼’的人做好充分的防范。19世纪90年代，日本的福岛就是通过制造一个赌局，迷惑德国人和俄国人，成功刺探两国情报资料的。

1892年的一天，日本驻柏林武官福岛和一群德国军官一起饮酒。酒过三巡之后，福岛乘着微微的醉意说：“我从小就迷恋探险，现在我准备骑马从柏林一直走到海参崴。”

此语一出，满座皆惊。德国军官都哈哈大笑，有的说：“这绝对不可能。从柏林到海参崴，路途太遥远了，而且，沿途都是穷山恶水和恶劣的鬼天气。”有的说：“福岛是一个吹牛大王。”众人都认为这是福岛酒后的胡言乱语。

福岛却一本正经地表示要与众人下注赌输赢。德国军官都认为福岛这次是输定了，于是都大大方方地投下重注。而福岛与德国军官打赌探险的事情，很快就被各国报纸当做新闻广为传播，引起了成千上万人的关注和兴趣。德国政府和俄国政府都把此事当作壮举，表示要为福岛的探险提供便利和支持。

这样，福岛骑着他的瘦马开始了万里之行。在德国境内，福岛被人们当作了富有传奇色彩的英雄，受到热情的欢迎和款待。进入俄国境内之后，福岛的旅行更为顺畅。俄国的老百姓早早守候在福岛必经的路口，盼望福岛的到来。俄国军界和政界的人更是热情，他们为福岛沿途举办欢迎仪式和宴会，并毫无保留地为他介绍各方面的情况。由于福岛精通俄语，所以他也顺便与俄国各界人士进行了广泛的接触。

一路上，福岛走走停停，广交俄国上层人物，受尽了各式盛情的礼遇，也尝遍了各地的美味佳肴，最终，他用了一年零3个月的时间终于抵达了海参崴。

正当东京各方力量为福岛的成功欢庆不已，德国军官为自己下错赌注而懊悔的时候，福岛却把一大摞有关德、俄两国的军事情报秘密送到日军的参谋总部。

原来，福岛是为了得到德国和俄国的军事情报，才假扮探险家穿越德、俄两国而长途跋涉的。别有用心的福岛在人们的热情款待之中，“浑水摸鱼”，获得了丰富的军事情报资料。

“浑水摸鱼”不仅在军事、政治和商战中能够得以运用，在实际生活和处事中，也能够运用。明朝的刘伯温就是让他父亲制造大火的混乱局面，火烧花名册，才得以保全乡亲们的安危的。

明朝开国元勋刘伯温，从小好学，聪敏过人。他10岁那年，家乡浙江青田县(今文成县)一带旱灾严重，粮食歉收，乡亲们都交不出赋税。但是县令不但不如实上报当地的灾情，反而说百姓聚众谋反，抗交皇粮。皇帝于是立即派人前往当地查访核实，准备狠狠镇压一番。

当地的豪绅地主本来因为佃户交不上租子来，正心急如焚，见皇帝派人下来，个个喜出望外，连忙请客行贿，谎报乡情，向皇帝派的人说本地的刁民为非作歹，对抗朝廷。他们还把交不起田租的佃户统统列为土匪，造了一本厚厚的花名册呈了上去。

刘伯温的父亲刘爚听到这个消息，大为吃惊，因为他知道，这名册一到京都，众乡亲就要人头落地了。眼见穷乡亲大祸临头，可他想来想去也想不出什么好法子救他们。刘伯温见父亲愁眉苦脸，经过再三询问，才知道了父亲的心思。他沉思许久之后，忽然跳起来说：“有了，有了!”接着，就给父亲出了个主意。刘爚听了，一脸愁云顿时散尽。

几天后，朝廷派来的官员被刘伯温的父亲刘愉请到了家里。刘爚非常热情地给那位官员先是敬茶，又随后摆上丰盛的酒饭。席间，他特地叫儿子出来一同陪客。那官员见刘伯温知书达理，陪得自己很开心，就左一杯，右一杯，不一会儿，就喝了个烂醉如泥，被刘爚父子抬到了床上。

趁那官员还在昏睡之际，刘爚父子和几户邻居一起，先放火点着了附近的一处破草房，让火势蔓延到刘家。看着大火将要烧到客房，刘熻和一个邻居一下子跃进火海，推开房门，背起那官员就往外跑。

这突如其来的举动，吓得那官员从沉睡中惊醒过来。他睁开惺忪的睡眼，只见浓烟滚滚，火光冲天，不知到底是怎么回事。等到惊魂稍定，他猛然想起了花名册还在里面，于是挣扎着要闯进去取，这时忽听“呼啦啦”一声巨响，整座房屋倒塌下来了。

那官员失去了花名册，犹如哑巴吃黄连——有苦说不出，只好垂头丧气地回去了。这样，刘伯温用火烧花名册的计谋，救了乡亲的命。

【当下启示】

在竞争中取利的办法很多，其中“浑水摸鱼，乱中取利”是较好的办法之一。因为各方将注意力都集中在互相争夺上，必然会有很多方面无暇顾及，也会暴露出很多问题和空当，所以可以轻易从中捞到好处。不过，反过来说，人生在世，不可能事事如意，时时如意，重要的是我们要做到在如意之时，不要过分开心，不如意之时，不要过度悲观。因为，我们开心过度或者伤心过度之时，很可能对身边将出现的危机丧失警惕，从而让别有用心之人“浑水摸鱼”，乘机取利，从而给我们带来许多麻烦。

第二十一计　金蝉脱壳——示敌假象，佯留实移

【原典重现】

存其形，完其势[①]。友不疑，敌不动。巽而止，蛊[②]。

【注释】

①存其形，完其势：保持阵地已有的战斗形貌，完备继续战斗的各种态势。

②巽而止，蛊：语出《易经·蛊》，“蛊”卦为巽下艮上。艮为山、为刚，为阳卦；巽为风、为柔，为阴卦。故“蛊”的卦象是“刚上柔下”，意即高山沉静，风行于山下，事可顺当。又，艮在上，为静；巽为下，为谦逊，故又是“谦虚沉静”，“弘大通泰”是天下大治之象。

【译文释要】

保持阵地已有的战斗形貌，完备继续战斗的各种态势。使友军不怀疑，敌人也不敢妄动。此时，我方可顺势在暗中实施主力转移。

【计谋典故】

三国时，诸葛亮六出祁山，北伐中原，但一直未能成功。终于在第六次北伐时，积劳成疾，病死于军中。为了不使蜀军在退回汉中的路上遭受损失，诸葛亮在临终前向姜维密授退兵之计。

姜维遵照诸葛亮的吩咐，在诸葛亮死后，秘不发丧，对外严格封锁消息。他带着灵柩，秘密撤退。又命工匠照诸葛亮的模样，雕了一个木人，羽扇纶巾，稳坐车中。并且，还派上将杨仪率领部分人马大张旗鼓向魏军发动进攻。

司马懿远望蜀军，军容整齐，旗鼓大张，又见诸葛亮稳坐车中，指挥若定，不知蜀军又耍什么花招，不敢轻举妄动。

司马懿一向知道诸葛亮“诡计多端”，又怀疑此次退兵乃是诱敌之计，于是命令部队后撤，观察蜀军动向。然而，姜维趁司马懿退兵的大好时机，马上指挥主力部队，迅速安全转移，撤回汉中。等司马懿得知诸葛亮已死，再进兵追击，为时已晚。

【谈古说今】

金蝉脱壳的本意是：寒蝉在蜕变时，本体脱离外壳而走，只留下蝉蜕还挂在枝头。后用来比喻人们在千钧一发的危急关头，设法进行伪装，瞒过对方的监视，自己暗里脱身逃遁。

“金蝉脱壳”是指在敌我力量对比悬殊的情况下，为了迅速摆脱敌人，防止敌人发现，则留下虚假的外形以稳住敌人。这绝不是消极地逃跑，而是一种分身术，要巧妙地暗中调走精锐部队去袭击别处的敌人。但是，这种调动要神不知、鬼不觉，极其隐蔽。因此，一定要把假象造得逼真，即在转移时，依然要旗帜招展、战鼓隆隆，好像仍然保持着原来的阵势。

金蝉脱壳是摆脱危险的一种常用应变术。此计的关键是“脱”，要“走而示之以不走”，稳住敌人，悄然离开，这样才能摆脱敌人，转移兵力。“脱”的方法依据不同的敌人、不同的处境而不尽相同，如摆脱、逃脱、甩脱、挣脱、开脱等。

布置好“壳”也是此计是否成功的关键。“壳”一定要伪装得自然巧妙，看起来和平时没有两样，同时还要分析对手决策者的性格特点，以确定如何伪装。如果伪装失败，则会付出惨重的代价。所以，此计是一个险计，需要伪装得巧妙才能确保成功。

宋朝开禧年间，金兵屡犯中原。宋将毕再遇与金军对垒，打了几次胜仗。金兵又调集数万精锐骑兵，要与宋军决战。此时，毕再遇只有几千人马，如果与金军决战，必败无疑。毕再遇为了保存实力，准备暂时撤退。这时，金军已经兵临城下，如果得知宋军撤退，定会追杀。那样的话，宋军一定会损失惨重。毕再遇苦苦思索如何蒙蔽金兵，转移部队。这时，只听帐外马蹄声响，毕再遇受到启发，计上心来。

他在暗中先做好撤退部署，当天半夜时分，下令兵士擂响战鼓。金军听见鼓响，以为宋军趁夜劫营，急忙集合部队，准备迎战。哪里知道只听见宋营战鼓隆隆，却不见一个宋兵出城。宋军连续不断地击鼓，搅得金兵整夜不得休息。金军的首领似有所悟：原来宋军采用疲兵之计，用战鼓搅得我们不得安宁。好吧，你擂你的鼓，我再也不会上你的当。

宋营的鼓声又连续响了两天两夜，金兵根本不予理会。到了第三天，金兵发现，宋营的鼓声逐渐微弱，金军首领断定宋军已经疲惫，便派兵分几路包抄，小心翼翼地靠近宋营，见宋营毫无反应。金军首领一声令下，金兵蜂拥而上，冲进宋营，这才发现宋军已经全部安全撤离了。

原来毕再遇使了“金蝉脱壳”之计。他命令兵士将数十只羊的后腿捆好绑在树上，使倒悬的羊的前腿拼命蹬踢，又在羊蹄下放了几十面鼓，从而使鼓声隆隆不断。毕再遇用“悬羊击鼓”迷惑了敌军，利用两天的时间安全转移了。

实施金蝉脱壳之计多半如诸葛亮、毕再遇那样，是为了摆脱困境，先把一个虚假的外形留给敌人，然后自己再脱身而去。

公元前283年，赵惠文王得到了和氏璧。

后来，这个消息被秦昭王知道了，他便派人送书信给赵王，表示愿以15座城池来交换和氏璧。赵王见信后，便召集大臣商议如何来应对。当时，宦官统领缪贤推荐蔺相如。

于是，赵王召见蔺相如问道：“秦王希望用15座城池来交换和氏璧，可以给吗?”

蔺相如回答道：“秦国强，赵国弱，不能不答应。秦国用城池交换和氏璧，而赵国不答应，理亏的就是赵国；如赵国给了和氏璧而秦国不割让城池，理亏的就是秦国。我愿带着和氏璧去秦国，如果秦国不割让城池，那么我就带着和氏璧回赵国。”

于是，赵王派蔺相如出使秦国。在朝堂之上，秦王一拿到和氏璧，便要拿给后宫美人和左右大臣观赏，却根本没有要用城池来偿付赵国之意。

于是，蔺相如上前道：“和氏璧有些瑕疵，请允许我指给大王看。”

秦王交出和氏璧，蔺相如就捧着和氏璧，退了几步，冲着柱子，对着秦王说：

"赵王派我捧着和氏璧来秦国，但我看大王并没有要用城池偿付赵国的意思。一般人交往，都不会被欺蒙，何况是大国呢？因此，我就取回和氏璧，大王如果想动武，我的头与和氏璧会一起碎在这根柱子下。"

蔺相如说着，便斜视着柱子，做出要撞柱的姿态。秦王怕蔺相如破坏和氏璧，只好道歉。蔺相如见状便对秦王说："赵王送走和氏璧的时候，斋戒了5天，大王也应该斋戒5天再接受和氏璧。"

秦王见不能强夺和氏璧，便只好答应了，并将蔺相如安置在咸阳最好的客栈内。

当天晚上，蔺相如担心秦王会强取和氏璧，便派自己的随从带着和氏璧，走捷径先回到了赵国。

5天后，蔺相如对秦王说："由于我怕被大王蒙骗而辜负赵国，因此就派人带着和氏璧先回赵国了。再者说，秦强赵弱，如果秦国先割让15座城池给赵国，那么赵国定会将和氏璧献于大王。我知道自己已经做了欺瞒大王的事，罪该受死，请您杀我吧！"

秦王听后，对臣子们说："现在杀蔺相如，也得不到和氏璧，却断了秦、赵的友谊，不如对他好一些，让他回赵国。"

蔺相如回到赵国之后，赵王认为他很有才华，便任命他为上大夫。后来，又由于秦国并未割让城池，因此赵国自然也没有交出和氏璧。

蔺相如观察出秦王的阴谋，并且通过巧妙周旋，终使"完璧归赵"。

商业竞争中运用"金蝉脱壳"之计，核心就是要避实就虚。如避开对手的强项，攻击其薄弱环节，或者避开自己的弱项，甚至变不利为有利，达到"金蝉脱壳"的目的。另外，激烈的商战中，一些偶然因素无法预料，因此陷入困境是很正常的事情。"金蝉脱壳"之计因为能帮助许多商家成功避难，因此常被使用。美国著名食品加工企业在面对添加剂毒性事件之时，在形势于己极端不利的情况下，依然保持清醒的头脑，从容面对，在不利情况下，塑造企业新形象，最终"金蝉脱壳"，成功脱困。

美国著名的食品加工企业亨利食品加工公司曾经经历过一次添加剂毒性事件，在那次事件中，亨利公司几乎倒闭。

有一天，公司总经理亨利·霍金士在公司新的化验报告中得知，本企业所加工的食品中，起保鲜作用的添加剂有毒性，虽说毒性不大，但如果长期食用会对身体有害。而如果在所加工的食品配方中去掉这种成分的话，就会影响食品的鲜度，不够新鲜的食品就很难有人喜欢了。如果将这个化验结果公布于众的话，亨利食品加工公司必会遭受同行业的排挤，企业轻则亏损，重则倒闭；如果亨利食品加工公司与同行保持一致，继续生产有毒性的食品的话，亨利·霍金士又于心不忍。

亨利·霍金士思考再三，决定把化验结果公布出来。他宁愿自己的企业受损，也不愿意让消费者继续受害。

事情果然如他所料，化验结果一经公布，亨利食品加工公司就遭到了同行们的强烈反击，同行们联合起来一起抵制他们，说他们的化验结果有误，是哗众取宠，亨利的企业也因此濒临倒闭。但是，经过亨利食品加工公司的努力，他们的化验结果最终得到了确认，而消费者为其诚信精神所感动，因此更加相信亨利食品的品牌。这使得亨利企业的规模为此迅速扩大，没几年就发展成为全美最大的食品加工企业之一。

在这个事件中，添加剂有毒性这个化验结果无疑是个不利因素，但是，亨利先生敢于“家丑外扬”，让自己的公司成功“脱壳”，塑造了亨利公司的诚信形象，化不利为有利，不但渡过了危机，还推动企业走向了成功。

对于企业来说，“金蝉脱壳”是适应形势变化的有效策略之一。

在过去的几十年里，始终没有一个对手能够对波音公司在商用喷气式客机市场上一枝独秀的地位产生过威胁。不少企业都羡慕波音公司的成功，其创始人威廉·波音却不会忘记，他的“波音”当初是如何陷入和冲出“死亡飞行”的。

波音公司建于20世纪初，是制造金属家具起步的，而后转向专门生产军用品。第一次世界大战期间，波音公司生产的C型水上飞机颇受美国海军的青睐，波音便在美国飞机制造业中担当起了一个重要的角色。然而，好景不长，一战结束后，美国海军取消了尚未交货的全部订单，整个美国飞机制造业陷于瘫痪状态。波音也不例外，困入了“死亡飞行”中。

威廉·波音并没有因此垂头丧气，而是进行了深刻的反思。造成“死亡飞行”的原因虽然有形势大变的因素，但也是由于自己过分依赖军方的结果。亡羊补牢，为时未晚，他果断地调整经营方向，并采取了相应的措施。一方面继续保持和军方的联系，随时了解军用飞机发展的趋势和军方的要求，以便加以满足。这样一旦有机会，其他飞机制造商难以乘虚而入；另一方面考虑到军方暂不会有新的订单，完全可以抽出主要的人力财力，开发民用商业飞机。为了保证这一策略的顺利实施，还必须吸收、培养相应的人才。

此后，波音公司注意吸引和培养人才，并授予他们充分的权力，把主要的力量投入民用飞机的研制，从单一生产军用飞机的旧壳里脱颖而出。

战后经济的复苏刺激了对民用飞机的需要，波音公司推出的40型商用运输机以及波音707型、727型客机正好满足了市场的需要，从而冲出了“死亡飞行”。以后，又陆续推出了波音737型、747型、757型、767型客机，同时，还替陆军、海军、海军陆战队设计制造了各式教练机、驱逐机、侦察机、鱼雷机、巡逻轰炸机、远程重型轰炸机等，波音公司日益发展壮大起来。

金蝉脱壳之“脱”，是留其形，走其实，以稳住对手，达到顺利脱离险境的目的。波音公司如果不“金蝉脱壳”，摆脱单一的军用飞机经营，就无法冲出“死亡飞行”。

“金蝉脱壳”在其他方面也有着不容小视的作用。一个人在一生之中，总会遇到一些磕磕碰碰之事，甚至身处危难之境。当我们面对危险时，害怕是没有用处的，而应该在我们所遭遇的环境之中，冷静分析，与对手巧妙周旋，寻找逃脱机会。东汉末年的孙坚就是靠与部下更换赤帻得以保命，北魏时的尔朱荣的侄子尔朱敞也是靠与人更换衣物才成功脱困。

东汉末年，董卓废杀少帝，擅立献帝，自己专制朝政，引起朝臣和各地豪强的共愤。初平元年(公元190年)，关东各州郡纷纷起兵反对董卓，长沙太守孙坚也举兵参加了讨卓联盟，并被盟主袁绍任命为讨卓联军的先锋。

孙坚率军在汜水关前旗开得胜，杀败董卓部将胡轸。初战告捷之后，孙坚即屯扎部队于梁东，进行休整。同时派人向袁绍报捷并向联军粮草官袁术催粮。袁术是袁绍之弟，是一个志大才疏且嫉贤妒能之人。

他的谋士见孙坚前来催粮，便为袁术出谋划策说：“孙坚乃江东猛虎，若攻破洛阳，杀了董卓，犹如除狼而得虎；如果我们不给他发粮草，孙坚军必败。”这一建议正中袁术下怀，他便故意不发粮草给孙坚。

孙坚军中缺食，军心动摇起来情况很快就被驻扎在汜水关的董卓大将华雄得知，华雄决定夜袭孙坚军营。

当夜，月正当头。华雄与部将李肃兵分两路突入孙坚营中。孙坚军被打个措手不及，乱作一团。孙坚与部将祖茂奋力突出重围，纵马而逃。华雄带领部下兵马紧追不舍。由于孙坚头上戴着赤帻(红色头巾)，在月光下十分醒目，很好辨认，所以他跑到哪里，华雄就带领部队追到哪里。

危急中，祖茂为了保护孙坚，便让孙坚脱下赤帻，戴在了他的头上，而让孙坚换上了他的头盔。然后，二人分路而逃。华雄和部下只瞄准戴赤帻的人追赶，却不知道他们追的不是孙坚。这样，孙坚才得以脱险。

孙坚靠与部下更换赤帻得以“金蝉脱壳”保命，无独有偶，北魏时候的尔朱荣的侄手尔朱敞也是靠更换衣物脱困。

南北朝时，各方势力连年混战，争斗不已。北魏重臣尔朱荣死后，他的侄儿尔朱兆抢到军权，逼杀了孝庄帝。尔朱荣的旧部高欢看不惯尔朱兆，串兵反叛，战败尔朱兆，然后下令诛灭尔朱氏全族。

尔朱荣有个族侄叫尔朱敞，刚 12 岁，自幼随母亲住在尔朱荣营中。当时，他正在后花园中玩耍，听见前边人声嘈杂，经一问，才知道自己的杀头大祸到了。他顾不得许多，急忙从花园的水洞口爬出了尔朱氏大院。

他跑出来的时候，发现大街上已经戒严了，到处有缉拿的士兵在巡逻，并听说城门也已经被封锁，进出的人都要被盘问。

我该怎么办？尔朱敞着急地思考着。

他低头看了一眼自己的华贵衣饰，心想，如果穿这身衣服一个人在街上走，肯定会被人怀疑而被抓起来盘问的，这样，自己非丢了性命不可。那怎么办呢?他向周围巡视了一番，看到不远处有一群小孩子在捏泥巴玩，他心中一喜：有主意了！

他凑近那群小孩，解下了自己的玉佩，拎着问："谁要?"

那群孩子先是一愣，而后一窝蜂地来抢。他一边跑一边扔，把自己身上戴的贵重饰物都让小孩们抢去了，同时也把小孩们引到一片断壁残垣之中。

他看了看跟着跑来的小孩们，发现有一个身穿破衣服跟自己个头差不多什么也没抢到，正满脸不高兴。尔朱敞对他说："别生气，我把这身好衣服换给你怎样?"那孩子非常高兴，忙与尔朱敞换了衣服。

尔朱敞换过破衣衫之后，弄了些泥巴把脸上、头上、身上都涂得脏兮兮的，就向城门跑去。守门将士一看是个小叫花子，连问也没问就放他出城了。

就这样，一个12岁的小孩巧施"金蝉脱壳"计，保全了自己的性命。

【当下启示】

古今中外，很多人在奋斗的过程中，之所以能够挫而不折，失而不败，获得最后的成功，就是因为懂得应用"金蝉脱壳"的结果。所以，作为决策者，在面对不利的局势时要认真分析形势，准确作出判断，随机应变，适应形势变化，该退就退，保存实力，以图东山再起。

第二十二计　关门捉贼——直接围困，聚而歼之

【原典重现】

小敌困之。剥[1]，不利有攸往。

【注释】

①剥，不利有攸往：语出《易经·剥》，剥卦为坤下艮上。上卦为艮、为山；下卦为坤、为地。此卦意为广阔无边的大地在吞没山岳。剥，落也。

【译文释要】

对付小股敌人，要即时围困消灭。若让他们逃脱，我方则不可轻易追击或远袭。

【计谋典故】

战国后期，秦国攻打赵国。赵国名将廉颇，见秦军势力强大，便命令部队在长平固守，不与秦军交战。两军相持 4 个多月，秦军仍拿不下长平。

后来，秦王采纳了范雎的建议，用离间计让赵王怀疑廉颇。结果，赵王中计，调回廉颇，改派赵括为将到长平与秦军作战。赵括到长平后，完全改变了廉颇坚守不战的策略，主张与秦军对面决战。秦将白起故意让赵括取得了几次小胜，赵括便得意忘形，派人到秦营下战书。而这，正中白起的下怀。随后，他分兵几路，指挥布阵，形成对赵军的包围圈。

第二天，赵括亲率 40 万大军，来与秦兵决战。开始时，赵括取得了几次胜利，便以为秦军不堪一击，但他哪里知道白起用的是诱敌之计。赵括率领大军追赶诈败的秦军，一直追到秦壁。秦军坚守不出，赵括一连数日也攻克不了，只得退兵。这时却突然得到消息：自己的后营已被秦军攻占，粮道也被秦军截断。同时，秦军已把赵军全部包围起来。一连 46 天，赵军绝粮，士兵杀人相食，赵括只得拼命突围。白起已严密部署，多次击退企图突围的赵军。最后，赵括中箭身亡，赵军大败。

这个赵括，只是会“纸上谈兵”，在真正的战场上，一下子就中了白起的“关门捉贼”之计，损失 40 万大军，使赵国从此一蹶不振。

【谈古说今】

“关门捉贼”是指对弱小的敌军要采取四面包围、聚而歼之的谋略。这里所说的“贼”，是指那些善于偷袭的小部队，它的特点是出没不定、行踪难测。它的数量不多，破坏性很大，常会乘我方不备，侵扰我军。因此，对付这种“贼”，不可放其逃跑，而要断他的后路，聚而歼之。当然，此计运用得好，决不只限于“小贼”，在掌握主动权的情况下，也可用于歼灭大股敌人。同时，不应只理解为待敌攻我后再关门，也可主动地制造口袋，有计划地诱敌就范。当然，这样做的前提条件是保证“关门”的成功，形成对敌力量的整体优势，否则的话还是不要追为好，以避免不必要的损失。

此计中的“贼”，一般指为数不多而机动灵便的小股敌人。如果一味猛追，它就会跑得杳无踪迹，如果诱“贼”深入，把它关在“门”里，使它成为网中之鱼、瓮中之鳖，就可以将其全部歼灭了。

“关”法百种，“捉”法千样。“关”有早关和晚关、急关和缓关、明关和暗关。“捉”分惊捉、疲捉、诱捉、困捉、斗捉。确定哪种“关”法和“捉”法，要根据敌人的情况和具体的环境而定。不管如何“关”，如何“捉”，都要恪守先“关”后“捉”的原则。

运用“关门捉贼”的谋略思想，应着眼全局，恰当地选择“关门”的时间和地点，因势而用计，因情而变通。施行此计一要注意关弱不关强，防止强盗破门，二要注意关牢大门，防止贼人撞门而逃，三要抓准时机，防止敌人在关门之前溜走。

“关门捉贼”之计，在军事上就是要集中兵力，围歼弱势敌人。因为弱小的敌人被放走后，就可能会由弱变强，对我不利。因此要趁其实力弱小之时，集中力量围歼。当然，使用此计围歼敌人，不仅限于小贼，如果时机把握得当，在掌握了战场主动权的情况下，也可以歼灭敌军的主力。

1945 年 8 月，日本宣布投降，抗日战争取得胜利之后，蒋介石一面邀请中共中央毛泽东主席赴重庆谈判，一面却指使阎锡山派兵进攻我山西上党地区的革命根据地，妄图抢占华北，给自己在重庆谈判中增加砝码。

在这严峻的形势下，我党中央派晋冀鲁豫军区司令员刘伯承、政委邓小平前去指挥，以给敌人以迎头痛击。

刘伯承和邓小平在接到指令后，立即飞赴太行山，部署作战。他们和作战部队指挥员陈赓等人，经过深入的研究，确定了如下作战方针。第一，集中优势兵力对付敌人，即以太行主力和冀南部队共 31000 人，迎战 16000 人的来犯之敌；第二，针对敌人孤军深入和防守分散的弱点，先夺取长治外围 5 城，诱使长治之敌出援，再伺机歼灭之。

9 月 10 日凌晨，我军发起上党战役。经过 10 天的战斗，我军先后攻克了被敌占领的屯留、长子、襄垣、潞城、壶关 5 城，长治的守敌已成为我军的瓮中之鳖了。

正当我军准备攻克长治城时获悉，阎锡山派兵南下救援长治守敌，其先头部队 9 月 28 日已到了沁县东南的新店，离长治只有百里左右。情况紧急。刘伯承和邓小平当机立断，一方面继续佯攻长治，吸引敌军赶来增援；另一方面派人左右夹击来援之敌，并且切断其退路。

10 月 4 日，我军向敌援军发起猛攻。一接触才清楚，敌军不是一个军 7000 人，而是 3 个军两万余人，敌我兵力相当。于是，刘邓又从围城部队抽出一万兵力参加打援，而且围三阙一，北面开个口子，以便我军歼灭溃逃之敌。经过 3 天的激战，我军歼灭援敌，击毙敌第 7 集团军副总司令彭毓斌，俘获包括 3 个师长在内的数十名高级军官。

当援军被歼灭之后，长治的守敌就绝望了。这时，阎锡山急电守军之首 19 军军长史泽波率领守敌弃城西突逃去。刘伯承和邓小平对此早已料到，下令围城部队紧追，又下令太岳部队火速赶来阻击。追击和阻击的战斗同时于 10 月 8 日开始，并在 12 日下午发起总攻，很快战斗就结束了，俘虏了敌军长史泽波在内的万余官兵。

我军上党战役的胜利，逼使蒋介石在《双十协定》上签字。这个胜利不得不令国民党方面也承认我军“长于机动”、“灵活迅速”、“善伺机会”、“巧于出奇制胜”。

围攻敌人要视情况而定措施，如果被围之敌比较强大，而我军与之或相匹敌或稍占上风，则应围三缺一，故意让他逃跑，然后我军在后追，必能大获全胜。

第二次世界大战后期，前苏军在获得莫斯科保卫战和斯大林格勒保卫战的胜利后，开始战略反攻，以围歼在其境内的德军。

前苏军这次大规模的围歼战役，是从科尔申—舍甫琴科夫斯基突出部开始的。这个突出部位于乌克兰第一方面军左翼和乌克兰第二方面军右翼之间，德军在这里部署着9个步兵师，一个坦克师，以及一个摩托化旅组织防御。

前苏军参战部队克服各种困难，储备了大量物资，并根据最高统帅部的计划，制造了大量的坦克模型，配置在突出部正面，同时，还模拟设置了一些火炮阵地，以达到欺骗德军的目的。

德军指挥部以为前苏军要从正面实施主要突击，便加强了正面防御。然而，苏军却利用德军的错误判断，隐蔽地将两个方面军的主力向突出部的根部移动，准备从这里实施相向突击，合围突出部里的德军集团，并适时建立合围的对外正面，抗击德军解围集团。

1944年1月24日和26日，乌克兰第一、第二方面军先后发起进攻，从突出部的根部向兹韦尼戈罗德卡急速推进。两个方面军的部队击退了德军的反突击，先遣部队与主力部队于1月28日在兹韦尼戈罗德卡会师，切断了科尔申—舍甫琴科夫斯基德军集团的退路，使德军陷入合围。尔后，各方面军派出快速部队迅速向外围进攻，并建立起合围的对外正面防御体系。德军科尔申—舍甫琴科夫斯基集团被合围后，希特勒害怕被围德军再遭斯大林格勒会战时的厄运，因此一改过去“必须原地坚守”的做法，允许部队自行突围，并急调部队救援。合围德军集团以后，朱可夫元帅与瓦图京、科涅夫将军于2月8日下午联名向德军被围集团发出一份最后通牒，并派使节将最后通牒递交给德军前沿指挥官福克上校，限定第二天上午11时前答复。

在发出最后通牒的同时，苏军展开了强大的心理战，向德军驻地散发了大量传单。传单首先指出，苏军的包围圈正在紧缩，德军陆上与空中运送弹药和油料的渠道均已被切断，突围已无可能。

苏军分化瓦解敌军的举措，在被围德军中产生了很大反响。许多官兵得知被围真相后，十分沮丧，士气非常低落。施特默尔曼赶紧采取措施，给官兵们打气，并于2月9日12时正式通知苏军“拒绝投降”，以打消被围官兵投降的念头。

2月10日，施特默尔曼集中坦克部队，仓促建立了一个突击集团，向苏军乌克兰第一方面军第二十七集团军的战线发起猛烈的进攻，试图突围，与外面增援部队会合。这里是苏军两个方面军的接合部，防御比较薄弱，德军顺利前进了3公里，并占领了希尔基。

2月12日，雨雪交加，狂风阵阵，对内和对外正面上的战斗都十分激烈。虽然，被围德军利用能见度差的条件作掩护，多次企图突围，但均被苏军制止。他们在与解围德军相距只有12公里时，再也无力突围了。至2月13日，苏军建立了相对稳定的合围对内、对外正面防御体系。2月15日，德军解围集团也力量耗尽，不得不电告被围德军，让他们自行向南突围。

德军被围集团失去了外援，只得到了空投的一些弹药，于是在绝望中决定于2月16日做最后一次突围尝试。

这天夜里，天下着大雪，狂风几乎能把人吹倒。苏军指挥部侦察到德军突围意图后，决定使用飞机向德军集结地域投掷照明弹和燃烧弹，从而为炮兵指示炮击目标。德军集结地火光冲天，炮兵以火源作方位场，对敌实施猛烈突击。德军被围官兵见难以坚守阵地，便丢弃车辆、军用物资、个人用品，纷纷择路而逃，但总是被苏军堵截住。

至2月17日凌晨，大批被围德军开始投降，德军科尔申—舍甫琴科夫斯基集团被全部歼灭，司令官施特默尔曼被击毙，只有少数军官乘装甲车逃出重围。在这次战役中，德军仅阵亡和被俘官兵就达73万人。

在风云变化的政治斗争中，关门捉贼之计常常被多智多谋的领导者运用。这些领导者不急不躁，耐心营造时机，一旦条件成熟，以迅雷之势夺取政权。

公元前188年8月，汉惠帝生病死了。惠帝的皇后没生过儿子，吕太后把一个后宫美人生的儿子抱来，冒充皇后生的，立他为太子。太子即位，称为少帝。吕太后替少帝临朝，代行皇帝的职权。

汉惠帝还没下葬，吕太后就封自己娘家的侄子吕台、吕产、吕禄做将军，让他们分别带兵驻在南军和北军中。南军和北军是直接警卫京城和皇宫的禁卫军。太后把吕家的人安排在这里，心里就踏实了。他又让吕家的其他人都到皇宫里任职，把持了宫中各部门的权力。

公元前 180 年 7 月，吕太后病重。临死之前，任命吕禄做上将军，让他统领北军，让吕产统领南军。

吕太后死后，诸吕掌握了大权，想要制造动乱，篡夺汉朝的天下。朱虚侯刘章的妻子是吕禄的女儿，她把这消息告诉了刘章。刘章忙派人给自己的哥哥齐王刘襄送信，让刘襄发兵来攻打长安，自己在皇宫里做内应。刘襄接到信后，就找来舅父驷钧、郎中令祝午、中尉魏勃暗中商量发兵的事。这消息被齐国之相召平知道了，他立即带兵包围了王宫。魏勃去见召平，骗他说："大王想要发兵，却没有朝廷的虎符。您把王宫包围起来，做得真对!不过您是相国，还有好多大事要处理。要是您信任我，就把包围王宫这差事交给我吧。"召平见说得那么诚恳，就把兵权交给了他。魏勃接过兵权，立即带着部队，反把相府包围起来。召平后悔莫及，只得自杀。刘襄就任命驷钧为相，魏勃为将军，祝午为内史，征发齐国境内的所有部队。又让祝午把琅邪王刘泽骗来齐国，把琅邪国的兵马也夺了过来。两支人马合成一支，向长安杀去。

吕产等人听说齐王打过来了，连忙派将军灌婴带兵去迎战。灌婴走到荥阳，心里暗暗思量："诸吕把持着朝廷大权，想要篡夺刘家的天下。我要是打败了齐军，不是正帮了吕家的忙吗?"他这么想着，就让部队停下来，派人送信给齐王和其他诸侯。大家联合起来，等机会一起消灭诸吕。齐王接到信，也将军马原地驻下，等着灌婴的消息。

这时在长安城里，陈平、周勃也正在商量着动手的计划。陈平想来想去想了一条计策，派人劫持了吕禄的好朋友郦寄的父亲郦商，让郦寄去骗吕禄说："如今太后去世，皇上年幼，赵王和梁王不赶快回自己的封国去，却待在京城里当将军。让别人怀疑你想要篡权，这多不好!您和梁王不如都把兵权交给太尉，跟大臣们订立盟约，然后回自己封国去。那么齐王一定会退兵，大臣们也没什么好说的了。您安安心心地做自己的赵王，多么快活呀!"吕禄听了，犹豫不决。

到了8月，吕产得知灌婴已经跟齐国联合，忙赶着进宫去劫持皇帝。陈平、周勃听到这消息，派人拿着皇帝的使节假传命令，让周勃统领北军。又让郦寄再去劝说吕禄："皇上已经派太尉接管北军，让您赶快回赵国去，您再不走可要倒霉了!"吕禄素来相信郦寄，立刻解下官印，把兵权交给了周勃。周勃佩着大印进入军门，又派刘章带一千多名士兵赶去保卫皇帝。刘章赶到未央宫，正遇上吕产，经过一场战斗，吕产被刘章杀了。

第二天，陈平、周勃又派人四处搜捕吕家的人，把吕禄等全都杀了。然后，大臣们一起介计，拥立刘邦的第三个儿子代王刘恒做了皇帝，刘恒就是历史上有名的汉文帝。

陈平、周勃等人经过多年的忍耐和准备，终于抓住时机，消灭诸吕，保住了汉朝的天下。陈平、周勃是有勇有谋的智者，他们能够最终铲除对手，是善于忍耐的缘故。

政治斗争中，领导者要保护自己，就要善于等待时机，并紧紧地抓住它。

无论是"关门"还是"捉贼"都有个时机问题。正如《兵法圆机》中说："盖早发敌逸，犹迟发失时。"要把"关门"和"捉贼"的时机把握准，这是取胜的关键因素之一。

"关门捉贼"也经常被聪明的商人用在经营管理中，即在摸清顾客的心理后，根据顾客的心理，采取相应的措施。

1980年，瑞典航空公司因连续几年亏损，处境十分艰难。这时，第二次石油危机的冲击使世界经济深受其害，这家公司声誉也日渐下降。正是在这种不利局面下，卡尔临危受命，出任该公司总裁。

为了改变局面，卡尔推行了一系列改革措施，其中一项就是在空中、地面推行了一整套新的服务标准。首先，以优质的服务吸引因公出差人员。他对因公出差人员的心理进行了分析，认为他们都是因公出差，一切差旅费全报销，对机票价格高低不太在乎，而对服务质量却颇为挑剔。只要服务好，就能使他们感到满意，从心理上也就征服了他们。为此，卡尔大胆决定取消大部分航班的头等舱而开设欧洲舱。欧洲舱位于飞机前部，设有皮座椅，座位宽敞，前后排间隔大，环境舒适，以满足因公出差人员要求服务好的心理。该航的大部分洲际航线上，欧洲舱占30%。其次，为了进一步招揽顾客，卡尔对公司雇员进行一轮又一轮的培训，反复向他们强调，要招徕回头顾客，就必须在办理登机手续时、登机、出现问题时向乘客提供关键服务。卡尔发现，乘客一旦在飞机上落座，可为他们提供服务的机会就寥寥无几了。而这时的服务如果跟不上去，乘客就会与其他航空公司做比较，在心理上便会产生不舒服感。如果这时把服务做好，让乘客感觉和在家里一样，就会使乘客在心理上打上烙印。为了推行这一服务，卡尔还实行权力下放。普通职员无须履行繁文缛节的手续，就可以为感到不满的乘客换票或发放优待券。如航班误点，机上服务人员不经许可就可以为乘客提供免费饮料等。为了进一步提高服务质量，卡尔还与世界上一百多家旅馆组成了一个服务网。比如，搭乘瑞典航空公司航班的乘客在下机后，将其行李交给机场任何一个办理登机手续的柜台，就可直接去办事。当他到达所下榻的瑞典航空公司联营的旅馆时，行李已在房间了。离开旅馆时，只需将行李交给旅馆前厅的该航空营业柜台，领了登机牌，即可直接上飞机。

在商战中，领导者要绞尽脑汁，想尽办法，将顾客“关”在自己店内，为他提供相关的服务，在自己的能力范围之内，尽可能多的“捉”住顾客钱包里的钱。卡尔这种迎合乘客心理的优质服务，实质上就是“关门捉贼”之计的具体应用。经过卡尔的改革和全体员工的努力，使瑞典航空公司从一家连年亏损的公司，一跃而成为全球闻名的公司。

关门捉贼还可用于制服私吞公款逃之夭夭的家贼，将企业的损失挽救到最小程度。

1990年夏，一无业游民张某，凭老乡关系，投靠于广东某公司经理余某麾下，当了一名业务员。

某日，余经理派遣张某向武钢购买价值六百多万元的2000吨钢材，同时给其四百多万元的支票、营业执照副本和法人委托书。岂料合同签订后，张某将其中一部分钢材擅自变卖，将巨额资金放入个人腰包。等到余经理觉察时，张某已不知去向。

当时尚有二百多万元资金未入武钢账号，武钢派人催余经理付款。余经理找上门来，哭丧着脸说：“我已上当受骗，造成巨额损失，人也找不到了。所欠二

百多万，我已无力偿还。”

此人第一次出现，交代一下身份。武钢的负责人李裕荣说：“上当受骗，是你录人不察、用人不当。张某来武钢，有营业执照，有法人委托书，有你公司支票，所签订的合同受法律保护。武钢按合同发货也合理合法。因此，法律上你应承担全部责任。你上当受骗，跟武钢无关。武钢是国有企业，国家财产不能受损，你得还钱。不还，我们会上法庭起诉你。其结果，你不但要偿还这两百多万，还要追究你总共六百多万的国有资产被骗的责任，甚至还要坐班房。”

余经理顿时呆若木鸡，欲哭无泪。

李裕荣见状，出主意说：“亡羊补牢，时犹未晚，现在补救还来得及。”

余经理眼出闪出希望之光：“李经理，请你帮我指一条生路，怎么才能补救?”

李裕荣说：“他提走的大部分钢材，还放在广西、云南、湖北的一些仓库里。他是无业游民，不懂法。这个时候他还在卖，且大部分钢材还没有卖完。武钢可施加影响，冻结各仓库里的这批钢材。买主付了钱，却提不到仓库里的货，必然要出问题。到时顺藤摸瓜，就可以把这家伙牵出来。武钢可以具体帮你，但前提是还钱。否则，帮你干什么？一切后果只能由你自己承担。”

余经理千恩万谢，答应回去筹钱，旋即匆匆离去。

随后，武钢出面与有关仓库交涉后，冻结了大部分材料，挽回了大部分损失。很快，二百多万元进入武钢账号。

在公安人员的严密布控下，当买主前来提货时，仓库发货员假托品种有误、不予发货，并要求买主通知张某来确认。张某不知是计，贸然前来，当即被公安人员擒获。时隔不久，绝大部分钢材和款项均被顺利追回。

【当下启示】

日常生活之中，会有很多陷阱之“门”，我们一定要善于分辨，避免被关，只要我们不贪利、不短视，并充满危机意识，就不会中招。我们在面对对手的时候，也应该学会设置将之围困的“门”，从而将其掌控。

第二十三计　远交近攻——分化瓦解，逐个击破

【原典重现】

形禁势格①，利从近取，害以远隔。上火下泽②。

【注释】

①形禁势格：禁，禁锢、限制；格，阻碍。

②上火下泽：语出《易经·睽》，睽卦为兑下离上。离为火，为泽本卦《象》辞说："上火下泽，睽。"意为上火下泽，两相违离、矛盾。

【译文释要】

在受到地理条件的限制时，攻取就近的敌人有利，而越过近敌去攻取远敌是有害的。使敌像上火下泽一样，相互矛盾违离，而我方则可各个击破。

【计谋典故】

战国末期，七雄争霸。秦国经商鞅变法之后，势力发展最快。

在秦昭王掌权时，秦国开始图谋吞并六国，独霸中原。公元前270年，秦昭王准备兴兵伐齐。范雎此时向秦昭王献上"远交近攻"之策，阻秦国攻齐。他说："臣闻穰侯将越韩、魏而攻齐，其计谬也。齐离秦国甚远，中间隔着韩、魏两国，秦出兵较少，则不足以败齐；如出兵甚众，则会先使秦国受害。假若伐齐而不胜，为秦国之大辱，即使伐齐取胜，也只是使韩、魏两国从中渔利，得到好处，而这对秦国有什么益处呢？'远交'则可离间他们之间的关系，'近攻'则可以扩大我国领地。自近而远，如蚕食叶，倘若兼并了韩、魏后，齐、楚两国还能存活多久呢？"范雎为秦兼并六国，最后统一中国奠定了战略基础。

为了防止齐国与韩、魏两国结盟，秦昭王派使者主动与齐国结盟。其后四十余年，秦始皇继续坚持“远交近攻”之策，远交齐楚，近攻韩、魏两国；然后，又从两翼进兵，攻破赵、燕两国，统一北方；随后，挥师南下，攻破楚国，平定南方；最后，齐国在秦军的攻伐下，迅速覆灭了。

秦始皇征战 10 年，终于建立了统一天下的秦帝国。

【谈古说今】

远交近攻，语出《战国策·秦策三》：“王不如远交而近攻，得寸，则王之寸，得尺，亦王之尺也。”是范睢说服秦王的一句名言。远交近攻，是一种常用的军事策略手段，领导者若想将此计运用成功，达到目的，必须要具有远见，具有战略眼光。

远交近攻，是分化瓦解敌方联盟，各个击破，结交远离自己的国家而先攻打邻国的战略性谋略。当实现军事目标的企图受到地理条件的限制难以达到时，应先攻取就近的敌人，而不能越过近敌去攻打远离自己的敌人。为了防止敌方结盟，要千方百计去分化敌人，各个击破。消灭了近敌之后，“远交”的国家又成为新的攻击对象了。“远交”的目的，实际上是为了避免树敌过多而采用的外交诱骗。

在此计中，“远交’是暂时的，近敌一旦被征服，“远交”的使命便告完成。此计中划分“远”和“近”是极为关键的，大致说来，“远”和“近”有以下含义：

第一，从地理位置来说，“远”指远处，“近”指近处。

第二，从利益关系来说，“远”指只能间接获得的较长远的利益，“近”指近期内可直接获得的眼前利益。

第三，从组织关系来说，“远”指一个组织的外部，“近”指一个组织的内部。

第四，从影响范围来说，“远”指那些不能直接控制的人或事，“近”指那些可以直接控制的人和事。

远交近攻的谋略，不只是军事上的谋略，它实际上更多指国家最高领导者采取的政治战略。领导者要善用大棒和橄榄枝，相互配合运用，不与自己的近邻结盟，要挥舞大棒，把它消灭。如果和邻国结交，恐怕变乱会在近处发生。其实从长远看，所谓远交，也绝不可能是长期和好，消灭近邻之后，远交之国也就成了近邻，新一轮的征伐也是不可避免的。

元太祖成吉思汗与其子孙，巩固蒙古汗国，灭夏、金、南宋，统一中国，就是采用远交近攻的策略手段，成吉思汗统一蒙古后，东和东南相邻的是金，西南相邻的是夏，远隔金的是南宋。当时对蒙古汗国威胁最大的是金，于是，成吉思汗一方面以武力胁迫西夏与蒙古议和，暂时消除了西夏的威胁；同时派人到南宋表示友好，愿意与南宋联合进攻金。南宋虽然迫于金的直接压力没有加入联盟，但对蒙古汗国进攻金，采取了中立的态度；另一方面，成吉思汗率军大举攻金，使金军连连败退，只好迁都开封。当基本上解除了金的威胁后，成吉思汗又回手进攻西夏。公元 1227 年 6 月，夏主投降，西夏灭亡。1229 年，成吉思汗的三子窝阔台继大汗位，正式派使者到南宋，联合南宋南北夹击攻金。1233 年攻克开封，同年 10 月。蒙、宋军会师合围蔡州，次年正月金哀宗自缢而死，随即破蔡州城，金灭亡。第二年，蒙古军大举进攻南京，开始了灭南宋的行动。1279 年，元军攻占压山(广东新会南)，南宋大臣陆秀夫背着小皇帝赵昺跳海自杀，南宋灭亡。从此，统一了中国。

分析客观形势，对敌人的区别对待，会促进敌人的分化瓦解，如此一来，我们就可采取各个击破的办法，将敌人一个一个地吃掉。

在复杂的国际政治环境之中，“远交近攻“是一个常常被各国政治家使用的计谋，优秀的政治家总是能够在复杂的国际背景下，巧妙地选取联合的对象，以挫败强大的近敌。

明治维新以后的日本，处于一个特殊的历史时期。它是一个资本主义国家，同时它又是一个经济落后、主权不完整的国家。因此，明治政府在对外政策上采用了“远交近攻”的两手外交策略。它一边修改不平等条约争取民族独立、国家主权完整，同时努力向邻国扩张，推行殖民主义政策。

早在 1817 年，明治政府就派出使团出使欧美，其任务之一就是谋求修改不平等条约。但由于当时日本国力仍然贫弱，列强对修约一事未予理睬。这使日本政府认识到，只有国力强盛才能争取到民族独立。于是，明治政府制定并推行“殖民产业”、“富国强兵”、“文明开化”三大政策，很快就取得明显成效。同时，日本还实行了所谓“欧化新帝国”的外交方针，极力讨好欧美列强。

19世纪90年代初，远东国际关系发生了新变化。由于沙俄修建西伯利亚铁路引起了英、俄矛盾的激化，日本乘机加紧了修改不平等条约的工作。1889年成立的日本内阁就确定了修改条约和向邻国扩张同时并举的外交政策。这次日本终于在1894年首先同英国签订了《日英新约》，根据此约，日本收回了法权和部分税权，大体上摆脱了不平等条约的束缚。这标志着日本基本上实现了民族独立。

明治政府立国之初，就开始向周边邻国发动侵略。1872年，日本将琉球划为其一个藩，1879年又把它划归为日本的冲绳县。

1871年，一艘琉球船只在台湾与当地渔民发生冲突。但事过几年后的1874年，日本竟以此为借口派兵进攻我国台湾，开始了对邻国的武装侵略。

19世纪七八十年代，日本占领朝鲜，通过一系列不平等条约，把朝鲜变成了自己的半殖民地，这为日本以后吞并朝鲜、进攻中国铺好了道路。1894年朝鲜发生东学党起义，朝鲜请求清政府出兵帮助镇压。同年6月，清兵到达朝鲜，中、日在朝鲜爆发了战争。由于后来清政府失败，日本吞并朝鲜，进而发动了对中国的殖民侵略。

“远交近攻”是一个国家很重要的外交手段。领导者要一手拿大棒，一手拿橄榄枝，因为一味“交”，则会丧失原则，失去自我，失去发展机会；一味“攻”、则会树敌过多，难以立足。日本采用两手策略，利用国际关系的细微变化，营造了一个利于自己生存的环境，避开强大的宿敌，蚕食周边的弱小国家，以增强自己的国力。“远交近攻”政策使日本迅速强大起来。

意大利著名的历史学家、政治家马基雅维里曾提出过这样一个政治公式，即一位君主要兼有狐狸与狮子的特点。他说：“狮子不能使自己免于落进陷阱之中，而狐狸又无力使自己免受狼群之攻击。”因此，就必须既是狐狸以识别陷阱，又是雄狮以慑服群狼。用这个公式来比喻富兰克林·德拉诺罗斯福的政治手腕最恰当不过，他就是用狐狸的计谋为狮子的目的服务的。这一点在他参加总统竞选时已经十分引人注目。

罗斯福首次参加总统竞选时，美国已受到孤立主义浪潮的冲击。然而，罗斯福从前是主张成立国际联盟的新自由派人物。他在1920年以民主党副总统候选人身份参加竞选时，曾明确主张美国应该参加国际联盟。12年后，当他以民主党总统候选人身份参加竞选时，采取了迥然相异的立场。他在竞选演说中声明，他不赞成美国参加国际联盟。难道他真的放弃了自己以前的信念吗？其实不然，这只不过是他的一种竞选手段而已。他曾经说过：“理想是不变的，但是方法随着每一代人和世界环境在改变。我是在寻找达到目的最现代化的车辆。”他要争取当选，就必须考虑选民情绪。国会内的孤立议不仅有共和党人，还有他所在的党的人，他不赞成美国参加国际联盟，实际上是迎合了大多数人的意见，从而为自己当选总统排除了巨大阻力。罗斯福处理退伍军人问题更能说明他的政治手腕。胡佛下台前夕发生的退伍军人的“补偿金进军”运动被麦克阿瑟用武力镇压下去后，1933年春，华盛顿又出现了退伍军人的请愿队伍。罗斯福让其亲密的助手路易期·豪陪同罗斯福夫人去访问退伍军人的临时营地。汽车开到营地后，罗斯福夫人单独一人下车，在齐脚踝深的灰土地上向退伍军人走去。退伍军人看到罗斯福夫人只身来到他们中间，顿时对她表示热烈欢迎。罗斯福夫人倾听他们的要求，同他们一起唱昔日歌曲。事后，退伍军人中流传着这样一句话：“胡佛派来军队，罗斯福派来他的妻子。”通过这种方式，使本来会成为对抗的局势通过协商解决了。

罗斯福是民主党人，但他并没有把自己局限于一个政党领袖的地位，实际上，他是尽可能使自己具有全面领袖的形象，他尽量地化敌为友，尽可能不同反对他的人对立，不无谓地刺激孤立派争取共和党内的重要人物为他的政策服务。比如，1940年共和党召开全国代表大会前夕，罗斯福任命著名共和党人，以“强硬派”著称的诺克斯和史汀生分别担任海军部长和陆军部长的要职。这一任命是“一石数鸟”，除了它的国际作用外，在国内也有多方面的作用，它既向全国表明应摒弃党派成见，共济时艰，同时，也是向共和党全国代表大会施加影响，分化共和党内反罗斯福的力量。

总的来说，罗斯福是精于政治策略的，他运用权术与计谋来达到自己的政治目的方面可谓技艺高超。因此，马基雅维里关于狮子与狐狸的比喻用在罗斯福头上颇为贴切。除此之外，罗斯福还以有胆有识著称。他在首次就职演说中提出了

"无所畏惧"的战斗口号："我们唯一值得恐惧的就是恐惧本身。"他不怕失败，勇于尝试，勇于创新，有魄力，有远见，把美国引上了一条新的发展道路。罗斯福作为一位杰出的领导人，集权术、胆识及实用主义于一身，他与丘吉尔、斯大林并称"第二次世界大战三巨头"，与华盛顿、林肯齐名，并一同名留青史是当之无愧的。

在商战中，任何经营者都有竞争对手，但是经营者要善于区分自己的竞争对手，从而确定与这些对手的正确关系。当竞争对手不足以成为自己最大强敌之时，可以与其联合以对抗更加强大的对手。

在商场上，运用远交近攻的计策，多是利用熟悉的地缘关系，先与近处的对手竞争，同时与远处的对手做一定程度的联合。战胜近处的对手之后再去同远处的"敌人"较量，这又可以利用远处的对手来击近处的对手，比自己单方面的力量强大得多，自然容易取胜。

美国电气行业执牛耳者的美国通用电气公司和西屋电气公司，以及实力不很强的阿姆卡公司都在研制新型低铁矽钢片，而竞争的结果却被阿姆卡公司拔了头筹。这正是阿姆卡公司十分重视信息情报工作的结果。阿姆卡公司在研制超低铁省电矽钢片的过程中，发现"通用"和"西屋"也在从事同类产品的研制。远在地球另一端的日本钢厂也有此意，而且准备采用最先进的激光囊处理技术。阿姆卡公司分析形势后认为，以自己的实力继续独立研制，可能落在"通用"、"西屋"之后，风险极大，若要走合作研制之路，应必须选择好合作者。与"通用"、"西屋"联手，是"近亲联姻"，未必有利于加快研制过程，再者将来要与之分享美国市场，还得考虑崛起的日本钢厂。与日本钢厂并肩合作，是"远缘杂交"，生命力旺盛，研制过程自然会加快，而且将来的市场大，可以以太平洋为界。于是，阿姆卡公司选择了日本钢厂作为合作伙伴，结果比预定计划提前半年研制成功。

阿姆卡公司的"远交近攻"，最后终于战胜了"通用"、"西屋"两大强劲的对手，从而适应了现代电气高科技对电气材料不断提出的新要求。

商战中，企业之间的竞争就是商品市场占有率的争夺。因为占有率的高低，不仅影响到利润的多少，有时更关系到企业的生死存亡。

《孙子兵法》谋攻篇中说："能不战而屈人之兵，善之善者也。""远交近攻"

就是用谋略击败竞争者，它不但可用于求生存，更可用于谋发展。

领导者经营的最终目标都是市场占有率第一位，而第一位的领导者为了长保江山，也不得不从事永无休止的鏖战。领导者想永远立于不败之地，或想鱼跃龙门或旋转乾坤反败为胜，都不能不懂“远交近攻”。

【当下启示】

在实际情况下，我们要学会分析客观形势，对不同的敌人采取不同的对策。给予敌人以区别对待，会促进敌人的分化瓦解。在敌人分化瓦解，彼此之间不能协同作战，并且不能互相救助的情况下，我方就可采取各个击破的办法，将敌人一个一个地吃掉。

第二十四计　假道伐虢——借机渗透，夺取胜利

【原典重现】

两大之间，敌胁以从，我假①以势。困，有言不信②。

【注释】

①我假以势：假，假借。

②困，有言不信：语出《易经·困》，困卦为坎下兑上。上卦为兑、为泽、为阴；下卦为坎、为水、为阳。卦象表明：本该容纳于泽中的水，现在离开泽而向下渗透，以致泽无水而受困；同时，水离开泽流散无归则是自困。困，困乏。本卦《象》辞说："困，有言不信。"

【译文释要】

处在敌我两个大国中间的小国，当敌方强迫它屈服的时候，我方则要借机去援救，从而造成一种有利的军事态势。这就像人正处于受人胁迫的境地，若我方说援救他，而他一定会相信。

【计谋典故】

春秋时期，晋国想吞并邻近的两个小国——虞国和虢国。然而，这两个国家的关系不错。如果晋攻打其中任何一个，另一个就会出兵援助的。大臣荀息向晋献公献上一计，他说："要想攻占这两个国家，则必须要离间他们，使他们互不支持。主公可以拿出心爱的两件宝物，即屈产良马和垂棘之璧，送给虞公。然而，等灭了虞国，这两件宝物自然就会回到你的手中。"献公听后大悦，便依计而行。虞公得到良马美璧，高兴得嘴都合不拢。

从那之后，晋国便故意在晋、虢边境制造事端，从而找到了伐虢的借口。随后，晋国要求虞国借道让其伐虢，虞公受了恩惠，只得答应。虞国大臣宫子奇再三劝虞公，说：“这件事办不得的。虞虢两国，唇齿相依，如果虢国灭亡，晋国是不会放过虞国的”。虞公却说：“交一个弱朋友去得罪一个强有力的朋友，那才是傻瓜。”

晋大军通过虞国，攻打虢国，很快就取得了胜利。班师回国时，把劫夺的财产分了许多送给虞公。虞公更是惊喜万分。随后，晋军大将里克以称病为由，暂时把部队驻扎在虞国京城附近，虞公却毫不怀疑。几天之后，晋献公亲率大军前去，里应外合，一举歼灭虞国。

【谈古说今】

“假道伐虢”是一种以借道为名，对敌我双方之间的弱小力量加以利用，然后将其除掉的一种策略。处在敌我中间的弱小力量，当受到敌方武力胁迫时，我方以出兵援助的姿态，把力量渗透进去，迅速控制其局势，使其丧失自主权，再乘机突然袭击，就可轻而易举地取得胜利。借水行舟、借机渗透、一箭双雕体现的都是此计的精神。

在军事上，“假道伐虢”之计常常被大国所用，使用时常常附带着政治欺骗的色彩。与大国为邻的小国，一定要小心处理与大国的关系，尤其是小心大国的军事行动。如果对大国的军事动向稍有不察，则可能身中此计。

东周初期，各诸侯国都乘机扩张势力。楚国在楚文王掌权时，势力日益强大，汉江以东小国，纷纷向楚国称臣纳贡。当时有个小国叫蔡国，仗着和齐国联姻，认为有个靠山，就不买楚国的账。楚文王怀恨在心，一直在寻找灭蔡的时机。

蔡国和息国的关系很好，蔡侯、息侯都是娶的陈国女人，经常往来。但是，有一次息侯的夫人路过蔡国，蔡侯没有以上宾之礼款待，气得息侯夫人回国之后，大骂蔡侯。息侯也因此对蔡侯有一肚子怨气。

楚文王听到这个消息，非常高兴，认为灭蔡的时机已到。他派人与息侯联系，而息侯想借刀杀人，向楚文王献上一计：让楚国假意伐息，他就向蔡侯求救，而蔡侯肯定会发兵救息。这样一来，楚、息合兵，蔡国必败。楚文王一听，何乐而不为？他立即调兵，假意攻息。蔡侯得到息国求援的请求，马上发兵救息。可是，

兵到息国城下时，息侯竟紧闭城门。蔡侯见状不妙，便要退兵，然而楚军已借道息国，把他围困起来。最终，蔡侯被楚军所俘。

蔡侯被俘之后，痛恨息侯，于是对楚文王说："息侯的夫人息妫是一个绝代佳人"。他这话是刺激好色的楚文王。楚文王击败蔡之后，以巡视为名率兵到了息国都城。息侯亲自迎接，设盛宴为楚王庆功。在宴会上，楚文王趁着酒兴说："我帮你灭了蔡国，你怎么不让夫人敬我一杯酒呀?"息侯只得让夫人息妫出来向楚文王敬酒。楚文王一见息妫，果然天姿国色，决心一定要据为己有。第二天，楚文王借举行答谢宴会之机，用伏兵将息侯俘获，从而轻而易举地灭了息国。

息侯害人害己，他主动借道给楚国，助楚灭蔡，给自己报了私仇，却不料，楚国竟不废一兵一卒，顺手将他消灭。

在激烈的商战中，巧妙"借"得外在辅助力量，可以起到事半功倍的效果，这是成功企业家事业有成的重要手段之一。精明的商家都是善于借势的，美国肯塔基州的一位小镇餐厅老板就是一个善用"假道伐虢"之计的人。他在经营时，巧借与名人重名的顾客大做文章，吸引了许多顾客的眼球，从而提高了自己的经济效益。

美国肯塔基州的一个小镇上有家不出名的餐厅，餐厅老板发现，每当周二的时候，来就餐的人特别少。老板几次想扭转这种冷落的局面，但都收效甚微。

一个周二的傍晚，老板又闲坐无事，便随手翻阅桌上的电话簿。翻着翻着，老板忽然看到一个熟悉的名字——约翰·韦恩。老板一愣，但马上就明白过来了，原来这是一个与红极全美的巨星同姓同名的人。想到这儿，老板忽然来了灵感，何不借用约翰·韦恩的名号，请餐馆的老顾客"假"约翰·韦恩来就餐呢?如果这样，镇上的人出于好奇，一定会光顾餐厅。

于是，这位老板给"假"约翰·韦恩打了电话，邀请他偕夫人于下周二晚上8点到餐厅来就餐，餐厅将免费供应他双份晚餐，"假"约翰·韦恩欣然同意。然后，老板又贴出一张大海报，上写："隆重欢迎约翰·韦恩先生于下周二光临本餐厅!"

海报一贴出去，果然在小镇上引起了轰动。人们在纷纷议论的同时，又焦急地盼望着下周二的到来，好一睹这位明星的风采。

到了下周二，餐厅的生意大增。顾客们询问老板：“约翰·韦恩什么时候光临?”老板回答：“晚上8点准时到达。”这一天傍晚，不到7点，想要就餐的人就不得不在餐厅门外排起了长队。接近8点的时候，餐厅内外已是人头攒动了。

8点整，餐厅老板通过餐厅内的扩音器宣布：“各位先生、各位女士，约翰·韦恩偕夫人一起光临本店，让我们共同来欢迎他和他的夫人!

人们把目光都投向餐厅门口。在餐厅老板和漂亮的服务小姐的陪同下，一位矮小的、地地道道的旨塔基州老农民与他的妻子微笑着、又有些忐忑不安地迎着众人的目光，走进餐厅。

“这就是巨星约翰·韦恩与其夫人？!”

所有的人都几乎不相信自己的眼睛。但是，只一会儿，人们就明白了是怎么一回事。餐厅内爆发出一片善意的哄笑声，有人大喊：“欢迎约翰·韦恩!”于是，更多的人大喊；“欢迎约翰·韦恩!”人们把约翰·韦恩夫妇拥到上座，还纷纷要求与约翰·韦恩夫妇合影留念，整个餐厅洋溢在一派喜气洋洋的气氛之中。

餐厅老板从邀请约翰·韦恩的成功中受到鼓舞，于是继续在电话簿上寻找与“名人”同名的人在周二到餐厅免费就餐。当然，老板并没有忘记事先贴出一张大海报，遍告镇上的父老乡亲。而乡亲们也都乐意到餐厅来为这样的“名人”捧场。从此以后，每逢周二，这家餐厅的生意最为兴隆。

在日常工作中，下属要在顺从领导意思的前提下，借机进言，这也是“假道伐虢”的一种运用。

春秋时期，楚庄王非常喜爱马。他给马都穿上华丽的绸缎装，让它们住在金碧辉煌的大厅里，并搭好清凉的大床供它们休息，喂的是美味佳肴，谁也不准怠慢。

有一天，一匹马突然死了。楚庄王心疼极了，他命满朝文武百官向死马致哀，并准备以高级的双层棺材装殓，像对待宫廷官员一样办丧事。大臣对此很是不解，都认为马怎能和人比？并且劝楚庄王不要这样办。楚庄王极不满，下令道：“有谁再为葬马的事向我进谏，一律处死。”文武官员再没有人敢进谏。

优孟听了这事，竟真闯王宫，仰天大哭，且声泪俱下。楚庄王见状便问："优孟，为何如此大哭？"宫中官员也感到莫名其妙。优孟悲伤地说："听说大王最心爱的马死了，我们楚国是如此大的国家，要什么有什么，没有办不到的事情。为大王最心爱的马办丧事，却这样简单，就与一般官员的礼节一样，太失我们楚国的面子了，况且有些官员还要取消葬礼，我很是失望。"

楚庄王听了很高兴，便问："依你的意思，应怎样办？"优孟说："应与葬国王的礼节一样，需用汉白玉雕刻内层棺材，用花纹精美的梓木做外层棺材，发动全城百姓挖坑堆土，并邀各国的使节前来送葬，让齐国、韩国的使节引幡招魂，赵国和魏国的使节护送。用整牛整羊来祭祀，再追封它千户侯的谥号，使天下所有的人都晓得楚王的马死了，我们的楚王把马看得比人重得多得多。"

优孟的一番话，使楚庄王如梦初醒道："原来我犯下这样大的错！现在我该怎么办？"

优孟说："对待这匹马应和其他牲畜一样，将它埋了就好。"楚庄王接受了这一建议。

在领导不听进劝时，顺其意，理其气，根据他的意见层层推理，并从中得出相反的结论，这样必能使其幡然醒悟。

【当下启示】

"假道伐虢"之计是说人们要善于借机渗透，乘对方有机可乘之时，借用某种名义，巧妙地把势力渗透进去，这样一来不费工夫就能全面地控制对方。这是成功企业家事业有成的重要手段之一，同时也是聪明的领导者善于运用的计策之一。

第五章　并战计

“并战计”是用来对付友军的。在现实作战中，很多时候需要同其他方联合作战，但切不可对他掉以轻心。因为，友军是潜在的敌人，他会在与你并肩作战时，突然下手歼灭你，所以在这种形势之下，就得妙思攻守之计。

第二十五计　偷梁换柱——暗中调包，为己谋利

【原典重现】

频更其阵①，抽其劲旅②，待其自敝，而后乘之③。曳其轮也④。

【注释】

①频更其阵：频，频繁、不断地；其，指示代词，这里是指的友军；阵，古代作战时用的阵式。

②抽其劲旅：劲旅，精锐部队、主力部队。

③而后乘之：乘之，这里是指乘机加以控制。

④曳其轮也：曳，拖住。这句话出自《易经·既济》，其象辞为："曳其轮，义无咎也。"

【译文释要】

频繁地更换友军阵容，抽调友军阵容的主力，等待它无法控制自己的阵地和军队，而后再乘机兼并它。这就如同拖住了车轮，车子就不能运行了一样。

【计谋典故】

秦始皇称帝，自以为江山一统，是子孙万代的家业了。并且，他自认为身体还不错，一直没有立太子。然而，在宫廷内，存在两个实力强大的政治集团。一个是长子扶苏、蒙恬集团；另一个是幼子胡亥、赵高集团。扶苏恭顺好仁，为人正派，有很高的声誉。秦始皇本意欲立扶苏为太子，为了锻炼他，便派他到著名将领蒙恬驻守的北线为监军。幼子胡亥，早被娇宠坏了，在宦官赵高教唆下，天天只知道吃喝玩乐。

公元前210年，秦始皇第五次南巡，到达平原津(今山东平原县附近)，突然一病不起。此时，秦始皇也知道自己的大限将至，便连忙召丞相李斯，要李斯传达密诏，立扶苏为太子。当时掌管玉玺和起草诏书的是宦官头儿赵高，而他早有野心，看准了这是一次难得的机会，故意扣压密诏，等待时机。几天后，秦始皇在沙丘平召(今河北广宗县境)驾崩。由于李斯怕太子回来之前，政局动荡，所以秘不发丧。赵高特此去找李斯，告诉他，皇上赐给扶苏的信，还扣在我这里，现在立谁为太子，我和你就可以决定。同时，狡猾的赵高又对李斯讲明利害关系，“蒙恬率兵数十万，且素与公子扶苏亲密。若扶苏继位，他一定会重用蒙恬，到那时，你丞相的位置能坐得安稳吗？何去何从，请丞相三思。”赵高的一席话，果然说得李斯心动，于是二人合谋，制造假诏书，赐死扶苏，杀了蒙恬。

赵高未用一兵一卒，只用偷梁换柱的计策，就把昏庸无能的胡亥扶为秦二世，为自己今后的专权打下基础，也为秦朝的灭亡埋下了祸根。

【谈古说今】

“偷梁换柱”，指用偷换的办法，暗中改换事物的本质和内容，以达蒙混欺骗的目的。是一种在敌人力量强大的情况下，通过有效地控制敌方，不断变换阵势，抽换其主力，借机歼敌的策略。“偷天换日”、“偷龙换凤”、“调包计”等都是此意。此计需在隐蔽的状况下使用，一旦此计被敌方识破，则会导致“偷鸡不成蚀把米”的局面。偷梁换柱是“并战计”之一，更倾向于在双方势均力敌的情况下使用。

偷梁换柱的“梁”与“柱”，主要是从军事部署的角度讲的。古代作战，双方要摆开阵式，阵中有“天横”，首尾相对，是阵的大梁；“地轴”在阵的中央，是阵的支柱。梁和柱者是部署主力部队的地方。在军事上，联合对敌作战时，反复变动友军阵线，借以调换其兵力，等待友军有机可乘或一败涂地之时，将其全部控制。但此计一定要在对方不防备的情况下使用，一旦被他发现就会导致“偷鸡不成，反蚀把米”。此计中包含尔虞我诈、乘机控制别人的权术，所以也往往用于政治谋略和外交谋略。

曹操虽然不敢冒天下之大不韪，但是在他临终前的几年，还是采用了偷梁换柱的办法，一步步为儿子取代汉家天下做好了所有准备。

自建安元年开始，曹操一直任“录尚书事”。但他忙于打仗，遂以心腹荀彧为代尚书令。

建安九年九月，曹操以邺城为大本营，荀彧负责的尚书台也迁到了邺城。于是，尚书台完全脱离了少府，而在许都的少府只管皇室的生活起居了。尚书台官员不再隶属于少府，实际上从建安元年即已开始，曹操以录尚书事的身份通过尚书台来控制在许都的中央政府，荀彧只对其顶头上司曹操负责。但是，曹操逐渐发现荀彧在政治上与自己离心离德，遂于攻占邺城之后下令将尚书台也迁至邺城，置于司空府的控制之下。

为了加强司徒府的权力，曹操在太尉和司徒的人选方面也早就采取了措施，“必择老病不任事、依违不侵权者居之”，使二公形同虚设，后来选中了杨彪和赵温。但杨彪是袁术和袁绍的姐夫，曹操对他很不放心，一边拉拢利用，一边又严密监视。

赵温看出苗头不好，为了保住官位，向曹操献媚，延聘曹丕为司徒府属官。殊料曹操并不领情，而是借机上书献帝，指控其“辟臣子弟，选举故不以实”，罢免了他的司徒之职。

这次，一向自诩精于为官之道的老官僚赵温拍马屁看错了地方，结果弄巧成拙。曹操一不做二不休，又随便找到了一个借口罢免了杨彪的太尉之职。

地位平行的三公制是曹操走向权力顶峰的障碍。为了从法制上求得独揽朝政的保障，曹操于建安十三年六月毅然改革中央政府的体制，对重要的职官人事进行调整和改组。通过调整，曹操便名正言顺地由丞相府通过尚书台来控制许都政权了。换句话说，曹操将自己的意图由丞相府主簿司马朗传给代尚书令荀彧，再由荀彧传给献帝，最后由献帝以诏书的形式颁发全国。

如果说曹操迎献帝是他走上雄霸天下的关键一步，那么，他改组中央政府，用邺城的丞相府取代许都的中央政府，是完成代汉的组织准备。

两年以后，即建安十六年正月，出于曹操的安排，献帝诏命曹丕为五官中郎将、副丞相，授权设置官署。这当然是曹操的安排，之所以如此，是将大本营交给儿子，曹操便可以放心地带兵出征。

曹操从“复古”的体制转换中，用他的一套人马取代了汉献帝所在的中央政府，从此“政出曹门”。接下去是实际的脱胎换骨，即建立魏国，用恢复九州制的旗号使自己辖地日大、从而最后“吞并”汉家天下。

后来，曹操变更行政区划，从与魏郡接壤的各郡、王国中分出15个侯国和县，以增广魏郡。即割河内的荡阴、朝歌、林虑三县，东郡的卫国和顿丘、东武阳、发干三县，巨鹿郡的瘿陶、曲周、南和、广平、任城五县，赵王国的襄国和邯郸、易阳二县，作为魏郡新的属县。董昭看出曹操此举的真实意图，与同僚计议，认为曹丞相“宜晋爵国公，九锡备物，以彰殊勋”，终因荀彧暗中反对而未获成功。

早在建安九年，曹操攻占冀州之后就曾拟议“复古置九州”，也因荀彧反对而作罢。建安十七年冬荀彧死去，曹操遂于建安十八年正月以献帝名义下诏、合并全国14个州为9个州。经过两次调整后的行政区划的突出特点是，冀州由原来的10个郡国增加到32个，成了地域和人口在全国都占首位的大州，魏郡也是最大的郡。古代崇尚“九”字，“九”与“久”谐音，取“长治久安”之意。曹操在“复古”的旗号下省并州郡，扩大冀州和魏郡的辖区，其目的只有一个，即增加冀州府的实力和为建立魏王国而未雨绸缪。

建安十八年五月，献帝命御史大夫郗虑持节，带着诏书至邺城，晋封曹操为魏公，始建魏国。至此，曹操大体上完成了“脱胎换骨”的过程，汉朝已剩下一个空壳，以魏代汉只是时间而已。

“偷梁换柱”，通过体制上的变动，将对方渐渐架空，使对方名存实亡，确实是不露行迹地转移权力的极佳方式。

“偷梁换柱”，“偷”要神不知，鬼不觉，“换”要干净利索、天衣无缝。偷梁换柱之计一向被认为只适用于军事、政治、外交方面，在商界作用不大。可下面的例子却是运用得非常精彩。

吉诺·鲍洛奇被誉为“商界奇才”。他自幼出身贫寒，也正是贫寒的家境、艰苦的生活造就了他经商的天赋。在鲍洛奇10岁时，一场席卷全球的经济大萧条袭击了明尼苏达。他的父亲失业了，他只好利用课余时间在外面找工作。不久，他在杜鲁茨食品商大卫·贝沙的超市连锁店之一的食品店找到一份推销员的工作。他十分珍惜这份工作，用自己的热情感染着顾客，并积累了丰富的经验。贝沙注意到了这个出色的小伙子，便把他调到杜鲁茨总店进行培训。

初到杜鲁茨总店，鲍洛奇的工作是卖水果，正在鲍洛奇越干越有劲头、越干越出色之时，发生了一件不幸的事。贝沙连锁店冷藏水果的冷冻厂起火了，等救火队员迅速将火扑灭时，发现有18箱香蕉已被火烤得有点发黄，香蕉皮上还有许多小黑点。贝沙将这18箱香蕉交给鲍洛奇，告诉他只要卖出去就行，价钱低些也无所谓。

接过这些香蕉，鲍洛奇犯难了：这可怎么办呢？谁会买这些难看的香蕉呢？如果卖不出去，贝沙先生又会怎样看我的工作能力呢？这棘手的任务该怎么完成呢？

尽管如此，鲍洛奇还是不得不将这些发黄的香蕉摆了出来，标上很低的价格拼命叫卖，但仍只有寥寥可数的几个人来摊位前看一下，就又转身走了。虽然将价格降了将近一半，还是无人问津。无论鲍洛奇怎样解释这些香蕉仅仅是外表不好看，味道绝对可口，但还是没有人买。鲍洛奇喊累了，随手剥开一根香蕉，发现香蕉只是皮上有黑点，里面的肉一点也没有变质，相反，由于烟熏火烤的缘故，吃起来反倒是别有一番风味。“对了，就这么办!”他突发奇想，有了一个好的创意。

第二天，鲍洛奇早早地摆出了水果摊，大声吆喝起来：“美味的阿根廷香蕉，风味独特，快来买呀，独此一家，过时不候。”

吆喝声吸引了不少人，他们围在水果摊前，盯着这些皮稍微发黄，还带着小黑点的“阿根廷香蕉”，但大家还是犹豫着。

“这真是阿根廷香蕉吗?”其中一人问道。

“当然是，”鲍洛奇肯定地说，“您肯定从来没见过。我敢保证，它的确与众不同，不信你尝尝。”鲍洛奇凭三寸不烂之舌，将“阿根廷香蕉”说得天花乱坠，然后，又剥开一根香蕉递到那人手里请他当众发表意见。

“嗯，的确与众不同。”那人尝后点点头对周围人说。尝罢，他掏出钱来要买香蕉。

有这个人带头再加上鲍洛奇的鼓动，围观的人们也纷纷掏钱来买“阿根廷香蕉”。尽管价格比普通香蕉贵了近一倍，但不一会儿，18箱香蕉被抢购一空。

终于完成了贝沙先生交给他的任务，而且是圆满地完成，鲍洛奇自豪地笑了。

没有人见过“阿根廷香蕉”的样子，于是鲍洛奇干脆“偷梁换柱”，把火烤过的香蕉说成“阿根廷香蕉”，反而激起了人们的好奇心，使本无人问津的香蕉却高价卖出，鲍洛奇的商业才能由此可见一斑。

经营需要商人的实干，依法经营，这固然是根本。但是，瞬息万变的商情和商机更需要商人巧干。利用顾客的好奇心来扩大销售，这就是取巧，是造势的基础，是商人智慧的运用。

产品经过一番打扮后，也许会成为畅销的珍品，甚至打进国际市场。当然“偷梁换柱”的前提是要质优，绝不能坑害消费者。唯有诚信，企业才能长久地生存。

经商活动中，“偷梁换柱”往往表现在两方面：一是盗用名牌商标，以欺骗手段，生产假冒伪劣商品来获取暴利。这种投机经营，只能得势于一时一事，不可能也绝不会长久；二是反其意而用之，以变更自己的形象，在激烈的市场竞争中取胜。

日本川越市有家棉被厂，老板叫冈村，棉被厂的业务本来还可以，但是随着睡具的不断现代化，体现日本民族传统的上下叠用的棉被越来越滞销，他的棉被厂开始陷入困境。

是停产，还是继续维持？冈村面临着严峻的抉择。权衡再三，决心继续发挥本厂的优势和特色，从困境中闯出一条路来。

一天，他专程前去拜访川越市图书馆馆长。馆长是当地学识渊博和具有丰富乡土历史知识的专家。冈村去的时候，恰巧他在主持一个小型的学术讲座。冈村恭恭敬敬地问他：“据说，在德川时代，我们川越有个孝子送了一套紫色棉被给病弱的父母。父母盖上了紫色棉被后，竟神奇地恢复了健康。川越地方官知道这事后，奖赏了孝子100两银子。请您把此事的经过详细告诉我吧。”

馆长听了一愣，说：“我没有听过这件事，让我再查查资料吧。”与会的专家学者也都纷纷表示，要尽力去查阅历史记载，尽快给冈村一个答复。

可冈村却不管他们答复不答复，他只知道他创作的这个关于紫色棉被能够祛病消灾、延年益寿的民族传说，很快就在川越市内外传开了。

冈村抓住时机，马上推出了他的紫色棉被。结果，竟是出人意料地畅销，厂子开足全部机器生产也供不应求。社会上掀起一股令冈村老板兴奋无比的紫色棉被热。

日本的冈村在棉被销路不好的形势下，通过巧妙赋予棉被以更多的内涵而打开销路的方法也是对“偷梁换柱”这一计策的灵活运用。

在一家企业中，人才就是它的“梁”和“柱”。经营管理的合理化涉及人、事、物多元的配合。而其中最重要的又是对人的管理与使用，人才的培训是其中的一个重要方面。

管理是严肃的爱，培训是最大的福利。但是，企业培养人才不应成为人才来源的唯一途径。向别的企业，特别是同行业企业挖掘人才，更可说是一举两得的妙事，不仅可以增强本企业人才实力，壮大人才储备，而且削弱了竞争对手的人才力量。在“商场如战场”的市场经济环境中，本企业在同行业中必定形成强烈反差，人才优势转化成资源、设备、产值、利润等优势，从而在整个企业实力上战胜对方。

一个比较典型的例子是闻名世界的克莱斯勒汽车公司董事长艾柯卡巧挖人才的事例。

艾柯卡1978年刚进面临倒闭的克莱斯勒，发现该公司35位高级经理中，竟有33位不称职。要改善公司的经营状况，就必须完善人才配备工作，对艾柯卡来说，要做的第一件事就是要选聘一批对汽车生产和销售各有专长的创新人才。经周密筹划和多次密谈，他将福特汽车公司的格弗伍德请来当二把手，又把该公司的斯珀利奇请来担任生产计划的副总裁。接着，从“通用”、“大众”等汽车公司请来史蒂夫·米勒任财务方面的负责人，解决质量问题的专家史蒂夫·沙米负责制造生产，还有唐·德拉罗萨和杰克·威恩罗手下一批出色的设计师和工程师。克莱斯勒汽车公司清理完旧摊子，很快使新的人才班子运转起来，不断推出新产品，获取了很好的经营效果。1983年，该公司还清所欠的30亿美元贷款，1986年积累利润达56亿美元。克莱斯勒汽车公司的成功反映了“巧挖”人才的惊人效应。

由于管理阶层的知识水平在企业经营中起到决定作用，因此要聘请一批专业人员进行经营管理。知识在竞争中起决定因素，企业要不断培训人才，不断努力提高员工的知识水平和经营素质，除此之外，也要发现并挖掘行业内的人才，为己所用。

【当下启示】

在日常生活中，我们常常会遭遇许多街头骗术，这些大多都是骗子们使用的“偷梁换柱”之术，比如调包计、兜售假货等。虽然此计被坏人使用之后，可以进行坑蒙拐骗，但是不是说我们自己不能使用此计，只不过在用的时候需在隐蔽的状况下使用，否则一旦被对方识破，就会“偷鸡不成蚀把米”。

第二十六计　指桑骂槐——间接警告，使其慑服

【原典重现】

大凌小者①，警以诱之②。刚中而应，行险而顺③。

【注释】

①大凌小者：大，强大；凌，凌驾、控制；小，弱小。

②警以诱之：警，警戒，这里是指使用警戒的方法；诱，诱导。

③刚中而应，行险而顺：语出《易经·师》，“刚中而应，行险而顺，以此毒天下，而民从之”。

【译文释要】

强者制服弱者，要用警告的办法来诱导他。采取适当的强硬手段便会得到应和，行险则遇顺。

【计谋典故】

春秋时期，齐景公任命以治军严明著称的田穰苴为将，带兵攻打晋、燕联军，又派宠臣庄贾作监军。

田穰苴和庄贾商量了一下军务，临别的时候他对庄贾说：“明日要集合三军，请监军在午时到达大营，万万不可有误！”庄贾满口答应。

庄贾嘴上答应，心里可没当回事，晚上饮酒作乐，他就把和田穰苴的约定抛到九霄云外去了。

第二天，穰苴早早到了营中，命令装好作为计时器的标杆和滴漏盘。约定时间一到，穰苴就到军营宣布军令，整顿部队。可是庄贾迟迟不到，穰苴几次派人

催促，直到黄昏时分，庄贾才带着醉容到达营门。穰苴问他为何不按时到军营来。庄贾无所谓，只说什么亲戚朋友都来为我设宴饯行，我总得应酬应酬吧?所以来得迟了。穰苴非常气愤，斥责他身为国家大臣，负有监军重任，却只恋自己的小家，不以国家大事为重。庄贾以为这是区区小事，仗着自己是国王的宠臣亲信，对穰苴的话，不以为然。穰苴当着全军将士，命令叫来军法官，问：“无故误了时间，按照军法应当如何处理?”军法官答道：“该斩!”穰苴即命拿下庄贾。庄贾吓得浑身发抖，他的部下连忙飞马进宫，向齐景公报告情况，请求景公派人救命。

在景公派的使者没有赶到之前，穰苴即令将庄贾斩首示众。全军将士，看到主将敢杀违犯军令的大臣，个个吓得发抖，谁还再敢不遵将令。这时，景公派来的使臣飞马闯入军营，拿景公的命令叫穰苴放了庄贾。穰苴沉着地应道：“将在外，君命有所不受。”他见来使骄狂，便又叫来军法官，问道：“乱在军营跑马，按军法应当如何处理?”军法官答道：“该斩。”来使吓得面如土色。穰苴不慌不忙地说道：“君王派来的使者，可以不杀。”于是下令杀了他的随从和三驾车的左马，砍断马车左边的木柱。然后让使者回去报告。

穰田苴杀庄贾和使者的随从，就是为了严肃纪律，使众人看到纪律是不容触犯的，不论谁违反，都立即会受到惩罚。穰苴军纪严明，军队战斗力旺盛，果然打了不少胜仗。

穰苴是用指桑骂槐之计给使者施加压力，重申违令者严惩，从而令其他人不敢效尤。

【谈古说今】

“指桑骂槐”，现已成为含沙射影、拐弯抹角的代名词。施此计时，要运用各种政治和外交的谋略，“指桑”而“骂槐”，用施加压力来配合行动。对于弱小的对手，可以用警告和利诱的方法，不战而胜；对于比较强大的对手，也可以旁敲侧击威慑他。

指桑骂槐之计常用于治军，也就是整肃军纪。一支军队必须令行禁止、法令严明。否则会指挥不灵，令出不行，形如一盘散沙，乌合之众。《孙子兵法》说：“约束不明，申令不行，将之罪也。”强调治军要严。历代名将都特别注意军纪严明。管理部队，刚柔相济，关心和爱护士兵，但决不有令不从、有禁不止。所以，有时采用“杀鸡儆猴”的方法，抓住个别坏典型，从严处理，就可以震慑全军将士。

春秋战国时，吴王阖闾读了孙武的《孙子兵法》后，就想见见孙武，看看他到底是一个什么样的人，是否真的有才华。

于是，吴王就找来孙武，问他：“你所著的这些兵法，寡人都看过了，不知是否真像你写的那么管用，可以付诸实践吗？”孙武答说：“可以。”吴王又问：“可以用妇女试试吗？”孙武答说：“可以。”

于是，吴王就传出宫中的180个宫女，让孙武去按照此法把她们训练成精良的战士。孙武立即着手进行训练，他把宫女们编成两队，让吴王最宠爱的两个妃子担任队长，站在队前。孙武将操练的要领和纪律都讲完了以后，就喊口令让宫女们进行演练。可是他刚刚一喊口令，宫女们就都嘻嘻哈哈地笑了起来。孙武说：“约束不明，令不熟，这次应由将帅负责。”于是重新作了说明。然后又击鼓，发出命令。宫女们又再一次哄笑起来。孙武说：“纪律和动作要领，已讲清楚，大家都听明白了，但仍旧不听从命令，这就是故意违反军纪。队长带头违反军纪，应按军法处置。”于是他命人把两个担任队长的妃子抓起来，砍头以示惩戒。

吴王听说孙武要杀他的爱妃，非常惊骇，立即派人下令说：“寡人已经知道将军能用兵了。我失去了这两个妃子，吃饭也没有了滋味，希望不要杀她们。”孙武说：“臣既然已经接受命令做了将军，将在外，君命令有所不受。”说完，就按照律令杀了两个队长。然后又指定另外两位妃子任队长，继续操练。这一次，当孙武再发出口令时，所有的宫女都服从命令，而且严肃认真，举手投足都合乎要求。

最后，孙武向吴王报告说：“士兵已经训练整齐，大王可以下来观看，只要大王想用她们，即使赴汤蹈火依然可以。”可是吴王对于两个爱妃惨死刀下的事情还耿耿于怀，对孙武非常冷淡，说道：“将军停下来回你的馆舍，寡人我不想去看了。”这时，孙武诚恳地对吴王说：“令行禁止、赏罚分明，这是兵家常法，为将治军的通则；用众以威，责吏从严，只有三军遵纪守法，听从号令，才能克敌制胜。”这一番话，讲明了奖罚的重要性，说得吴王心服口服，不但怒气随之消失了，还诚心诚意地拜孙武为将军。

后来，吴国军队在孙武的严格训练下，纪律严明，战斗力非常强，向西大败楚国，进入楚国都城郢，向北对齐国晋国展示兵威，在诸侯中间声威大震，使吴国在当时威名远扬。

杀鸡儆猴，就是通过惩罚一个人来吓唬别的人，以使其顺从的计谋。相传猴子很顽皮，经常不服调教，训猴人便当面杀鸡，用鲜血淋漓的惨相来威胁恐吓它，这样猴子便乖乖地任以摆布了。这是通过处理小的来警戒大的。在士难诛尽、法不责众的情况下，领导者也可以通过处理一个来警戒众人，这就是杀一儆百的方法。类似的例子还有很多。

北宋的明镐是龙图阁直学士，在他做并州知州的时候，他的下属多是些富贵人家的子弟，他们并没有做官办事的能力。明镐于是在其中选择了最无能的一个，重责他了几十大板，吓得其余的无能之人都自动解职离开了，

还有一次，明镐奏请皇上恩准他挑选一批有能力有经验的人去驻守各地关口和哨所。军队出发的时候，有不少娼妓也准备随军出发，当时的军队腐败，这是司空见惯的事。明镐本想把她们全部赶走，但又怕这样会令士卒们不满。恰好此时，军中有人因为纠纷杀死了一个娼妓，被扭送到了明镐那里，明镐说："她们(娼妓)到我们军队中来干什么？"之后也没有对杀娼妓者进行惩处。娼妓们听说了这个消息之后，感觉自己在这里生命没有保障，都纷纷离开了明镐的队伍。妓女滞留军中的问题顺利解决。

责打了一个不称职的官吏而所有不称职者都自动退去，利用一个死去的娼妓而吓退了全部娼妓，明镐正是凭借着这种杀一儆百的手段才取得了事半功倍的效果。

这种杀鸡骇猴的办事方式即是向众人发出警告：纪律是不容违反的，如果谁藐视纪律，漠视纪律的存在，那他一定会立即尝到惩罚的苦果。

指桑骂槐之计，还常被运用于外交和政治谋略。"指桑"而"骂槐"，施加压力配合军事行动。对于弱小的对手，可用警告和利诱的方法，不战而胜。对于比较强大的对手也可以旁敲侧击威慑他。

在商战中，一些商家常常通过指责别人缺陷烘托自己的方法，来宣传自己。

有的商家还通过揭自己的短处取信于消费者的方式，达到促销的目的。这些都是“指桑骂槐”在商战中的表现。

从厨房里闯出来的美国面包大王凯瑟琳·克拉克，标榜她自己的面包是“最新鲜的食品”。为了取信于消费者，她在包装上特别注明了面包的烘制日期，保证绝不卖存放超过3天的面包。

起初，这规定给她带来巨大的麻烦。因为，一种新产品上市，销路不可能马上好起来。存货一多，要严格执行“不超过3天”的规定就相当困难了。尤其是各经销店大都怕麻烦，虽然过期面包凯瑟琳回收，但他们不愿天天检查，换来调去，而宁愿把过期的面包留在店里卖。

许多人不理解，认为她在哗众取宠、故作姿态，一个面包放3天也坏不了，为什么非要3天换一次不可？

然而，凯瑟琳还是一如既往，严格要求自己的职工，保证面包的新鲜度。

一年秋天，一场大洪水导致了面包的紧缺，凯瑟琳公司的外勤人员由于没有接到特别的指示，照常按循环表出外到各经销店送刚烘制出来的新鲜面包和回收过期的面包。

一天，运货员在几家偏僻商店收了一批过期面包，返程途中，立刻被一群抢购面包者围住了，提出要购买车上的面包。

运货员解释面包是过期的，不能卖给大家，反而被误解为想囤货居奇。人越围越多，几个记者也加入其中。

运货员被逼得无奈，只得解释：“各位女士、先生，请相信我，我绝不是想囤货投机而不肯卖，实在是我们规定得太严了，车上面包全是过期的，如果她知道了我把过期面包卖给顾客，我就会被开除，因此请你们原谅。”

后来，由于大家迫切需要面包，这车面包最后还是在双方的“默契”下，很快被“强买”一空。但是，这位运货员则受到凯瑟琳的严厉指责。

事实上，凯瑟琳指责运货员违反规定，卖过期面包给顾客，实际上是“骂”其他面包商的面包不新鲜。这就是巧使“指桑骂槐”妙计，树立起自己面包最新鲜的良好印象。对经常上当受骗的消费者来说，自然具有巨大的吸引力。

正因为这一点，凯瑟琳只用了短短十几年工夫，就把一个家庭式的小面包店完全变为现代化大企业，每年的营业额从两万多美元猛增到400万美元。

凯瑟琳采用“指桑骂槐”之计，使自己的小面包店在市场上占据了一席之地。“指桑骂槐”即所指的“桑”很具体，但所骂的“槐”并不明确。这里的“桑”就是那位无奈的运货员，而“槐”则是其他的面包商。

有家卖日用百货的小店，其门面不大，生意却做得非常灵活，因此深受顾客喜爱，买卖很红火。小店的买卖虽然不错，但是有件事一直令小店的老板很头痛，就是自从开店以来，顾客的赊账一直不断。几年下来，这家小店已累积有几万元的欠款没有收回了，光记账的大本子就用了不下10本。更为棘手的是，欠账的人大多都是小店老板的亲朋好友和街坊邻居，老板一时还真无法开口向他们要账。可是，几万元对一个卖日用百货的小店来说，已经是一笔巨款了。

为顾客欠款不还的事，老板着急，老板娘更着急，天天吵着让老板上门去讨债。虽然老婆吵得烦心，但是老板思虑再三，还是感到登门讨债既丢情面，又会断了老客源，怎么也拉不下脸面。无奈之下，老板只好写了份要账的通告贴在店门口以示催促顾客。可是，几个月过去之后，非但没有人还账，反而账越赊越多，

几经思考之下，最后，夫妻俩想出一计。

一天，老板在小店门口贴了一份欠债详单，把欠债者的大名挂出来在小店亮相了，而且详单上还特别规定了归还的日期，并声明，这些人如果不按照所要求的日期归还欠款，小店老板将上门讨债，并且是本息一起算。这张详单一挂出来之后，果然起到了极好的效果。之后，赊账的人渐渐少了起来，而且拖了很长时间的旧账也纷纷收回来了。

顾客是被小店老板吓住了吗?

原来，老板那公布出来的欠账者的大名全是子虚乌有的。小店老板将心比心，抓住欠账者和自己一样顾及脸面的心理，来了场假戏真做。而欠账者也是心明眼亮的，在体味到小店老板这么讲情义，这么为人厚道之后，哪里还有再拖欠之理?

打那以后，小店的生意越做越红火。老板“指桑骂槐”，用一些杜撰的假名字，提醒了真正的欠账者，既没有得罪顾客，又盘活了资金，还提高了小店的知

名度，可谓妙招!

“指桑骂槐”若运用得恰当，也可缓解人事纠纷。

1977年冬，35岁的李裕荣在武钢金属结构厂任主管生产的副厂长兼党委副书记已4年。

隆冬的一天，一位民工在车间加班。因天寒气温低，导致一处钢板的焊缝骤裂，几百斤重的钢板砸在他头上，当场昏迷，经医院抢救无效死亡。

厂里立即派车将死者运回农村老家，并派厂工会主席和安全科长随车同往，全权处理此事。

第二天晚上传来信息，说被派去的两人被扣，对方要求厂长亲自来处理。并扬言，我们的人是活着进厂，死了出厂的，如果厂长不来，被扣的两人也将活着进村，死了出村。

厂里召开紧急会议，增派李裕荣赴民工家乡。

李裕荣怀揣武钢开出的3张介绍信，由司机开一辆北京吉普火速前往。

先到对方所辖地区行署，呈上介绍信，详细介绍民工死亡和两位同志被扣的情况，并说明来意，请求他们关注此事，帮助做好有关工作。行署向县政府打了电话。

随后驱车到县政府，呈上第二张介绍信，要求他们向××公社打电话，对方打了。

接着驱车到公社，呈上第三张介绍信，要求他们向死者大队打电话，对方打了。

这时，他们才驱车进大队。

工会主席和安全科长介绍说：当地干部提出要求，须宰杀四五头肥猪，摆100桌酒席，还要做“12个花”的大头棺材，厚葬死者，另外还要赔偿超过当时国家规定金额数倍的费用。总之，他们要大量用钱，不答应就要闹事。

李裕荣提议把公社、大队、生产队干部和死者亲属一起找来谈判。

于是，各路人马到齐。

李裕荣站起来说：“这个死亡事故，给他本人和家庭造成了悲剧，我们感到很难过。在这里，我代表武钢金属结构厂党政工团，向他的不幸去世表示沉痛的悼念，向他的父母和亲属表示亲切的慰问。”

说毕，他转过身来，对着工会主席和安全科长怒目圆睁，大发雷霆，拍着桌子说：“大家这么悲伤，可你们还要杀四五头猪，摆100桌酒席，你们安的什么心？老辈人讲究红白喜事。可年轻小伙子不幸去世，既不是红喜事，也不是白喜事，摆的什么谱?大家都在悲伤之中，谁还有心思大吃大喝？哪一个还有资格大吃大喝？你凭什么幸灾乐祸，安的什么心?!”他越讲越激动，声音也越来越大：“民工死亡怎么处理后事，国家有规定，企业有合同。国有企业，是受国家政策制约的。该给多少钱，都有明确规定。现在杀猪摆酒，把钱都花光，最后送到他父亲手上的钱就寥寥无几。这点钱，老人家今后的日子怎么过?养儿防老，养儿送终，你们把送终的钱吃光喝光败光，他今后怎么过？你们想到没有？简直是糊涂透顶!”他讲得浑身燥热，索性把大衣一脱，指着他们的鼻子质问：“你们说，是什么动机，什么意图，什么阶级感情，你站到哪个阶级的立场上去了？”

猝不及防的痛斥，使工会主席和安全科长流出了眼泪。被骂得狗血喷头的“主事者”，也一个个低着头，大气不敢出。他们全都被这股凛凛正气和威势镇住了。

李裕荣环顾全场，压低了声音说：“毛主席说过：‘要节约闹革命，要勤俭办一切事业。’国家这么困难，这里经济这么落后，死者家属又这么困难，决不能大手大脚大吃大喝。否则，就是对死者家属的犯罪!一定要把毛主席的指示落到实处!”他再次转过身来，对工会主席和安

全科长说："第一，你们两位要回去写检讨；第二，要把这次丧事办好。看你们的表现，再决定怎么处理。表现好，可以从轻处理。否则，要开除党籍，撤职降工资，非处理不可!"

在场的乡干部这才感到大势不妙。为缓和气氛，纷纷提出要为李裕荣接风。

而李裕荣想的，却是要趁热打铁，把这事处理完毕，免得夜长梦多。于是，他对乡干部说："死者命都没有了，家人这么悲伤，怎么还吃得下饭？咱们还是现在就谈处理后事的条件吧。"

结果，按国家规定签订了协定。事后，李裕荣又代表厂里给死者父亲一笔补助。

死者的父亲是个老实巴交的农民，非常通情达理，曾参加过抗美援朝战争。老年丧子的那份悲痛，给李裕荣留下终生难忘的印象。

回程的车上，李裕荣才向工会主席和安全科长讲清指桑骂槐的缘由，这才把两人的满腹委屈一一化解。

李裕荣指桑骂槐，理直气壮挽回了危局，领导者就要有如此气魄。世事错综复杂，在争斗中，不仅是两支物质力量相冲突，更重要的是两支精神力量相冲突，智者战胜强者。

【当下启示】

在日常生活中，"指桑骂槐"经常被作为一种旁敲侧击的骂人术使用。生活中，很多时候，我们在表明自己的立场的时候，很多事情不方便直接表白，只有通过曲折的表达方式达到自己的目的。而如果我们一味地直来直去，不懂权变，不但办不成事，反而会把事搞僵。尤其当你拒绝别人的时候，若能借甲说乙，让求人者听出弦外之音，让其知难而退，既不伤人面子，也保留了自己的立场。

第二十七计　假痴不癫——藏锋守拙，不露锋芒

【原典重现】

宁伪作[①]不知不为，不伪作假知妄为。静不露机[②]，云雷屯也[③]。

【注释】

①伪作：假装、佯装。

②静不露机：静，平静、沉静；机，这里是指的心机。

③动雷屯也：语出《易经·屯》，“云雷，屯，君子以经纶”。草茅穿土初出叫作“屯”。屯卦为震下坎上。震为雷，坎为雨，为云，云在雷上，说明茅草初出土时，即遇雷雨交加。用屯卦又是九五陷于二阴之中，并为上六所覆蔽，有阴阳相争不宁之相，更意味着事物生长十分艰难，所以说“屯，难也”。面临这样的艰难局面，人们必须冷静处置，认真调理，周密策划，要“经纶运于一心”而不动声色，要“‘盘桓’安处于下”而以屈求“伸”，要因势利导，待机而功，而决不可“快意决往，遽求自定以为功”。

【译文释要】

宁可假装糊涂而不采取行动，也绝不假冒聪明而轻举妄动。要保持沉着冷静而不泄露任何心机，就像雷电在冬季蓄势待发一样。

【计谋典故】

三国时期，曹操与刘备青梅煮酒论英雄这段故事，就是假痴不癫的典型例证。刘备早已有夺取天下的抱负，只是当时力量太弱，根本无法与曹操抗衡，而且还处在曹操控制之下。刘备装作每日只是饮酒种菜，不问世事。一日曹操请他

喝酒，席上曹操问刘备谁是天下英雄，刘备列了几个名字，都被曹操否定了。忽然，曹操说道：“天下的英雄，只有我和你两个人！”一句话说得刘备惊慌失措，生怕曹操要借机杀他，幸好此时一阵炸雷，刘备急忙故意将手中的筷子掉在地上，并且还说自己被雷声吓掉了筷子。曹操见状，大笑不止，认为刘备连打雷都害怕，成不了大事，于是对刘备放松了警觉。后来，刘备摆脱了曹操的控制，终于在历史上干出了一番事业。

在这个事例中，刘备将“假痴不癫”运用得天衣无缝，从而骗过了生性多疑的曹操，为以后的事业打下了良好的基础。

【谈古说今】

“假痴不癫”是一种麻痹对手、待机而动的计谋。为了麻痹对手，伪装自己的笨拙，变更计谋，使对手无法洞察自己的行动。此计关键在一个“假”字。这里的“假”，意思是伪装，即装聋作哑、痴痴呆呆，而内心里却特别清醒。“痴”的尺度是“不癫”，如果把握不好，就走火入魔了。“假痴’可以通过假作不知，假作不为、假作不懂，假作不管、假作不能等表现出来。这些都是愚弄人的行为。大智若愚、愚兵必胜等讲的都是“假痴不癫”的谋略。

此计用于政治谋略，就是韬晦之术，在形势不利于自己的时候，表面上装疯卖傻，给人庸常无为的印象，隐藏自己的才能智慧，掩盖内心的政治抱负，以免引起政敌的警觉，专一等待时机，实现自己的抱负。

假痴不癫作为各种集团领导者的应变术，其主要目的是在于藏锋守拙，免得锋芒太露遭嫉恨，惹祸上身。不露锋芒，并不是销蚀锋芒，而是指应隐其锋芒，不要恃才恃权恃财而咄咄逼人，从而使自己更容易被团队被上司所接受。

古人云：“君子要聪明不露，才华不逞，才有任重道远的力量。”这大概可以形象地诠释“藏巧于拙，用晦而明”这句话的具体含义。一般说来，人性都是喜直厚而恶机巧的。但是，作为一个胸有大志的人，要达到自己的目的，没有机巧权变，又绝对不行，尤其当他所处的环境并不尽如人意时，那就要玩弄机巧权变，又不能为人所厌，所以就有了鹰立虎行如睡似病，藏巧用晦的各种处世应变的方法。大家不仅要有担天下重任的大志，有成就大业的雄心，更要有为此大志忍辱负重的胸怀和待机而动的耐心。

三国时期，魏明帝曹睿去世时，太子年幼，大将军司马懿与曹爽共同辅佐太子执政。曹爽是皇室宗族，自从掌握大权后，便野心勃勃，要独揽大权。然而，司马懿是三朝元老，功劳高，有威望，而且谋略过人，在朝廷中有相当大的势力，因此曹爽还不敢公开与司马懿斗。与此同时，司马懿也想夺权，他把曹爽的举动看在眼里，但表面上仍然装糊涂，后来，干脆称病不上朝。

曹爽虽然一人独揽朝政大权，十分高兴，但他对司马懿仍然不放心。司马懿虽然自称年老多病，不问朝政，可他老奸巨猾，处事谨慎，谁知他是真病还是假病？

于是，曹爽经常派人打听司马懿的情况，可就是摸不到实情。

河南尹李胜讨好曹爽，从而得到了曹爽的信任。曹爽就把李胜召到京城，任命他为荆州刺史。李胜临去上任时，曹爽安排李胜以探望为名，到司马懿府中去探听虚实。其实，司马懿已看破曹爽的心事，早有准备。

李胜在客厅坐了很久，才见司马懿，不断地喘息着衣冠不整，由两个侍女一左一右地架着，从内室慢慢走出。

李胜连忙站起身来，向司马懿行礼问安。司马懿的儿子司马昭对李胜说："李大人免礼罢，家父身体难支，还要更衣。"

旁边走过一个侍女，用盘子端着一套衣袍来到司马懿面前，请司马懿更衣。司马懿颤颤抖抖地伸手去拿衣服，刚拿起衣服，手就无力地往下一垂，衣服掉在了地上。侍女赶忙拾起衣服，帮司马懿穿上。然后，两个侍女搀扶着，小心翼翼地让司马懿半躺着坐在躺椅里。

司马懿喘息了一会儿，慢慢地抬起右手，用手指指自己的嘴，上气不接下气地说："喝——粥。"

一个侍女连忙出去，端着一碗粥来到司马懿面前。司马懿抖着手去接，可他的手抖动得太厉害，最终还是拿不住碗。侍女只好端碗送到司马懿的唇边，用汤匙一小口一小口地把粥送进司马懿口中。司马懿的嘴慢慢地蠕动着，粥不断地从嘴角流出来，流到下巴的胡须上，又顺着胡须滴落在衣襟上。

喝着喝着，司马懿突然咳嗽起来，嘴里的粥喷了出来。不仅喷到他自己身上，还喷了喂粥的侍女一身。侍女放下手中的碗，拿过毛巾给司马懿擦身上的粥。司马懿叹了一口气，闭上眼睛。

李胜看见司马懿这副样子，就走上前去，对司马懿说："太傅，大家都说您

的中风病复发了，没想到您的身体竟这样糟，我们真替您担心！”司马懿慢慢地睁开眼睛，气喘吁吁地说：“我老了，又患病在身，活不多久了。我不放心的是我的两个儿子，你今天来，我很高兴。”说着说着，眼中流下泪来。

李胜连忙解释说：“太傅不必伤心，我们都盼着您早日康复呢。我马上要到荆州赴任，今天特意来拜望您，向您辞行。”

司马懿故意装糊涂，说：“什么？你要去并州上任，并州靠近胡人，你去了要很好地加强戒备，防止胡人入侵。”

李胜见司马懿年老耳聋，连话都听不清了，就重复说：“太傅，我不是去并州，是去荆州。”

司马懿听了，故意对李胜说：“你刚去过并州？”

司马昭凑上前去，大声对司马懿说：“父亲，李大人不是去并州，而是去荆州。”

“哦，是去荆州，那更好了。哎，我人老了，耳聋眼花，不中用了。”司马懿对李胜说。

李胜认为司马懿确实老病无用了，就站起身来，对司马懿告辞说：“太傅多保重，您的身体会好起来的，以后有机会进京，我会再来拜望您的。”

说完就离开了太傅府。

李胜刚出府门，司马懿就从椅子上站了起来，手捋胡须，看着司马昭，父子两人相视而笑。

李胜出了太傅府，直奔曹爽的府中，见到曹爽，高兴地说：“司马懿人虽活着，却只有一息尚存，已经老病衰竭，离死不远了，不值得您忧虑了。”曹爽听了心中大喜，就不把司马懿放在心上了，更加独断专行。

曹魏皇帝宗族要去祭扫高平陵。曹芳起驾，曹爽、曹羲等兄弟全部随驾同行，一行人耀武扬威、浩浩荡荡开出了洛阳城。

等曹爽等人出城不久，司马懿就精神抖擞地带领着司马昭、司马师披挂上马，率领着精锐人马占领了洛阳各城门与皇宫，把洛阳城四门紧闭，不准人随便出入。然后，假传皇太后的诏令，废曹爽为平民，并派人把诏令送到皇帝曹芳那里。

等到曹爽闻讯回城，大势已去。司马懿以篡逆的罪名，诛杀曹爽一家，终于独揽大权，曹魏政权实际上已是有名无实了。

古代兵书告诉我们，真正善于打仗的聪明的领导者，绝不会炫耀自己的智谋和武力，时机不到，镇定得像个呆子。假装不行动，是因为现在还不可能行动，必须等待时机成熟再行动。

有时当危险要落到自己头上时，通过装傻弄呆，还可以达到逃避危难、保全自身的目的。

战国初期，有两个天资聪明的人——孙膑和庞涓，他们是同学，两人同在鬼谷子门下学习兵法。

当时魏惠王花了好些金钱招徕天下豪杰。庞涓感到建功立业的机会来了，就去求见他，向他讲了些富国强兵的道理。魏惠王听了挺高兴，就拜庞涓为大将。庞涓真有点本领，他天天操练兵马，先从附近几个小国下手，一连打了几个胜仗，后来连齐国也给他打败了。打那时候起，魏惠王更加信任庞涓。庞涓自以为是了不起的能人。可是他知道，他的同学齐国人孙膑本领比他强。据说孙膑是吴国大将孙武的后代，只有他知道祖传的《孙子兵法》。

魏惠王也听到过孙膑的名声，有一次跟庞涓说起孙膑。庞涓派人把孙膑请来，跟他一起在魏国共事。哪儿知道庞涓存心不良，背后在魏惠王面前诬陷孙膑私通齐国。魏惠王十分恼怒，把孙膑治了罪，在孙膑的脸上刺了字，还剜掉了他的两块膝盖骨，使他成了残废，并把他关起来，要他默写出《孙子兵法》。孙膑知道这是庞涓的阴谋后，便以装疯来寻找时机溜走。

当仆人送饭上来，他瞪着眼大叫："你为什么拿毒药来害我!"说完把饭菜都推翻在地上，又把写好的木片往火里扔，吵吵嚷嚷地骂个不停。庞涓听说，急忙赶了过来，只见孙膑蓬头垢面，趴在地上，一会儿哭，一会儿笑，朝着他直磕头，喊什么"鬼谷先生救命"。庞涓怕他是装疯，让人把他拖到猪圈里。孙膑在粪堆上倒头便睡，醒了用舌头舔起猪屎就往嘴里塞。庞涓才知道他是真疯了，也就不再逼他写兵书，可暗地里仍旧派人监视着他。孙膑拖着一双瘸腿，在猪圈里爬出爬进，成天疯疯癫癫的，也真够可怜的了。

后来，禽滑厘知道了孙膑的遭遇，就跟齐国大臣田忌商量了搭救孙膑的办法：先以给齐威王送礼的名义派了个使团到魏国去。魏惠王收到礼物，十分高兴。半夜里，混在使团中的禽滑厘偷偷地钻进猪圈。孙膑见了他，真是又悲又喜，说："想不到我这等死的人还能看到您!"

就在使团回国的头一天夜里，禽滑厘把孙膑藏进了封得严严实实的车子里，把他的衣服换给另外一个人穿上，照样躲进猪圈里。天一亮，庞涓正在给使团送行，藏着孙膑的车队已经出发了。过了不几天，假扮孙膑的人也跑了回去。庞涓并没在意，还以为孙膑已经掉进井里死了哩!他哪能想到，这时候孙膑早已安全地到了齐国，成了田忌的座上客了。并最后在马陵之战中彻底战胜庞涓，替自己报了仇。

俗语讲大丈夫能屈能伸，忍即屈也，勇即伸也，领导者要忍耐与勇猛兼容，择时择事，而且，屈不是无能的表现，形势不利，以退为进。

任何成功的领导者都在有意无意间将这韬晦之术运用自如，这样做，一，可以减少取胜的障碍，特别是人为障碍；二，可以造成惊人的心理效应，增加胜利后的影响力。

领导者要认清客观形势和时代潮流，人的一切活动都需要借助客观条件，并且受客观条件的制约。领导者要想建功立业，取得出色的成就，就要认清和善于利用客观形势的发展变化，因时制宜，待时而动。

具有辩才的人，不仅要能够控制自己的情绪，而且能够用情绪来控制他人。既要能像演员那样，做到哭中能笑，泣中能唱，又要像导演那样，稳操舵柄，全面把握，游刃有余。

第一次世界大战后，饱受列强凌辱的土耳其人挺起了腰杆，同仇敌忾，打败了甘当英国傀儡的希腊。英国恼羞成怒，准备严惩土耳其。纠集了法、意、日、希腊等协约国代表，与土耳其在洛桑谈判，企图胁迫土耳其签订不平等条约。英国政府派出外交大臣寇松，意在恫吓、威逼土耳其就范。

寇松身材魁梧，声如洪钟，是名震一时的外交家。与他相比，土耳其派出的代表伊斯梅特则相形见绌了。伊斯梅特不仅身材矮小，耳朵还有些聋，在国际上属无名小辈。寇松当然不把伊斯梅特放在眼里，谈判中态度骄横、傲慢、嚣张。其他列强代表也盛气凌人。然而处在这种氛围中的伊斯梅特却从容不迫、镇定自若，精心选择着外交辞令，一板一眼，有条有理，有章有法，毫无惧色。特别是他的耳聋具有“特异功能”，对土耳其有利的发言他都听见了，不利的话他好像全没有听到。当伊斯梅特对列强们提出的苛刻条件概不理会，只顾提出维护土耳其利益的条件时，寇松便雷霆大发，挥拳怒吼，咆哮如雷。恫吓、威胁不断地向伊斯梅特劈头盖脸压来，各列强代表也气势汹汹、咄咄逼人，那种紧张的气氛令人窒息。伊斯梅特虽然有些耳聋，此时对于寇松盛怒之下发出的“超强度”刺激信号，当然是句句听得清楚。但是，他仍坐在那里若无其事，耳聋一如既往。等寇松声嘶力竭叫嚷完了，他才不慌不忙地张开右手，靠在耳边，将身子移向寇松十分温和地说：“您说什么？我还没听明白呢！”意思是请寇松再重复一遍。气得寇松直翻白眼，说不出来话。

要知道寇松的暴怒是由对立意向引起的激情，是由当时的情绪、氛围引起的宣泄，这种激情的宣泄，犹如突然爆发的火山，势不可当，时间短暂而效果强烈。不过，这种激情是很难再现的。伊斯梅特的“耳聋”对策，不啻于是对寇松进行情绪控制的心理战术。在将近3个月的谈判中，据理力争，终于使谈判以土耳其的胜利而告结束。

伊斯梅特用他的“耳聋”，控制了整个谈判局势。外交谈判中，采取“假痴不癫”之策，让对方没脾气，往往会收到奇效。

“奥丽”位于纽约市郊风光秀丽的赫德森河畔，是座英国古典式大型乡村别墅，它的主人是具有英格兰王裔血统的丹尼尔。

一天，当地的报纸登出了一则出售“奥丽”的广告。某公司的董事长大卫酷爱英国古代建筑，非常想成为“奥丽”的主人。

可是，由于丹尼尔狮子大开口，要200万美元，因此使得大卫欲买又止。于是，他请老同学房地产间谍莫利斯前往调查。大卫和莫利斯是怎么样谋划“奥丽”的呢？

莫利斯到达“奥丽”附近后，觉得无法从性格孤僻、生性多疑的丹尼尔身上下手。于是，他就化妆成当地居民，伺机接近丹尼尔热情大方的女仆格丽丝，从她嘴中“套”出了丹尼尔急需聘用地下管道工的情况。后来，莫利斯在被丹尼尔盘问了好长一段时间后，如愿以偿地当上了“奥丽”的管道工。

莫利斯在疏通管道时，发现“奥丽”的管道属于不合格产品，无法与矗立的豪华楼房相称。他随即拍下了照片，接着又通过查找当年有关“奥丽”的新闻报道，得出了“老丹尼尔资金不足，管道只能降格以求，但出于固有的虚荣心，力图避人耳目、瞒天过海”。莫利斯把照片和“调查报告”交给了大卫，又为大卫设计了一条利用丹尼尔“爱面子”的弱点，在价位上“狠狠宰他一刀”的计谋。

大卫来到“奥丽”和丹尼尔讨价还价，拿出照片和调查报告这一“杀手锏”。丹尼尔见状，便大骂莫利斯“无耻、骗子”。在咆哮了一阵以后，终于“低”下了头。大卫“迫使”丹尼尔做出了让步，以50万美元成交。

得意洋洋搬进新居后的大卫，不久就发现装璜似王宫般的“奥丽”所有的梁柱、墙面、窗框、地板都是腐朽不堪的烂木头，实实在在的“金玉其外，败絮其中”。直到此时，大卫和莫利斯才发觉上当受骗。

没过多久，当地的一家报纸就连篇累牍、详细周到地报道了原本双方恪守、不向外界泄露的房地产交易的秘闻内情。

其实，丹尼尔的孤僻冷淡、格丽丝的热情大方都是丹尼尔设下的圈套。丹尼尔不惜以家族“丢脸”的代价向新闻界“全盘托出”交易内幕，也是他故意制造的“先下手为强”的计谋。家族不光彩的秘密，与其在“奥丽”倒塌时让别人知晓，不如在真相大白前先设下陷阱，赚上一大笔钱更合算。丹尼尔正是利用让大卫和莫利斯先出尽风头，然后再一下子使他们“丢尽面子”的巨大反差，突出了自己，冲淡了家族的不光彩之举。

在商业竞争中，没有哪个是真正的“软豆腐”，能在激烈的斗争中生存下来的人，都不是平庸之辈，因此在竞争中不可小觑任何一个对手，否则，吃亏的只会是自己。

【当下启示】

当进攻的机会未到时，宁可伪装糊涂而不动，也不要自作聪明而轻举妄动。其实，这也是一种强化自己的学识、才能、修养的过程。学会以此来应变人生，有利于培养自己处理好各种人际关系的能力和技巧，也是放弃个人的虚荣心，踏踏实实地走好人生旅途的表现。

第二十八计　上屋抽梯——断敌退路，致其死地

【原典重现】

假之以便①，唆②之以前，断其应援，滔滔死地③。遇毒，位不当也④。

【注释】

①假之以便：假，假给；便，便利。

②唆：唆使，这里引申为诱使。

③死地：死地，我国古代兵法用语，指一种进则无路，退亦不能，非经死战难以生存之地。

④遇毒，位不当也：语出《易经·噬嗑》。噬嗑卦为震下离上。震为雷，离为火、为电。雷电交加，有威猛险恶之相。又，噬嗑卦为以柔居刚，故不当位，更显形势严峻。把它运用于军事上就是，因贪图小利而盲目进军是有很大的危险的，如果硬要强行进军，必将陷于危险的死地。

【译文释要】

我方故意露出破绽，以引诱敌方深入我方，然后乘机切断他的后援和接应，最终使其陷入绝境。贪图不应得的利益，则必遭祸患。

【计谋典故】

东汉末年，刘表偏爱长子刘琦，不喜欢少子刘琮。刘琮的母亲害怕刘琦得势，影响到亲生儿子刘琮的地位，非常嫉恨他。刘琦感到自己处在十分危险的环境中，多次请教诸葛亮，但诸葛亮一直不肯为他出主意。

有一天，刘琦约诸葛亮到一座高楼上饮酒，等二人正坐下饮酒之时，刘琦暗

中命人拆走了楼梯。然后，刘琦说：“今日上不至天，下不至地，出君之口，入琦之耳，可以赐教矣。”诸葛亮见状，无可奈何，便把晋献公两个儿子的故事（重耳在外流亡而得以平安，申生在父亲的身边却遭骊姬陷害而亡的故事）说了一番。刘琦马上领会了诸葛亮的意图，立即上表请求派往江夏（今湖北武昌西），避开了后母，终于免遭陷害。

刘琦引诱诸葛亮“上屋”，是为了求他指点，而“抽梯”，是为了断其后路，也就是打消诸葛亮的顾虑。

【谈古说今】

“上屋抽梯”用在军事上，是指利用小利引诱敌人，然后截断他的援兵，以便将其围歼的策略。要“上屋抽梯”，必须先给敌人安放好“梯子”，也就是故意给以方便。等敌人“上梯”，也就是进入已布好的“口袋”之后即可拆掉“梯子”，即围歼敌人。大家要视实际情况，巧妙地安放“梯子”，即对不同的敌人，要安放不同的“梯子”。对性贪之敌，应以利诱之；对莽撞无谋之敌，则应设下埋伏促使其中计。“上屋抽梯”在军事上有两种用途：一是对敌，诱敌就范，聚而歼之；二是对已，是将自己的部队置于有进无退、有敌无我的绝境，激励将士一往无前，同敌人做殊死争斗。

在需要当机立断时，为防他人犹豫不决，断绝后路使他人别无选择，是逼迫别人速作决断的好办法。

楚汉相争之时，刘邦在荥阳遭项羽大军围攻，难以脱身，便向韩信求援。然而，韩信援兵又迟迟不到，荥阳朝不保夕。张良、陈平决定：先让刘邦逃出荥阳城，入关收集散兵，留御史大夫周苛、魏豹、枞公死守荥阳，再会同韩信部队三路围攻项羽。

陈平与张良密谋后，对汉王说：“请大王速写一封投降信给霸王，约霸王在东门相见。霸王定会把他的大军布置在东门，我再想办法把西、北、南各门卫士引到东门来，大王就可以从西门冲出去了。”

刘邦听后，说：“请你安排吧。”

不一会儿，陈平领着一位长相酷似刘邦的将军来见刘邦，这就是不惜性命来保刘邦的纪信。纪将军说：“现在敌人四面围城，大王无法坚持下去了，我愿打扮成大王的样子出去投降，吸引敌人集中兵力围住东门，大王就可趁机从西门突围。”

刘邦说：“不可，不可！纵使我逃出去了，将军岂不是要遭毒手吗?”

纪信说：“父亲有难，做儿子的应当替父亲死；大王有难，做臣下的应当替大王死。”

汉王道：“我刘邦大业未成，将军还没有得过什么好处，你替我慷慨而死，我倒偷偷地溜走了，怎么对得起你呢？还是请陈平再想办法吧!”

陈平说：“除此之外，别无他法了。”

纪信抢着说：“现在火已烧到眉毛上了，要是大王不让我去，荥阳城攻破后，大家也同归于尽。还不如舍了我一个人，既保全了大王，将士们也有了生路。”

刘邦皱起了眉头，下不了决心。纪信忽地拔出宝剑，说：“大王如果不同意，就让我先死在您的面前。”说着就要自刎。

刘邦急忙拦住，说：“将军的心可以感天地、泣鬼神。我知道将军还有母亲和夫人、儿女，将军的母亲就是我刘邦的母亲，将军的夫人就是我刘邦的嫂子，将军的儿女就是我刘邦的儿女，请将军放心吧。”纪信磕头谢恩，刘邦泪流满面……于是，纪信假冒刘邦引开敌兵，使刘邦终得寻机逃脱。

醉翁之意不在酒，先寻找出一个堂而皇之的借口，制造出良机之后，将之诱入圈套，在措手不及之间将其捕杀，这是除去敌手的常见权术。

古代的战争中，经常会用到这一计策。先故意给敌人一些甜头，诱其上钩，钻入“口袋”，然后聚而歼之。

公元200年，袁绍派大将文丑率领近6000名的骑兵，渡过黄河，占领了延津。然而，这时驻扎在延津以南不远处南坂的曹操才有600名骑兵。大军压境，两军兵力悬殊，曹操心里是一清二楚的。但是，曹操临危不乱，依然自若地调兵遣将。他先让人领着百姓往西河去，而后自己领着士兵去迎战袁军。他让粮草在先，军兵在后。有人问为什么这样安排？曹操回答说：“粮草在后，多被剽掠，所以让其在前。”

“倘若遇到敌军，被劫去，怎么办?”

"到时候再说吧。"曹操显得毫不在乎。然而，他的话却让一些人大惑不解。走着走着，忽然探马奔驰而来报道："不好了。袁绍手下大将文丑来了，咱们前头押运粮草的害怕了，纷纷撇下粮草，跑了。队伍又远在后面不能救援。"

曹操用马鞭指向南边的山冈说："队伍可以暂时避到那儿去。"而且接着让一部分骑兵下马，卸下马鞍，把马放到大路上去。好些士兵不懂得这是什么意思，都说："敌人快到了，怎么能下这种命令？还不如赶快退回白马。"这个时候，曹操的谋士荀攸说："这是引诱敌人上钩的诱饵，退什么！"曹操赶紧向荀攸使眼色，荀攸也就不再说什么了。一会儿，文丑的队伍冲过来，一见路上都是粮草马匹，便纷纷下马收拾，一下子队伍全乱了套。正当他们陶醉在意外收获之中时，忽然从南边山冈上冲下曹操的骑兵，抡起锋利的大刀就是一阵砍杀。紧接着，从文丑的后面也追来一支兵马，为首的是名将关羽，没有几个回合，便把文丑的脑袋砍下。

曹操在这里用的就是"上屋抽梯"之计。

【当下启示】

在日常生活中，"上屋抽梯"经常表现为先用花言巧语骗取对手的信任，使之"上房"，然后施展诡计进行"抽梯"，对手往往会被整得很惨。我们不能做小人，但是对小人不能不防范。

第二十九计　树上开花——虚张声势，慑服对手

【原典重现】

借局布势[1]，力小势大[2]。鸿渐于陆，其羽可用为仪也[3]。

【注释】

①借局布势：局，局诈；势，阵势。

②力小势大：力，力量，这里是指军队的兵力；势，这里是指声势。

③鸿渐于陆，其羽可用为仪：此语出自《易经·渐》，渐卦为艮下巽上。艮为山；巽为风、为木。该卦象辞说："山上有木，渐，君子以居贤德善俗。"意思是说：树木在山上渐渐地生长，象征着君子应该注重逐日修养自己良好的德行，并影响周围的人，形成一种善美的风俗。鸿，指大雁；渐，指渐进；陆，这里是指天际的云路；羽，指鸿雁美丽的羽毛；仪，指效法。

【译文释要】

借助某种手段布成有利的阵势，兵力弱小但可使阵势显出强大的样子。鸿雁在高空飞翔，全凭其丰满的羽翼助成气势。

【计谋典故】

无人不知张飞是一员猛将，而他也是一个有勇有谋的人。刘备起兵之初，与曹操交战，多次失利。刘表死后，刘备在荆州，势孤力弱。这时，曹操领兵南下，直达宛城。刘备慌忙率荆州军民退守江陵。由于老百姓太多，所以撤退的速度非常慢。曹兵追到当阳，与刘备的部队打了一仗，刘备战败。战败的刘备只得退却，而张飞则负责断后，阻截追击的曹兵。

张飞只有二三十个骑兵，怎敌得过曹操的大队人马？张飞临危不惧、临阵不

慌，顿时心生一计。他命令所率的二三十名骑兵都到树林子里去，砍下树枝，绑在马后，然后骑马在林中飞跑打转。张飞一人骑着黑马，横着丈二长矛，威风凛凛站在长坂坡的桥上。

追兵赶到，见张飞独自骑马横矛站在桥上，好生奇怪，又看见桥东树林里尘土飞扬。于是，追击的曹兵马上停止前进，以为树林之中定有伏兵，赶紧退兵后撤了。

张飞只带二三十名骑兵，却阻止住了追击的曹兵，让刘备和荆州军民顺利撤退，靠的就是这“树上开花”之计。

【谈古说今】

“树上开花”是指树上本来没有花，但可以用彩色的绸子剪成花朵粘在树上，做得和真花一样，不仔细去看，真假难辨。此计用在军事上，指的是在战争中，要善于借助各种因素来为自己壮大声势。在此计中，由于“树”是指那些被借来充势的东西，因此在我方“花”还没有着落时，不妨借“树”。为此，首先，“树”要精心挑选；其次，“花”要巧妙布置。只有这样才能达到显强隐弱的目的。

“树上开花”之计用在军事上，是指当我军力量比较薄弱之时，可以借友军势力或借某种因素制造假象，使自己的阵营显得强大。也就是说，在战争中，一个优秀的军事家要善于借助各种因素来为自己壮大声势。

唐朝初建时期，太宗李世民也利用“树上开花”，虚张声势，避免了刀兵之灾。

公元6世纪中期，突厥人在今日的蒙古地区建立了强大的帝国，努力向西扩张。公元582年，突厥帝国分为东西两部分。隋文帝用“以夷制夷”之计，使东突厥一度称臣于汉人。后来，中原地区陷入混战，唐朝建立后也处于时断时续的宫廷争权之中，东突厥便趁机一再入侵，对唐朝的生存和发展构成了极大的威胁。新生的唐朝面对强大的突厥帝国，多次请求与其和约。无奈突厥人反复无常，忽战忽和，随心所欲。

公元626年，初登皇位的李世民欲开创繁荣社会，当然希望能一举消除突厥人时常入侵的隐患，但是敌强我弱，怎样才能以最经济的手段达到最好的效果呢？李世民一直思考着这个问题。

同年10月，突厥可汗颉利和突利合兵十余万，又一次对唐朝进行了大规模的入侵。唐太宗即下诏令尉迟敬德统兵阻击。尉迟敬德把突利可汗截杀在泾阳。颉利可汗则率大部分兵马，绕过尉迟敬德的防线，一路突击，瞬间进逼到了距唐朝京都长安只有数里远的便桥。

众大臣见突厥兵如此凶猛，便纷纷建议唐太宗赶紧收缩兵力，即刻放弃其他地盘，而死守住长安，以使都城免遭洗劫。面对不利的战况，唐太宗显得镇定自若，他说："朕要让他们知道，朕不怕他们。"

原来唐太宗经过长时间的考虑后认为，对于国土辽阔、文化昌明的大唐帝国，突厥人并不是毫无顾忌的，他们也有"做贼心虚"的一面。如果放弃其他地盘只保长安，且不说肥沃的中原即刻要惨遭蹂躏，更何况这正助长了突厥人的气焰，暴露了唐朝的虚弱。这样的话，突厥入侵之患便永无消除之日了。因此，只有让突厥人明白，唐朝无所畏惧，并充满必胜的勇气和信心，誓死捍卫大唐帝国的每一丝权益，方能够使突厥人望而却步，永不敢再来入侵。

唐太宗的分析是正确的，颉利可汗虽然一口气奔袭到了便桥，但并不敢轻易纵兵抢掠，更不敢立即攻打长安。为探听虚实，他先派出了心腹将领执失思力去长安进谒。

唐太宗召见了执失思力，问他何故出兵，思力道："上国发给的金币，岁无定额，或作或辍，不加诚意，所以敝国两可汗，特统兵百万，前来请命。"

唐太宗面对如此狂妄的使臣，毫无惧色，反怒斥道："朕与汝可汗曾面约和亲，所赠送的金帛，前后无算。今汝可汗自负盟约，引兵入寇，汝曲我直，还敢遣使来见我！朕想汝虽居戎狄，应有人心，怎得全忘大恩，自夸强盛，应先将汝斩首，然后与汝可汗交战，看汝可汗能胜我军否？"

执失思力一听，唐太宗义正辞严，又见自己即刻要丢脑袋，吓得双腿一软，赶紧跪着求饶。

唐太宗说："朕若遣还虏使，反令他越加藐视，这岂可轻事纵容吗？"然后又特地回头对执失思力说："权且寄汝首级，朕即刻督兵亲征，让你看看谁胜谁负后再杀你！"唐太宗又令左右把执失思力拖出大殿，扔进监牢，"严"加看管，暗中又令人设法让执失思力从牢中"侥幸"逃走。

处理完突厥来使，唐太宗又立即召集起人数不多的禁军，自己亲自披甲戴盔，跨上御马，带着高士廉、房玄龄等六骑，先行一步，出玄武门，径奔渭水便

桥而去。

颉利可汗方在营中坐着，听失魂落魄的执失思力“侥幸”活着回来报告了唐太宗神武英勇、誓死拼命的状况，已是内心震惧，紧接着又有人来报：“唐天子来了！”便在惊慌中上马出营，隔水遥观情形。

颉利见对面已立六骑，当先的盔甲辉煌，果然就是前时秦王、此时大唐天子李世民。正在惊疑未定，那大唐天子已朗声道：“颉利可汗，朕与汝曾有和约，汝亦曾设有盟誓，不再相犯，近年汝屡次负约，朕正要兴师问罪，汝却引兵深入，莫非前来送死吗?”

说至此，又扬鞭指着空中道：“天日在上，我国并不负可汗，可汗独负我国，负我就是负天，试问可汗果禁得起否?”

颉利听到此语，越觉惊心。那随身带的兵士，素信神鬼，又看唐天子威风凛凛，诰命煌煌，不由魂飞胆丧，一齐下马罗拜。

正在这时，忽听鼓声动地，旌旗蔽天，似虎似貔的唐军如天兵天将一般顷刻降临，摆成了“一”字长蛇阵，煊赫无比。颉利吓得面如土色，竟拔马回营，闭门静守了。

唐太宗依旧驻马而待，大臣萧瑀害怕他轻敌进击，便叩马固谏，请求还朝。唐太宗对他耳语道：“朕筹思已熟，非卿所知。突厥敢倾国前来，直抵郊甸，是以为我们国内有难，朕新即位，无法与之争锋。朕若示以怯弱闭城自固，他必纵兵大掠，不可复制，朕为此轻骑独出，示以从容，又特地张皇六师，作必战状。虏既慑我气，复震我威，且因深入我地，隐有戒心，然后与战必克，与和必固。制服突厥，永除后患，在此一举。卿但看着，虏已无能为力了。”

过了片刻，果然有突厥使臣，渡水而来向太宗乞和。太宗又正义凛然地斥责数语，来使俯首听命，太宗才允许和议，约定次日订盟。

第二天，唐朝与突厥歃血立约，彼此挥兵退还。之后，突厥害怕李世民的声威和唐朝的强大，再不敢轻举妄动。到了公元630年，李世民又在各方面条件成熟时，一举消灭了东突厥国，彻底消除了唐朝边陲的动荡根源。

唐朝初建，国力脆弱，面对突厥10万精骑，战不可胜，若侥幸胜，也会损失惨重，国家空虚；若退，则示敌软弱，骄敌之志，从此，怕国无宁日，边患无穷。李世民利用自己能征善战的威望和大唐帝国的盛名，使悍敌心存恐惧，望而却步。

利用此计达成自己目的的例子还有很多，如战国时期中山国的司马喜，知道凭自己一个人的力量不可能达到人生的顶端，就先借赵国的力量帮助阴姬当上王后，然后再借用王后的力量登上相辅的宝座，最终实现了自己的目标。

战国时期，中山王的两个妃子争当王后，一个叫阴姬，一个叫江姬。大臣司马喜以为自己有机可乘，就主动找到阴姬的父亲，对他说：“阴姬若是做了王后，自然是第一夫人，贵不可言。但如果没有做成，也就成了别人砧板上的肉，不但自己性命难保，恐怕还会连累你们全家。要是你想让她成功，就让我帮忙吧。”

阴姬的父亲一听有理，就请司马喜设法帮助阴姬当上王后，并答应事成之后重重报答。

司马喜于是去晋见中山王，对他说自己有使赵国弱而使中山国强大的办法。中山王听了非常高兴，连忙请他说下去。他却说要先出国考察一番，到赵国去观察它的地理山川、人民生活和君臣贤与不贤等情况，然后才能制定出使赵国弱使中山国强大的办法。中山王于是派他到赵国去。

司马喜到赵国拜见了赵王，对赵王说：“臣下听说赵国是音乐之邦，又是美人辈出的地方。但这次臣下来赵国考察，到了不少大都市，见过各种各样的人，却没有看到多少美人，更不用说像我们中山国阴姬那样的绝色美人了。”

赵王一听大惊，问司马喜：“你说的那阴姬有多美呢？”

司马喜说：“阴姬的姿色用倾国倾城已无可形容，更为难得的是她那相貌，根本就是帝后之相，而不是一般诸侯的妃子之相。”

赵王这时已是心猿意马，就问司马喜：“我想请中山王允许我娶阴姬，先生觉得可以吗？”

司马喜慌忙回答说：“臣下死罪！臣下死罪!我是说到美人就不由得说出了阴姬，至于大王是否能娶她，这就不是臣下所敢插嘴的了，还望大王开恩不要对中山王说是我说的啊!”

司马喜回到中山国对中山王说：“那赵王不是个好东西，好色而不讲道德，好勇而不讲仁义。我听说他还想打大王阴姬的主意呢!”

中山王一听勃然大怒。司马喜又说：“现在赵国比我们强大，他来讨阴姬，大王若是拒绝，国家就有危险：大王若是同意，又要被诸侯们耻笑。”

中山王说："那该怎么办呢？"

司马喜说："只有一个妙法，就是大王赶快把阴姬立为王后，这样就可以断了赵王的念头。因为世上还没有谁去向人家的王后求婚的。即使赵王真有这么荒唐，其他国家也不会容忍他。"

中山王于是马上把阴姬立为王后，赵王果然没有来求婚。

阴姬原来并不喜欢司马喜，但自从他帮她做上王后以后，态度就来了个180度的大转变。在她的枕头风的协助下，司马喜不久便坐上了相国之位。

在世上做任何事情都离不开客观环境，客观环境对事物的成败起着至关重要的作用。如果客观环境提供了有益的条件，经营者就要因利乘便，充分利用；如果客观环境所提供的条件不利，经营者则要因势利导，使其向有利的方向发展。在现代商业竞争中，如果抓住了商业和政治的联系，那么就等于抓住了商机。

在商业活动中，商家在自身经济实力不足的情况下，常常会负债经营，靠借钱来投资生产，才能发展壮大自己的实力。而企业在推出自己产品的时候，也必须高度重视新产品的宣传，广告就是宣传企业、宣传产品的重要手段。

1992年12月20日，美国纽约著名的《纽约商报》刊出了一张新任总统克林顿夫人希拉里手举"健力宝"开怀畅饮的彩色大幅照片，与照片同时刊发的是介绍健力宝的文章。

对任何一种饮料来说，这都不愧为一次巨大的成功。当天，健力宝便震撼了整个纽约，产生了强烈的反响。健力宝美国分公司的电话铃声不断，各地的祝贺、赞誉、定单接踵而来，富有魅力的市场把绣球抛向了它。于是，许多美国人诧异地问："健力宝是怎样将饮料送到克林顿夫人手中的，并能让她笑眯眯地举起来？""美国第一夫人手中的健力宝会给社会带来什么？"

其实，这张照片并非克林顿就任总统后拍的，而是早在一个月前就拍摄好了。那时，克林顿还没有入主白宫，希拉里也只是"准总统"夫人，但他们随着竞选的顺利进展而声誉鹊起，他们的名字和形象已受到全世界瞩目。

有一天晚上，克林顿助选大会在纽约湾的一条豪华游艇上举行。下午4点30分，离会议开始还有两小时，健力宝美国分公司经理林齐曙和工作人员便早早赶到码头，他们带来了健力宝和摄像机，准备拍一个绝妙的"外交广告"。他们先通过了严密的检查，然后，在游艇上详细勘察了希拉里将要经过的路线，预测她可能滞留的位置，并选择了最佳的拍摄角度。

6点30分，希拉里在大批保安人员的簇拥下登上了游艇。不出所料，希拉里径直来到游艇的客厅会见到场的社会名流和相关客人，当她与站在纽约市政府代表旁边的“健力宝”工作人员握手时，健力宝美国分公司的公关小姐不失时机地用托盘捧上了几罐健力宝。正当纽约市政府的美国朋友向希拉里介绍健力宝是中国著名的健康饮品时，林齐曙抓住时机向希拉里敬上一杯。就在希拉里笑盈盈地举杯饮用健力宝的时候，早已守候多时的摄影师急忙频频按下了快门。于是，健力宝与克林顿夫人在一起的情景被载入了健力宝的历史档案。当晚，两位身着旗袍，披着绶带的漂亮小姐，不断地将健力宝送到宾客手中，使得具有“中国魔水”之称的健力宝，在高举着火炬的自由女神像下大放异彩。

在场的记者对健力宝产生了浓厚兴趣，职业敏感使他们认为：“健力宝在为民主党助选大会提供饮料。”不过，这一次他们敏感过头了，林齐曙在回答《美国之音》记者的现场采访时说：“我们无意关注美国政治和总统大选。我们公司的目标是让美国人民了解和认识健力宝，并尽早享用健力宝。”后来，由于第一夫人高举健力宝光可鉴人，当健力宝集团有限公司总经理李经纬岁末再抵美国召开新闻发布会时，备受当地各大媒体关注，又掀起阵阵热浪，美国报刊又是撰写文章，又是刊登照片，为喜庆热烈的圣诞节平添了一段佳话。

健力宝美国分公司借“第一夫人”宣传自我，使在美国市场默默无闻的健力宝一炮打响，收到出乎寻常的效果，并由此打开了世界市场。

商业与政治是有联系的，在某种意义上说，政府是最优秀的“推销员”，高知名度的政府官员就是无可挑剔的广告明星，借“第一夫人”的光环就可以打开一个国家市场。经营者若明白并深谙此道，则产品想不出名都难。

【当下启示】

在日常生活中，我们在追求某个目标的时候，如果实力不足，就要学会借助外力，弥补自己力量的不足，强化自己的优势。只有做到这些，才能为实现目标创造更加有利的条件。但是大家在施用“树上开花”之计时，要伪装得完整逼真，不要露出半点破绽，更不能久用，以防被人识破而带来危险。

第三十计　反客为主——易守为攻，掌握主动

【原典重现】

乘隙杆足，扼其主机①，渐渐进也②。

【注释】

①主机：主要的关键之处，即首脑机关。

②渐渐进也：语出《易经·渐》，“渐渐进也，归结也，进得位，往有功也”。也就是指天下的事情，凡是行动盲目而急躁，就会走入邪途；凡是冷静而顺乎客观规律，就会登上正道。一步一步地循序渐进达到显要的地位，便会行而有功。

【译文释要】

掌握好时机插足，设法控制敌方的要害之处，这是循序渐进的结果。

【计谋典故】

袁绍和韩馥，因当年共同讨伐过董卓而成为一对盟友。后来，袁绍屯兵河内，缺少粮草，十分犯愁。老友韩馥知道情况之后，主动派人送去粮草，解了袁绍的燃眉之急。袁绍觉得等待别人送粮草，不如自己去夺取粮草。他听了谋士逢纪的劝告，决定夺取粮仓冀州。然而，当时的冀州牧正是老友韩馥，袁绍为了一己之利也顾不了那么多了，准备实施他的夺粮之计。

他先给公孙瓒写了一封信，建议与自己一起攻打冀州。由于公孙瓒早就有攻占冀州的想法，便欣然答应，准备发兵攻打冀州。

与此同时，袁绍又暗地派人去见韩馥，说：“公孙瓒和袁绍联合攻打冀州，冀州难以自保。然而，袁绍不是你是多年的老朋友吗？何不联合袁绍，对付公孙瓒呢？让袁绍进城，冀州不就保住了吗?”

韩馥见状，只得邀请袁绍带兵进入冀州。这位请来的客人，表面上尊重韩馥，实际上他逐渐将自己的部下一个一个像钉子一样扎进了冀州的要害部位。这时，韩馥才清楚地知道，他这个“主”已经被“客”取而代之了。为了保全性命，韩馥只得只身逃出冀州去了。

袁绍这一招，是典型的“反客为主”。

【谈古说今】

“反客为主”的原意是主人不待客，反受客人的招待。用在军事上，常被引申为我方在处于被动的地位时，要努力变被动为主动，争取掌握战争主动权的谋略。尽量想办法钻空子，插脚进去，控制对方的首脑机关或要害部位，抓住有利时机，兼并或控制他。被动意味着挨打，居于客位意味着受人支配，只有摆脱被动的局面，处于主人的地位，才能控制对方，稳操胜券。

唐朝有个叛将，名字叫仆固怀恩。他煽动吐蕃和回纥两国联合出兵30万，进犯中原。吐回联军一路连战连捷，直逼泾阳城。泾阳的守将是唐朝著名将军郭子仪，他是奉命前来平息叛乱的。当时他只有一万余名精兵，面对漫山遍野的敌人，形势十分严峻。

正在这个时候，仆固怀恩病死了。吐蕃和回纥就失去了中间的联系和协调的人物。双方都想争夺指挥权，矛盾逐渐激化。最后，两军各驻一地，互不联系往来。吐蕃驻扎东门外，回纥驻扎西门外。

郭子仪见状，想到何不乘机分化这两支军队？在安史之乱时，他曾和回纥将领并肩作战，对付安禄山。这种老关系何不利用一下呢？于是，他秘密派人前往回纥营中转达自己想与过去并肩作战的老友叙叙旧情。

回纥都督药葛罗，也是个重视旧情的人。听说郭子仪就在泾阳，十分高兴。但是，他说：“除非郭老令公亲自让我们见到，我们才会相信。”

郭子仪听到汇报，决定亲赴回纥营中，会见药葛罗，以叙旧情，并乘机说服他们不要和吐蕃联合反唐。

将士们深怕回纥有诈，不让郭子仪前去，而他却说：“为国家，我早已把生

死置之度外。我去回纥营中，如果能谈得成，这仗就打不起来了，天下从此太平，有什么不好?”于是，他只带了几名随从，来到回纥营中。

药葛罗见真的是郭子仪来了，非常高兴。于是，设宴招待郭子仪，谈得十分亲热。酒酣时，郭子仪说道：“大唐、回纥关系很好，回纥在平定安史之乱时立了大功，而大唐也没有亏待你们呀！今天怎么会和吐蕃联合进犯大唐呢？吐蕃是想利用你们与大唐作战，他们好乘机得利。”

药葛罗听后，愤然说道：“老令公说得有理，我们是被他们骗了呀！我们愿意和大唐一起，攻打吐蕃。”双方马上立誓结盟。

吐蕃得到报告，觉得形势骤变，与己不利，便连夜拔寨撤兵。郭子仪见状，便与回纥合兵追击，击败了吐蕃的10万大军。吐蕃大败，很长一段时期，边境无事。

郭子仪用兵之妙就在于能够抓住机会、掌握主动，从而循序渐进，达到目的。

客位与主位、被动与主动只有在一定条件下才可以转化，这是因为实施反客为主之计的关键是积极创造条件，利用条件，以及抓住机会。

古人阐释要实现“反客为主”的目的，必须经过以下步骤，第一步要争得客位；第二步要善于钻空子，发现主方的弱点并抓住有利的时机；第三步要乘机插手进去；第四步要抓住主权，掌握大权；第五步则变成了主人；第六步做了主人之后，还要巩固自己争来的主权。

第二次世界大战之后，美国和日本的汽车生产和技术水平差距极大。美国素有“汽车王国”之誉。近一个世纪以来，它既是世界汽车生产的第一大国，也是世界上汽车消费的第一大国。

可是，在二十多年之后，力量对比发生了显著的变化。日本汽车工业蓬勃发展，雄视世界，不仅日益扩大对美国市场的占有份额，也同时向全球进攻。据美国《幸福》杂志统计：在1986年世界上20家最大的汽车公司中，日本占了9家。仅在美国市场上，目前每售出4辆汽车中就有一辆是日产车。

战后的日本，认定汽车业有巨大的发展前途，遂将发展汽车业作为开发日本出口潜力的关键行业之一。日本人期望进攻的主要目标显然是美国，因为美国生产的汽车最多最好，销量也最大，如果能在美国推销，那么在世界上其他国家推销也就不存在任何问题了。

日本人在调查研究中发现，美国人对汽车的需求已大有变化。美国人的偏爱已转向小型汽车，即喜欢价廉、耐用、省油、维修方便的小型汽车，并要求汽车要容易驾驶、行驶平稳、腿部活动空间比较大等。

丰田公司正是根据美国人的喜爱和需要，研制出了一种小巧、价廉、维修方便、速度更快、乘坐更舒适的美国式小汽车，并迅速树立起物美价廉的良好形象，终于打进了美国市场。

接着，丰田公司在研究了美国汽车的制造技术、设计优缺点、消费者的口味、市场环境后，在 20 世经 60 年代初推出“蓝鸟”牌汽车，并成功地打进了美国市场。此后，其他日本汽车公司也相继进入美国市场。

自打入美国市场后，日本汽车公司并不满足，而是不断改进，提高质量，以及满足顾客的所喜所需，因而能不断扩大市场占有量。

在 20 世纪 50 年代，美国人是瞧不起日本货的，“汽车王国”的统治者们根本不担心日本汽车的竞争，盲目自大，认为自己制造的汽车是最好的，也无需了解顾客的爱或厌，更没有必要加以改进来满足顾客的需要。

20 世纪 60 年初，日本小型汽车打入美国市场也未引起他们的注意。即使在 1960～1969 年，日本小汽车销量猛增时，底特律还是忙于生产大型豪华轿车。因底特律既没有防御，也没有阻击或迎战，结果是大大方方地让出了小汽车市场，让日本人大摇大摆地进入了美国市场。

目前，日美汽车战仍在激烈地进行，不只是在美国，还在欧洲，但美国人要赶上日本人，并非在短期所能办到，至于要把日本汽车公司挤出美国市场已是不可能的了。

日本汽车业敢于向先入为主的美国汽车业挑战，取得先发制人的胜利，在于他们了解对方的致命弱点——麻痹大意，看准了小汽车市场这个空隙，乘隙出击，生产出质高价低的小型节油汽车，从而稳操胜券。

大家必须在“为主”之前，不急躁莽撞，要尊敬，甚至恭维主人，发现掌握他的弱点，然后以屈求伸，等待机会，夺取主动权。

就目前看来，许多个人创业者和合伙人一般都有亲缘关系，或者是好朋友。建立在这种合作基础上的私营企业或者股份制企业，无论是在制度、管理，还是在财务上都有些脆弱，也很敏感，所以在处理合伙人的关系时要有所警惕。大家在真诚热心地对待合伙人的同时也要保留自己的底线，要不然可能真会落个“鸠占鹊巢，反客为主”的后果。

在现代商业竞争中，“反客为主”之计还常被商家用来占据市场的制高点。

具有两百多年历史的英国葛兰素药厂，是世界第二大药厂，在全球有七十多家公司和分厂，产品遍及一百五十多个国家和地区，且在当地药品市场的排名大都名列前茅。

当初，“葛兰素”从一家传统的、老迈的公司，成为持续增长的，产品行销国际市场的跨国企业，其成功秘诀在于敢于冒险，有战略眼光的经营管理策略。

美国是世界上最大的西药市场。有好多百年以上的势力雄厚的药厂，已把美国的药品市场分割得差不多，要再跻身进去，并非易事。

然而，葛兰素药厂以其独特的经营方式，在短短时间里，不仅站稳脚跟，而且还以“善胃得”(治疗消化性溃疡的药物)占领了美国几乎全部肠胃药市场。目前，“善胃得”在美国的营业额达10亿美元，为全球营业额的三分之一。

葛兰素药厂跻身美国市场是1979年开始的。当时，它兼并了美国一家小型药厂，借以彻底了解当地的市场情况。为了让这家企业成为地道的美国公司，使之与美国的文化完全融合，它首先授予该药厂美方负责人以充分权力，因而使其决策时反应快，经营灵活。

葛兰素药厂在美国站稳了脚跟后，又迅速拓展市场。1989年，美国葛兰素与当地排名前十名的瑞士罗士药厂合作，运用罗士的业务代理和行销网络销售其药品。

当时，不少厂家的做法是把自己的药品商标权借给他厂，并由其销售，签订10年或几年的合同分享利润。而葛兰素厂却采取垂直组合的经营状态，从原料生产、研究开发、成品制造到发货行销一竿子到底，不包给经销商销售，以保证产品的质量和及时反馈信息。其“善胃得”药品就是这样成为了美国的“明星药品”。

“不入虎穴，焉得虎子”。英国葛兰素药厂在将其产品打入美国市场时，采用了“兼并”工厂这一绝招，就像将一探测器安在了美国市场上。这样，美国药品市场的一呼一吸已被葛兰素药厂所把握，为其产品占领美国市场提供了确切的情报基础。

英国“葛兰素”注重进行市场预测调查，从而掌握了美国市场机要，然后循序渐进，一举夺占了鳌头。

在为人处世上，“反客为主”也是一种积极的处事计谋。当我们自身所处环境不尽如人意的时候，不要放弃，应该充分利用所能够帮助我们的各种关系，奋勇拼搏，就一定能够扭转局面，从而改变自己的人生。天无绝人之路，不管在生活中遇到多么困难的事情，只要我们冷静地去思考，去解决，总有解决的办法。

【当下启示】

反客为主之计为“渐进之谋”，即是“谋”，又必须“渐进”，才能奏效。因此，大家在使用此计时，最重要的一点是在居于客座(被动的状态)时，千万不可轻举妄动。必须忍辱负重，等待时机，到时机成熟时，再乘隙而入。

第六章　败战计

“败战计”是作战中应对敌众我寡形势的一种战略计谋，也就是我方处于劣势、被动或其他许多未知因素，并且自己很难挽回败局时，所用的计谋。败战计的使用，可以使我方反败为胜，变劣势为优势，从而赢得胜利。

第三十一计　美人计——投其所好，灭其斗志

【原典重现】

兵强者，攻其将；将智者，伐其情①。将弱兵颓，其势自萎。利用御寇，顺相保也②。

【注释】

①将智者，伐其情：将智者，指足智多谋的将帅；伐其情，即从感情上加以进攻、软化，抓住敌方思想意志的弱点加以攻击。《六韬·文伐》中就主张以乱臣、美女、犬马等手段攻其心，摧毁其意志上的屏障。

②利用御寇，顺相保也：语见《易经·渐》。御，抵御；寇，敌人；顺，顺利、顺势；保，保存。全句意为：此计可用来瓦解敌人，顺利保存自己。

【译文释要】

对于强大的敌军，要对付他的将领；对于足智多谋的将领，要设法动摇他们的斗志。敌人将领斗志衰弱，士兵士气消沉，战斗力就会丧失殆尽。充分利用敌人的弱点进行控制和分化瓦解，就可以保存自己，从而扭转局势。

【计谋典故】

汉献帝9岁登基，朝廷由董卓独揽大权。董卓阴险毒辣，并有谋权篡位的野心。司徒王允借机想除掉他，以保朝廷。但董卓不仅势力强大，而且身边还有一个骁勇善战的义子，因此不能正面攻击。王允观察这“父子”二人皆是好色之徒。便决定实施“美人计”，让他们互相残杀，以除奸贼。

王允府中有一名叫貂蝉的歌女，貌美如仙。平日里王允待她如自己的亲女儿。貂蝉为感激王允对自己的恩德，决心牺牲自己，为民除害。

王允先是把貂蝉许配给吕布。第二天，王允又请董卓到家里来，说：“太师如果喜欢，我就把这个歌女奉送给太师。”董卓假意推让一番后，便高高兴兴地把貂蝉带回府中去了。吕布知道之后大怒，但迫于董卓的实力，便只能与貂蝉私自约会。而貂蝉按王允之计，挑拨他们的关系，大骂董卓霸占了自己。从此，吕布就与董卓结下了深仇。最终，吕布乘机杀了董卓。

【谈古说今】

“美人计”是一种用美色诱惑敌人，使敌人贪图安逸享乐，意志萎靡，从而乘机取胜的计谋。其实质是攻击人性中最薄弱的环节。用兵之道，攻心为上。施用美人计，意在攻心。人一旦沉溺于女色，就会变得无所作为。而爱美之心，人皆有之，俗语中也说“英雄难过美人关”，所以美人计作为一种谋略常常被人使用。

此计用于军事行动中难以征服的敌方，要用其所贪爱的事物、女色或其所宠信的人，先从思想意志上打败敌方的将帅，使其内部丧失战斗力，然后再行攻取。其中的关键，就是要善于观察对方，并投其所好。美人计中所用的“美人”，只有被对方接受的时候，才能产生威力，也就是“美人”只是外因，它必须通过内因才能起作用。要使对方的内因起作用，关键就是要投其所好，有针对性地选择武器，一举中的。

1940年初，侵占前波兰的战争结束之后不久，纳粹德国准备大规模入侵西欧国家。

希特勒手下的秘密警察盖世太保也加紧活动，多方搜集情报，寻觅反纳粹分子。

1940年初，德国首都柏林莱希特大街一家装饰豪华的妓院重新开业。这家高级妓院专门接待德军军官、政府要员、外国外交官，以及富有的阿拉伯商人。

人们并不知道，这家高级妓院的背后操纵者是盖世太保的头目海德里希。控制一个色情场所套取所需情报，是海德里希蓄谋已久的一个阴谋。

经过比较，他选中了莱希特大街十一号这家妓院，并成功地制服了该妓院老板基蒂夫人。保安处的间谍们掌握了基蒂夫人曾掩护过犹太人和把财产转到国外的事实，她不得不就范。她签了一张保证书，发誓绝不把这里发生的事情说出去。

基地有了，海德里希便亲自指挥党卫队和警察把柏林所有的妓院、夜总会翻了个底朝天，经过严格审查，初选出90名美貌少女。为了更加符合条件，他还特意请来一批各方面的专家参与挑选工作。

心理学家负责对每个姑娘进行心理测试，以查明她们的精神状态和大脑发育程度；医学家则对姑娘的身体进行全面检查，其中包括有无性病；美学家的主要任务是从体态上挑选那些身段美、充满性感的姑娘。

经过几轮的严格挑选，从中选定20名少女。然后，对这些妓女进行了10个月的外语、密码破译、字母组合等方面的特殊培训。其中，以如何将嫖客灌得酩酊大醉，然后套取情报为重要内容。此外，便是在地下室安装了录音装置。一切就绪，1940年初，这家很快就红火起来的高级妓院经过整修后正式营业了，海德里希把它称作“JT行动。”

海德里希认为妓院是个可轻易获得情报的特殊场所。有了“JT行动”，他就可以知道那些有身份、有地位的人想些什么、知道些什么，从而能谈些什么。另外，了解自己的人都同外界有何联系，都说了些什么，也十分重要。

海德里希从外交官和与外交官来往的商人、政客、学者口中获取更深层的情报。这家高级妓院，可以招揽倒在石榴裙下口吐真言的冒失鬼。

从此，便有很多达官显贵被介绍到“基蒂”妓院来，他们被告知，只要说一声“我从罗登堡来”便会受到特别接待。

每有重要人物光顾妓院，海德里希就亲自坐镇。

有一次，海德里希从录音机里听到一个喝醉酒的德军上校对妓女说：“元首已秘密下达了进攻利比亚的命令，隆美尔将军就要带领4个师的兵力向阿拉曼地区发动进攻，来一个闪电战……”

海德里希大吃一惊，他下令：“去，逮捕这个多嘴的家伙。”

1940年9月，西班牙外长沙那光临妓院时，向一位姑娘透露了西班牙要入侵直布罗陀的计划，海德里希把这一情报报告了希特勒，使西班牙这一计划中途流产。

仅在1940年这一年，就有近万名特殊顾客光顾妓院，海德里希从这些酒后吐真言的男人嘴里获取了大量情报。那些泄露机密的德国军官、政府官员均被送上法庭判处死刑。许多人直到死前也不明白自己是如何落入盖世太保的桃色陷阱中去的。

到了 1942 年，“JT 行动”兴盛期已过。随着战事的变化，来这里寻花问柳的人逐渐少了。

同年 7 月份，妓院一角被一颗炸弹摧毁，海德里希便派人封锁了这一地区，并维修了损坏的窃听装置。随后不久，“JT 行动”奉命停止。

俗话说：“明枪易躲，暗箭难防。”海德里希真是一只老狐狸，利用桃色陷阱来对各国官员进行监视，使纳粹耳目布成了一个严密的网。

一个具有丰富作战经验的将军，在战前便做好方方面面的准备，当大敌来临，若施小计，给点甜头来麻痹对方，就能迫使其束手就范。

糖衣炮弹就是给杀人的目的和手段套上一层甜蜜而美丽的外衣，使人因被迷惑而乐于接受，并在不知不觉或幸福愉快中被人所制。其威力是不可小视的。

春秋时期，齐景公在夹谷曾受过孔子一番奚落，已是耿耿于怀，适巧自己的贤相晏婴又死了，后继无人，而鲁国此时倒重用孔子，国政大治。景公心里不快，不禁有些惊慌，便对大夫黎弥说：“鲁国重用孔丘，修明政治，对我国的威胁极大，将来它的霸业发展，我国必首蒙其害，这却如何是好？”

黎弥沉思了一会儿，说：“拆其后台，逼走孔丘便是！”

“怎样逼法？他正在得宠当红的时候！”景公问。

黎弥把计策说出来：“鲁定公是个好色之徒，这是天下都知道的。如果我们选一群美女送给他，他必定会照单接收。收了之后，鲁定公自然日日夜夜在脂粉丛中打滚，那么他和孔子就不会像过去那样亲密了。这样一来，保管把孔子气走，那陛下不就可以高枕无忧了吗？”

景公认为此计甚妙，即令黎弥去挑选多名美女，教以歌舞，授以媚容，准备好向鲁国投掷“糖衣炮弹”。

训练成熟之后，又把 120 匹马加以修饰，金勒雕鞍，装扮似锦，连同 80 个美女送到鲁国去，说是送给鲁定公享用的。鲁国另一位丞相季斯，首先听到这个消息，心里便痒不可支，即刻换了便服，坐车到南门去看，见齐国的美女正在表演舞蹈、长袖善舞、婀娜多姿、光彩四射，看得他意乱神迷、心旌摇动。

过了好久，他才入宫觐见鲁定公。鲁定公把齐景公的书信给他看后，他便即刻答道：“这是齐王的好意，不可推辞，大王照单接收就是了。”

鲁定公也好此道，便问美女何在，季斯乘机做向导，带他换了便服到南门去。

这秘密行动已给齐使知道了，便教那些美女使足媚功，着力表演。鲁定公一看到这帮美人儿，便高兴得手舞足蹈起来。

“陛下请再过去看看那些良马吧。”季斯说。

“不用看了，这班美女已够瞧了，不必再看良马。”

下面的事情大家都猜得出，鲁定公从此便陷入温柔之乡，再也不上早朝了。

孔子得闻此事，凄然长叹起来。子路在旁边说：“鲁定公已陷入迷魂阵了，把国事置于脑后。老师，我们只能离开这里了。”

孔子说：“别忙！郊祭的时候已到，这是国家大事，如君王还没有忘记的话，国家犹有可为，否则的话，再卷包袱不迟！”

到了郊祭期间，鲁定公也循例去参祭一番，却一点诚心都没有，草草祭完，便又回宫享乐去了，连祭肉都顾不得分给臣下。孔子便对子路说：“去通知各位同学，收拾好包袱，明早就离开这儿。”

于是，孔子便弃官不做，率领一班学生去周游列国，过起流浪的生活了。

“美人计”中所用的“美人”，只有被对方接受的时候，才能产生威力，也就是“美人”只是外因，它必须通过内因才能起作用。要使对方的内因起作用，关键就是要投其所好，有针对性地选择武器，一举中的。

在现实生活中，特别是在商业竞争中，人们往往会运用美人计来击败竞争对手，或者使自己变被动为主动。比如，买卖双方，虽不是敌手，但卖方要想让买方来购买商品，或者买方想买到既便宜又放心的货物，双方谈生意时，往往在宣传和讨价还价上，先“以利诱之”，当对方被诱惑时，自己的目的也就达到了。

一天下午，一个妙龄女郎用娇滴滴的声音在电话中向一家高级饭店服务员预订了房间。深夜12点左右，一位绝色丽人仅带着一只手提包出现在前厅，自称是白天订房的客人，她照章预付了租金后，请了一名长相帅气的男侍者带她到预留的房间。她边走边和侍者搭讪，一反刚才故作高雅的姿态，显露出风骚的表情，挑逗得老实而幼稚的侍者有点神魂不定。他按工作程序向这位女客人说明了电灯开关位置，冰箱和空调的使用方法，刚要离去，那个女人嗲声嗲气地说道：“多谢您的照顾！现在夜深了，你的事大概也忙完了，能和我聊会儿天吗？我热得实在睡不着。”那女子的玉臂挽住了他的胳膊：“你真好！我看见你头一眼就动心了。要不你忙完了，再到我房里坐坐，今天夜里我就在这儿等你，你一定要来啊！”侍者对美貌女郎的调情惊讶不已，支支吾吾后，便飞也似的从客房里溜了出去。

午夜过后，侍者暗自想：“她那样勾引大概不是出于真心，怕是想捉弄人吧。”他越想越情不自禁地要弄个究竟。

侍者蹑手蹑脚地走到那女子房间一看，不觉吃了一惊：房门虚掩着，从外面望进去，可以看见那美貌女郎，穿着鲜艳的睡装，酥胸微露，斜倚在大床的靠背上，正目不转睛地向门这边看着。当那女子看清是他之后，马上显出高兴的样子，向他招手，嘴里还不停地说：“一直等着你哩。”侍者心想：“难道她真的在等我？”犹豫了片刻后，便悄悄地溜进屋去。

刚一进门，那女子就迅速地锁上了房门，嘴里嘟囔着：“真叫人好等啊！”说着，一把搂住他，翻倒在床上。那女子喃喃地催促着：“快点快点。”随手将早就放在桌上的剪刀硬塞到侍者手里。“行啦，我等不及了。”用剪刀把衣服从下往上“嘶”地一剪，不等侍者从困惑中醒过来，她已经用手把着他握剪刀的手，开始“嘶啦嘶啦”地剪了起来。事已至此，侍者便一口气把女子上装的前身全剪开了，然后把自己的上衣甩在地毯上……

不料此时，那女子却偷偷地松开手，按下床头柜上录音机的录音键，并抄起床边的电话听筒，按事先背下的电话号码拨通了夜间值班经理的内线电话，大呼：“××房间有流氓！强奸啊！救命啊！”说完，便摔掉听筒，一把扭住侍者的手腕。当经理急匆匆地赶到房间时，那名侍者茫然地呆立着。美女胸前的衣服被剪开了，正发疯似的喊着：“快快抓住这个色狼！他要非礼我。”

“由于一时马虎，好像是忘了锁上房门。我正睡得迷迷糊糊的，这个人闯了进来，袭击了我，还用这把剪刀，就这样……现场你们都看到了。这个流氓是你们店的吗？你看怎么办吧！”经理受了这顿抢白，怒气冲冲地对“干了混账事”的侍者追问道：“喂，这到底是怎么一回事？”

“完全是一派胡言，是她主动勾引我，又将这把剪刀硬塞给我，强行让我剪开她的衣服。”“你说什么？你这个不知羞耻的坏蛋。”那女子愈发火冒三丈起来。

经理对下属了如指掌，经初步考虑断定，这名一向老实的侍者绝不敢做出这种事来。这里面定有什么蹊跷，便一面诚恳地道歉说：“哎！真对不起您了。”一面又劝慰激动的女郎：“不管怎么说，今天夜里已经太晚了，我们还要向这个职员了解事情的原委，明天早晨再拜访并协商处理办法，现在请您先休息吧。”

女郎似乎怒气未消：“经理先生，这种精神上、肉体上的打击我实在无法忍受，而且这套法国巴黎高级时装店最好的礼服也被剪成这个样子，简直难以置信，这一切是你们这家号称第一流酒店的职员干的！我一定要起诉，索赔！”

经理再三道歉：“实在让您受委屈了，明天我们一定给你一个满意的答复。”忙乱中，他根本不知道这一切已经原原本本地录到了磁带上。

回到自己的房间，经理向侍者询问了事情的全部过程，又让饭店保安人员连夜进行调查，了解到那女郎就是附近一家酒店的服务员。此刻，他对事件的原委已经明白了八九分，当即把想法报告了总经理。

原来那家酒店因为管理混乱，经营不善，服务水准太差，生意清淡，几乎要倒闭。而酒店的经理认为连年亏本的原因是这个一流酒店抢了他们的生意，于是多次派人上门找茬儿，这一次竟用了“美人受辱计”，想达到不可告人的目的。

第二天早晨，妙龄女郎果然威胁酒店经理，要到法庭告状，并让记者曝光，而且还提出了一笔令人咋舌

的赔偿费用。酒店经理断然拒绝："我们不可能接受你无理的要求，悉听尊便，请到法庭上见吧。"于是，女郎气冲冲地离开了酒店。

不出所料，附近那家酒店的经理下午打来了电话："听说你们店里昨晚出了点麻烦，要是丑闻让公众知道了，恐怕对你们不利吧！"

"贵经理的消息真灵通啊！不过，我们不在乎。"

"实话告诉你吧，那个女子是我派去的。如果贵店不想让事情闹大，就如数付款吧。"

"果然如此？如果我们否认此事，你拿得出证据吗？"

"我这里有当时的全部录音，要放给你听听吗？"

于是，一场敲诈与反敲诈的商业纠纷开始了。

在生活中，美人计更多地表现为一种诈骗手法，我们在报纸中也常常见到一些利用美女事的案例，如一些女性利用征婚、相亲等手段骗取男性钱财等。防范美人计的最佳办法就是自律，因为"苍蝇不叮无缝的鸡蛋"，只要自己坚持原则，就不会中别人的任何圈套。

【当下启示】

美人计一般是作为达到最终目的的辅助手段，它的主要目标是摧毁精神壁垒，但它达不到歼灭对方的目的，常常还要进行其他手段。因此，大家在施用美人计时，要积极创造或寻找时机实施其他策略。当然，也要警惕美人计的袭击。

第三十二计　空城计——虚虚实实，迷惑敌人

【原典重现】

虚者虚之[1]，疑中生疑[2]；刚柔之际[3]，奇而复奇[4]。

【注释】

①虚者虚之：第一个虚字，空虚，与实相对，指军事力量不敌对方；第二个虚字，动词，显示虚弱的样子。

②疑中生疑：第一个疑字，可疑的形势；第二个疑字，怀疑。

③刚柔之际：这里是指敌我双方力量悬殊的情况。

④奇而复奇：奇妙之中更加奇妙。

【译文释要】

如果兵力空虚，就故意显示出更加空虚的样子，使敌人摸不清虚实而产生疑惑；在敌我力量悬殊的情况下，运用此计会有更加奇妙的效果。

【计谋典故】

春秋时期，楚国的令尹公子元亲率兵车六百乘，攻打郑国。楚国大军一路连下几城，直逼郑国国都。郑国国力较弱，都城内更是兵力空虚，无法抵挡楚军的进犯，可谓是危在旦夕。这时，郑国的上卿叔詹对郑王说：“请和与决战都非上策。固守待援，是可取的方案。郑国和齐国订有盟约，而今郑国有难，齐国定会出兵相助。只是空谈固守，恐怕也难守住。公子元伐郑，实际上是想邀功图名讨好文夫人。他一定急于求成，又特别害怕失败。我有一计，可退楚军。”

郑王按叔詹的计策，命令士兵全部埋伏在城里，不让敌人看见一兵一卒。大

开城门，放下吊桥，摆出完全不设防的样子。同时，令店铺照常开门，百姓往来如常，不准露一丝慌乱之色。

公子元率楚军到达郑国都城城下，见此情景，心里起了怀疑，莫非城中有了埋伏，诱我中计？他率众将到城外高地眺望，见城中确实空虚，但又隐隐约约看到了郑国的旌旗甲士。公子元认为其中有诈，不可贸然进攻，先进城探听虚实，于是按兵不动。

这时，齐国接到郑国的求援信，已联合鲁、宋两国发兵救郑。公子元闻报，知道三国兵到，楚军定不能胜，于是下令全军连夜撤走，但所有营寨都不拆走，旌旗照旧飘扬。

第二天清晨，叔詹登城一望，说道：“楚军已经撤走。”众人见敌营旌旗招展，不信已经撤军。叔詹说：“如果营中有人，怎会有那样多的飞鸟盘旋上下呢？他也想用空城计欺骗我。”

【谈古说今】

空城计是一种在敌强我弱，形势严峻的情况下，为解燃眉之急以争取时间，把本来空虚的实力，故意用空虚的形式表现出来，让人对我方的空虚产生怀疑，从而作出相反的判断，因此不敢贸然采取行动，从而为我方调兵遣将赢得时间的策略。

实际上，此计是一种疑敌缓兵的心理战术。使用此计的关键，是要清楚地了解并掌握敌方将帅的心理状况和性格特征。它的核心是用“虚而虚之”使敌人“虚中生疑”。此计多数情况下，只能当做缓兵之计，还得防止敌人卷土重来。因此，面对敌人时，还必须有实力与之对抗，要救危局，还是要凭真正实力。

古人用兵，讲究的是“虚者实之，实者虚之”的逆反用计，空城计却打破了以往兵家的常规用计格局，以“虚者虚之”的反常递增设计，使虚实变幻无穷，不再有固定模式。反常用兵，使敌“疑中生疑，不知所攻”从而会“奇而复奇”，取得“出奇制胜”的效果。

诸葛亮六出祁山用人不当，马谡大意失街亭，造成战局失利。诸葛亮自知陇西城守不住，便安排部署向汉中撤兵。当时陇西城只有5000人马，其中2500人出外运粮草，只剩一半守城。忽然，探子飞马来报，说司马懿带领15万大军向陇

西城蜂拥而来。这时，诸葛亮身边没有一员大将，只有几个文官和2500名士兵。当听到大兵压境的消息，个个惊恐万状。诸葛亮却是镇静自若，从容传令，命令全城立即把军旗收藏起来，各自坚守岗位，不许高声说话和随便出入，如有违令者定斩不饶。然后，又吩咐将城门大开，每一城门留20个士兵，装扮成老百姓清扫街道，并且在魏兵到来时，不得擅自行动。一切安排妥当后，诸葛亮便带着两名小童，携瑶琴登上城楼，神态自若地弹起琴来。

司马懿的前锋来到城下，看到这般情景，不敢贸然进城。于是，飞马回告司马懿。司马懿根本不相信，亲自飞马来到城前观看，果然见诸葛亮坐在城楼上，左右两边各站一童，一个手捧宝剑，一个手执拂尘，诸葛亮面前焚香三股，香烟缥缈，他正悠然自得、旁若无事地轻弹瑶琴。城门内外有二十余名老百姓正在低头清扫。司马懿看后心中疑惑不定，诸葛亮平素做事甚为谨慎，从不冒险，如今城门大开，想必有重兵埋伏，倘若贸然进兵，岂不正中他计，于是传令拨马而回。

诸葛亮沉着冷静的现场控制，避免了一场血战。

诸葛亮没有被突如其来的变化所吓懵，也没因大兵压城而惊慌，而保持沉着冷静的态度，把探子获得的信息同实地观察结合起来，进行详尽的分析，权衡利弊，采取对策。当时魏军以15万的兵力分两路向陇西城杀来，而诸葛亮只有2500名士兵，双方相比是敌众我寡、敌强我弱。在这种情况下，诸葛亮若派人求援，一时也难解燃眉之急；若弃城逃跑必被生擒；若死守城池，则会因寡不敌众而难以抵挡。在军情紧迫无路可走的情况下，诸葛亮进一步分析了各自用兵特点和个人特性，自己平时用兵谨慎，而司马懿疑心重。于是一反常态假戏真做，演出了一场空城计，迷惑了司马懿，摆脱了危困局面，从容完成了撤退计划。诸葛亮的决策是科学的、符合实际的，因而也就收到了良好的效果。

诸葛亮如果不是对司马懿的秉性、用兵特点有足够的了解，是决不会贸然使用空城计的。因此，平时掌握的情况越多、越深入，积累的实践经验越全面，在遇到突然情况时，就越能在分析问题时迅速果断地作出决断。在解决疑难问题和突出性问题时，诸葛亮智退司马懿15万大军的控制艺术是值得大家借鉴和学习的。

由此可见，具备沉着、冷静的素质是全面、细致、周密考虑分析突发性问题和紧急情况的前提。没有沉着、冷静的态度，就没有全面、细致、周密的分析。某些人头脑简单、缺乏修养，一遇突发情况就头脑发涨、惊慌失措。结果，考虑问题片面，便草率作出决策，往往效果甚微或出现失误。在紧要关头，是仓皇应战，还是沉着、冷静地稳住阵势，对扭转战局将起决定作用。

1939 年 8 月 21 日，德国袖珍战列舰“海军上将斯佩伯爵”号(以下简称“斯佩”号)，神不知鬼不觉地潜入南大西洋。在短短 3 个月的时间里，它击沉了 9 艘英船(共计吨位为 50000 吨)。这一战绩使它成为全世界的热门新闻。

凭着多年的海上作战经验，驻守拉丁美洲东方海区的英国“G”舰队司令哈伍德断定，“斯佩”号的下一个猎物将是自己的防区，该舰将会在 12 月 13 日到达拉普拉塔河口。于是，哈伍德命令分散在各处的三艘巡洋舰全都集中至该河口，以“三打一”的方式对付“斯佩”号。

12 月 13 日拂晓，“斯佩”号果然如期而至。哈伍德命令 3 艘英舰分成两队，以使敌舰分散火力，顾此失彼。“斯佩”号凭着自己 280 毫米大炮的巨大威力给英舰造成重创，但自己也连连中弹，陷入窘境。上午 8 时，“斯佩”号被迫停泊在乌拉圭首都蒙得维的亚，战事稍停。

根据国际法，交战国舰艇在中立国停泊 24 小时后自行解除武装。但是，如果在 24 小时内“斯佩”号真的从蒙得维的亚返身杀出来，那么，没有一艘英舰能够阻挡它。制服它的办法只有一个，即不让它出港，以解除其武装。那么怎么样才能不让它出港呢?

有鉴于英国战舰的实力比“斯佩”号弱的客观情况。海军部一方面采取紧急行动，命令离此较近的三支舰队火速赶往拉普拉塔河口；另一方面，又通过电台大肆宣传，鼓吹拉普拉塔河口外的封锁线固若金汤，“斯佩”号已陷入英军的重重包围之中。与此同时，外交活动也在紧张地进行。英驻乌拉圭大使多次催促乌拉圭当局尽快地赶走“斯佩”号。

英国的宣传战奏效了。“斯佩”号舰长从电波中得到了深刻印象：即使突破了哈伍德舰队的封锁，也难以逃脱从四面八方赶来的英国强大舰队的包围圈。“斯佩”号已是伤痕累累，就算能冲出包围，也不能越过万里海洋和英舰的围追堵截，回到德国。此时，英军为了表示自己遵守国际惯例，率先将战舰开出蒙得维的亚。"斯佩"号再也无法在港口赖下去了。舰长自认穷途末路，在无奈地将七百多名官兵转移到德国商船上后，决定炸船自沉。随着一声惊天动地的爆炸，"斯佩"号沉没海底。

利用宣传上的优势，采取攻心的策略，从而诱导敌人走上错误的道路。

抗日战争时期，日军对太岳兵团大扫荡的时候，薄一波就是利用日军不认识胡兆祺的弱点，向日军大摆"空棺计"，成功保护了胡兆祺。

1941 年 10 月，日军对山西沁源地区实行了"铁壁合围"的大扫荡。日军的大扫荡整整进行了两天两夜，这次扫荡使我军遭受极大的伤亡。最后，虽然太岳军区的领导机关强行突围而去，但是"决死纵队"第 59 团团长胡兆祺和百余名战士不幸被日军俘虏。

日军得知在这次扫荡中，捉到了赫赫有名的"大共产党"胡兆祺的时候，欣喜若狂。可是，日军没有人认识胡兆祺，于是他们挨个审讯被俘的战士，想要弄清到底谁是胡兆祺。日军的想法没有得逞，因为我军坚强不屈的战土，任凭日军严刑拷打，就是不吐露半字。

日军一计不成又生一计。他们对俘虏的我军战土唱起了"空城计"。日军常常在半夜的时候，突然打开监狱的大门大声喊道："胡兆祺，站出来，我们放你出去了!"当然，日本人的鬼把戏只能被我军当做取笑的笑料，没有人会理睬敌人的这个把戏。

这个情况很快被我情报人员探知。太岳军区政委薄一波和军区党委书记安子文经过商量后，决定利用敌人还不认识胡兆祺的时候，来个"空棺计"，使胡兆祺暂时脱离危险。

一天，薄一波亲自主持了声势浩大的悼念胡兆祺及其他阵亡将士的大会。在追悼大会后，薄一波和安子文臂戴黑纱，胸佩白花，走在送葬队伍的前面。身穿灰军衣的"决死队"队员们抬着一具黑色的棺材，胡兆祺的妻子由几个妇女扶着悲痛欲绝地走在队伍后面。

安葬仪式结束后，太岳军区还为胡兆祺和其他阵亡将士立了一块纪念碑。

日军的暗探很快把太岳军区开追悼会的消息报告给了日军的指挥官。日军指挥官想，怪不得查不到谁是胡兆祺，原来胡兆祺已经被我们打死了，于是，日军下令不再追查胡兆祺。

后来，在日军对关押的我军战士防备开始放松的时候，我军偷袭日军，胡兆祺被成功地救了出来。

【当下启示】

为人处世，我们不可能一直处于强势，当我们一旦处于危险之中的时候，要善于发挥想象，使对手对我们的处境或是行动等形成错觉。空城计是一种心理战术，只要我们能够知对手之所想，就能够在这场心理对抗中占得上风。

第三十三计　反间计——顺藤摸瓜，将计就计

【原典重现】

疑中之疑①。比之自内，不自失也②。

【注释】

①疑：怀疑。

②比之自内，不自失也：语出《易经·比》，“比之自内，不自失也。”比，亲比，亲密相依。

【译文释要】

在敌人怀疑、犹豫的情况下，再给他布下疑阵。使敌人内部自生矛盾，那么我方就可万无一失。

【计谋典故】

三国时期，赤壁大战前夕，孙刘结盟，共同抗曹。虽然在兵将数量上孙刘两家合起来，还是大大少于曹操，但孙刘联军发挥善于水战的特长，在长江水域初战告捷，挫了曹军锐气。

曹操的北方军队本来不懂水战，为其军事上的短处，便令精通水战的荆州降将蔡瑁、张允在长江中建立水寨，训练水军。而张、蔡二人因久居荆州，深知水战奥妙。因此，这两个人也自然成为东吴的心腹之患。当时，在东吴主管军事的是周瑜，而他精通兵法、足智多谋。

在曹操眼里，周瑜是灭吴的一大障碍。一天，曹操派部下蒋干，利用与周瑜旧时的交情，以访友为名，前往长江对岸敌营，试图劝说周瑜投降，顺便刺探军情。

周瑜正为蔡瑁、张允在提高曹军水战能力而犯愁，得知蒋干来访，立即识破来意，顿时计上心来。

在款待蒋干的宴席上，周瑜解下佩剑说道："蒋兄是我的老同学、好朋友，我们今天只叙友情，不谈打仗，如果有谁敢谈论与交战有关的事，就用此剑杀了他。"这一来，也堵住了蒋干的嘴，只字不敢提劝降一事。大家只管尽情欢笑饮酒，周瑜也喝得醉意朦胧。

晚上，蒋干同周瑜一起共寝，蒋干翻来覆去睡不着，坐起身来，借着灯光看见案头上放着一封信，是蔡瑁、张允阴谋反曹，投降东吴的密信。蒋干回头看时，周瑜正醉酒沉睡，蒋干赶忙把信揣起来，连夜跑回曹营，把信交给曹操。

曹操看了蒋干带来的信，顿时火起，斩杀了蔡瑁、张允。随即，他又发现信是伪造的，知道自己中了周瑜的反间计了，但为时已晚。

【谈古说今】

"反间计"就是巧妙地利用敌人的间谍反过来为我所用的计谋。采用反间计的关键是"以假乱真"，造假要造得巧妙，造得逼真，才能使敌人上当受骗，信以为真，并作出错误的判断，采取错误的行动。行反间计的方法千变万化，可用厚礼诱惑，也可装疯卖傻，供给对方假的情报，使之间接为我服务。

反间计在军事上有两种用法：一种是利用打入我内部的敌方间谍，想办法收买他们，让其直接为我方服务，另一种是有意泄露假情报，让敌方间谍带回去，扰乱敌方视听，使之无法知道我方的真实情况。

世界万事万物都是矛盾的统一体。人与人、国与国、事与事之间的关系，都在矛盾运动中发展变化。游说中善于抓住制约和影响对方态度、行为的主要矛盾，或者点明其症结所在，或者分析其利弊得失，或者指出其解决的途径，并以此吸引对方听取自己的游说内容，这就是利用矛盾的方法。战国时的张仪可算是利用矛盾进行游说的专家。

张仪一生的主要生涯就是凭着三寸不烂之舌，到诸侯列国游说。他是魏国人，早年求学于鬼谷子门下，学成后，游说诸侯，到处碰壁，贫困潦倒，一次因为被怀疑偷楚相的玉璧而遭到痛打。他的妻子说："如果不读书还不至于此。"张

仪虽然屁股上还隐隐作痛，仍伸出舌头让妻子看：“舌头还在吗?”妻子以为他气疯了，笑道：“还在。”张仪说：“这就行了。”这充分展现出了他的倔强性格和不顾一切猎取功名的野心。

公元前329年，张仪到了正在招揽人才的秦国，受秦惠王的赏识，参与朝政。他以“连横”的外交政策，打破诸侯“合纵”抗秦的阵线，着实为秦惠王出了大力。纵观其一生的游说生涯，利用“矛盾”这一游说策略，他算是运用到了炉火纯青的地步。

公元前313年，秦王想讨伐齐国，但又担心齐、楚间的“合纵”之盟，而引发实力强大的楚国出兵救齐。于是，派张仪到楚国，这就是那一场口称割地600里，而实际只让6里的“滑稽戏”。楚王受辱后大怒，恨不得把张仪肉而食之。后来，楚王要以黔中之地向秦“换得”张仪，以解自己的心头之恨。不想，张仪早就买通了楚王的宠臣靳尚，靳尚又唆使楚王的宠姬郑袖向楚王吹枕边风，使得楚王不仅不敢妄杀张仪，而且厚待张仪，还乐呵呵地向秦国送上黔中之地，以讨好秦国。张仪从楚国脱险之后，又重操旧业，凭借三寸不烂之舌，采取利用矛盾的方略，在诸侯国中搬弄是非，极尽破坏诸侯“合纵抗秦”阵线之能事。

张仪高高兴兴地离开楚国，马上到了韩国，对韩王游说道：“韩国的土地多是险恶的大山，生产粮食不多，国家没有储备够两年吃的粮食，士兵不过20万。然而，秦国却有士卒百万。以韩国之力抵抗秦国，就像把千斤重的东西垂挂于鸟窝之上一样，必然没有侥幸的可能。为大王打算，不如事秦而攻楚，既免去秦国进攻的灾祸，也讨得了秦国的欢心，没有比这更好的计策了。”韩国果真糊里糊涂地同意了。

张仪楚国、韩国之行，风尘尚未洗净，就又肩负秦王的使命东行齐国。他到了齐国，对齐王说：“搞合纵的人对大王游说，必定说齐国以三晋韩、赵、魏为屏障，地广人多，兵强将勇，即使有100个秦国，也奈何不得齐国。现在秦、楚已为兄弟之国，韩国献宜阳之地给秦国，魏国向秦国献出了河外之地，赵国割河间给秦国。大王你如果不听从秦国，秦国就可以让韩、赵、魏三国进攻齐国。到时候齐想与秦国联合也不可了。”齐王听从张仪的话，也倒向了秦国。

张仪又西去赵国，对赵王说：“大王联合天下之力以抗秦，秦兵不出函谷已有15年了。大王的威势遍及山东六国(齐、楚、韩、燕、赵、魏)。我秦国很是恐惧，秣马厉兵、囤积粮草不敢轻举妄动。但是，大王您做得太过分了，屡次威胁秦国。秦国虽然处于偏僻遥远之地，但对赵国心怀怨恨已有一段时间。现在秦国的军队已驻扎在渑池。秦王让我先来通知您和您的臣子，现在楚与秦已为兄弟之国，韩、魏已成为秦国的藩臣，齐国已向秦国献上盛产鱼、盐的地方。如今之势，赵国的右臂已经断了。断一右臂的人与别人斗，势单力孤，想要没有危险是不可能的……为大王打算，不如与秦国结为兄弟之国。”赵王也被张仪吓唬住了。

张仪又北去燕国，对燕王说：“现在赵王已到秦国朝见，并送上河间之地以表示臣服。大王如果不臣服于秦国，秦国将让赵国进攻燕国。况且当前齐、赵对秦国来说就像封邑一样，不能轻举妄动，发兵攻伐。大王如果臣服于秦，可以长期免去齐、赵进攻的祸患。”于是，燕王马上献上常山一带5座城池，以求得与秦国的和好。

张仪的东游西蹿，硬是将六国“合纵抗秦”的阵线搞得支离破碎。他成功的奥秘何在？就在于善于利用矛盾。经过多年混战，西方之秦国日益崛起，且日夜窥伺着其余六国的疆土。为防止秦国的兼吞，齐、楚、燕、韩、赵、魏采用“合纵”抗秦的方略抵御之。但是，这种“合纵”又未必是合纵一心，而是矛盾重重，各有算盘，各个击破，打破了六国的“合纵”阵线。

这位善于利用矛盾的游说家，不仅以此法破坏了六国的“合纵”局面，而且在自己临危之时，还是利用矛盾，保住了老命。

公元前310年，秦惠王去世，太子荡即位，称武王。太子荡与张仪早有矛盾，有心除掉他。

诸侯听到张仪失宠的消息，纷纷背离了秦国，又恢复了合纵的态度。惶惶不可终日的张仪为了躲避新秦王的报复，对他说：“为大王考虑，山东六国有变乱，才便于大王多夺取土地。我听说齐王很恨我。我所在的地方，齐国必然要加以讨伐。因此，我请求到魏国去，这样齐国必然讨伐魏国。齐、魏打起来了，大王可以趁机伐魏，入三川，挟周王室之威，获得周室的天下图籍、祭器，成帝王之业。”秦武王认为这话不错，也乐得张仪离开秦国，就派兵车30辆送张仪到魏国。魏国接受了张仪，还让他当了相国。魏国果然遭到了齐国的征伐，魏王十分惊恐，张仪又对魏王说：“大王不要害怕，我可以让齐国罢兵。”于是，张仪派他的舍人冯喜到楚国，借楚国人为使到齐国。楚使臣对齐王说：“大王听张仪的话，来取悦秦国，太过分了。”齐王大惑不解：“我非常痛恨张仪，正因为恨张仪，所以才讨伐魏国，怎么能说是听张仪的呢？”楚使说：“张仪离开秦国，是与秦王商量好的计谋，让大王攻魏，秦国乘机夺取三川。现在大王果真伐魏，将使国内疲惫不堪，并且得罪了盟国，使张仪在秦王面前更有威信了。”齐王听了这话，就撤兵回国去了。张仪为魏国退了齐兵，受到了魏王的重谢，不久张仪就老死在魏国。

张仪采取“利用矛盾”的方法游说诸侯之所以能够成功，与当时的政治、军事形势紧密相关。但是，张仪能以一个政治家的眼光，对当时列国的政治、经济、军事状况有深刻的了解，对山东六国之间的矛盾洞若观火，抓住各国诸侯关心各自国家的利益而适时诱之以利，能够把政略、战略、外交与必要的秘密谍报活动紧密地结合起来，这不能不说是他游说诸侯、拆散“合纵”获得成功的重要原因。

采用反间计的关键是“以假乱真”，造假要造得巧妙，造得逼真，才能使对手上当受骗，信以为真，从而作出错误的判断，采用错误的行动。

岳飞是南宋名将，他作战有方，常常出敌不意，运用计谋，获得战斗的胜利。

岭表一带的强盗力量十分强大，宋高宗命岳飞前去招安。

岳飞派人见到了强盗头曹成，但曹成理也不理。岳飞只好向宋高宗报告：“岭表一带的强盗力量十分强大，只是空口无法招安，只有武力把他们的力量削弱一部分，再行招安，才有可能。”

宋高宗想了想说：“那就请你带兵进剿吧，不过可要速战速决为好啊！”

岳飞率部进军岭表，一边走他一边想，如何才能尽快地叫曹成投降，不要拖延很长时间呢？

正在这时候，前军来报：“岳元帅，刚刚抓到了敌人一名探子。”说着就押了过来。

那敌探的两只贼眼上下乱转，一看就是一肚子的鬼点子，岳飞顿时计上心来。

岳飞下令：“天不早了，扎营休息吧。”又说：“把这个探子绑到帐前的柱子上，可不能叫他跑了！”

正在这时，一员大将前来报告：“元帅，粮食已经吃光了，您看怎么办好呀？”

岳飞一听，大为不满，一脸的不高兴说：“那就只好准备回去了，传我的命令准备返回。”

大将听令走了。

这些话那个探子听得清清楚楚，也看到了岳飞的表情。

到了晚上，看守探子的士兵，一个一个都喝醉了，准备回家，无心再看守。探子看到时机已到，解开了绳子逃跑了。

探子一口气跑回山寨，边跑边叫道：“大王，大王我回来了！”

“你都探到了什么消息？”曹成问。

“大王，岳家军已经没有粮草了，他们准备明早回朝了！”

“这你是怎么知道的？”

探子就把自己如何被抓，如何听到消息，又如何跑出来的经过说了一遍。

曹成一听，连说：“有道理，有道理。看来时机到了。弟兄们，随我下山，咱们抄岳家军的后路。”

岳飞看探子跑了，知道反间计已经有希望了，便下令：“立即开饭，饭后急行军占领敌人山寨。”

曹成在山外扑了空，当他返回山头的时候，只见到处都是岳家军的大旗。岳军已经占了许多险关，曹成已经无家可归了。

此时岳飞通知曹成：“还不快快投降？”曹成无奈只好受了招安。

岳飞与金兵作战，也是多次使用反间计。

南宋叛臣刘豫与金国勾结，对中原已构成威胁。岳飞早想用计谋打破他们的联盟。

这一天，岳家军抓到了一个金兀术手下的探子。岳飞早就知道金兀术与刘豫不和，所以事先就定好了反间计。

当兵士把那个探子押进大帐的时候，岳飞一见便发火了：“你这个张斌，我派你到齐国去，你为何一去不回？”

探子一听岳飞叫他张斌，心中暗喜，一定是岳飞认错人了，我何不将错就错，也可保全自家一条性命，便说道：“小人实在是不知何时回来呀！”

岳飞大怒：“你不知道，当初我派你去齐国，是叫你诱来金兀术，可是你一去不回，我只好又派别人去了，齐军已经同意明年以联合进攻长江为名，把金兀

术骗到清河来，把他收拾掉，可是你不回来了，你可知罪？”

“小人知罪，小人知罪！”

“你要是知罪，我就写一封信，你带给刘豫，叫他按时起兵！”

说着岳飞就提笔写了一封信，用蜡油封了起来。

那探子回去之后，把信交给了金兀术。金兀术一看信，大吃一惊，立刻交给了金主。于是，金主当机立断，废除了刘豫的一切权力和职务。从此，刘、金的联合土崩瓦解了。

由此可见，使用反间计，就是要充分地利用“反间”来达到获取情报，扰乱敌人的目的。大家要用敌人设下的疑阵反过来再迷惑对手，就是用敌人的人来迷惑敌人。

1943 年 6 月 16 日，一架英制莱桑德单翼侦察机关上了发动机，在月色中像一只大鸟一样无声地滑翔，最后降落在法国卢瓦尔河谷中的草地上。这是第二次世界大战中英国情报部门第 36 次使用这种飞机向被纳粹德国占领下的法国运送特工人员了。

从飞机上走下一个女人，名字叫诺尔·艾娜亚特·卡恩，她可能是英国特别行动处用这种方式送到法国的 102 人中最迷人的一位女性了。她曾经过特别行动处严格的挑选，并在专门的间谍学校受到过严格的训练。这是她第一次被派到纳粹统治下的法国，开始她的情报使命。

诺尔·艾娜亚特·卡恩，化名为马德琳。她是一个漂亮娇小的姑娘，清秀而略带腼腆的脸上长着一双黑色的大眼睛，长长的黑色卷发披散在肩头，她是 18 世纪的曼索尔苏丹·蒂帕·萨希的后裔，她的父亲曾是泛神秘主义苏菲派的领袖，苏菲派是伊斯兰教中的一个十分秘密的教派。她的母亲是个美国人，她本人则出生在莫斯科，这是因为当时她父亲正在那里传授伊斯兰教苏菲派的教义。

她整个身世如此复杂又带着传奇色彩。就连那些通俗小说中虚构的主人公的故事也未必能比她的经历与身世更浪漫。诺尔在法国一直待着，直到 1940 年，为躲避纳粹德国的残暴统治，与她的母亲和弟弟一起逃亡到英国。因此，她会流利地使用英、法两种语言。到达英国后，她自愿申请参加了皇家空军妇女辅助队，并接受过无线电报务的训练。直至1943年2月，被调至特别行动处接受训练。3个月的短暂训练结束，诺尔以优异的成绩结业。唯一的缺点就是保护自我的安全观念极差，当时的主持训练的负责人——弗兰克·斯普纳上校曾向上级报告说，诺尔在安全方面不行，她容易感情用事，情绪较为偏激而冲动，因此不适于做外派特工。并提议，不应把她派到法国去执行秘密工作。所以，在训练结束后对诺尔的鉴定中就明确出现了："工作努力，也很敏锐，但有时忽视安全课程。性格不稳定，容易冲动，是否适于作派遣工作值得考虑。"

但是，特别行动处法国科的负责人莫里斯·巴克马斯特少校却不同意鉴定的结论和弗兰克·斯普纳上校的建议，坚持将诺尔派往法国。于是，化名为马德琳的诺尔开始了她悲剧式的情报工作使命。

从踏上卢瓦尔河谷的草地不久，诺尔在法国地下抵抗组织的接应下，顺利地进入了巴黎。然而，没多久，她在巴黎的工作伙伴就几次责备她缺乏应有的安全观念和保密意识：她的装有密码本的皮包被她遗忘在她拜访过的一间客厅的沙发中；曾公然在大街上毫不在意地将一份秘密情报交给联络员；房东太太也曾在厨房的餐桌上发现过她使用的密码本；最严重的违反特工安全规则的是，她还经常随身携带一个笔记本，本子上面记有她所有发往伦敦的电报文稿。

纳粹德国的盖世太保当时已经在巴黎逮捕了几名特别行动处派来的间谍，并利用他们缴获的电台向英国发送假情报，同时套取有用的情报。与此同时，盖世太保截获了诺尔一周三次向伦敦的发报。然后，他们便设计使用了一个名字叫伯特兰的英国特工的电台，向伦敦发报，要求伦敦指示让马德琳在巴黎与伯特兰接头。此后又派出一名曾在美国航运公司工作过，并讲一口流利的美式英语的盖世太保假冒伯特兰，先后在巴黎的一处咖啡馆中接了几次头。接头过程中，疏忽大意的诺尔无意泄露出的情况，又使纳粹的盖世太保得以顺利地打入一个由法国企业家组成的地下抵抗组织。

1943年10月13日，诺尔在巴黎被盖世太保逮捕。在逮捕她的同时，德国人同时查获了她使用的发报机和那个记有所有电报内容的本子。记录本内的电文稿和密码帮助盖世太保破译了诺尔的密码，并发现了她使用的警报暗号。据此，盖世太保又可以顺利地操纵诺尔的电台，向伦敦发送假情报了。

盖世太保通过对诺尔电台的逆用，成功地发现并破坏了在圣库通和里尔区的两个地下组织，逮捕了7名特别行动处的间谍。其中，包括英国特别行动处最有经验的派遣官员弗朗斯·安泰尔姆少校。诺尔的轻率和大意不仅给特别行动处带来了巨大的损失，也给自己套上了绞索。1944年9月，诺尔在臭名昭著的达豪集中营被处决。尽管作为一名特工人员，诺尔的表现不尽如人意，但是她仍不失为一名勇敢而坚强的反法西斯战士。战后，英国政府仍然追赠她乔治十字勋章和普通十字勋章。

这是德国特工利用英国女间谍的大意而进行的一次成功的反间谍行动。间谍本来应是无时无刻不谨慎小心的，而诺尔却犯了致命的错误，从而落入了盖世太保的手中。

在现代商战中，实施“反间计”仍然可以视情况灵活地运用古人总结的两种办法：或晓之以情谊大义与利害关系，劝使刺探我方技术情况者反过来提供对方的技术情报；或不动声色，顺手牵羊，给对方提供虚假的、失效的、次要的甚至相反的技术情报。

表面上送往迎来，谈笑风生；暗地里警觉防范，滴水不漏。这也是使用“反间计”的一种表现方式。

20世纪60～70年代，美国国际商用机器公司一直控制着商用电子计算机的市场。日本通产省计划在半导体电子计算机领域赶上和超过美国。日本电子计算机厂家八仙过海，各显神通。1980年11月，日立公司通过商业间谍，弄到了美国国际商用机器公司新一代308X计算机绝密设计资料27册中的10册。为了把余下的17册也搞到手，日立公司继续采取行动。日立公司高级工程师林贤治向与日立公司有业务往来的马克斯维尔·佩利发了一份电报，要求佩利设法搞到其余的17册资料。佩利原是美国国际商用机器公司先进电子计算机系统实验室主任。当他接到林贤治的电报后，意识到此事关系重大，并在答应林贤治的同时，也将此事告诉了美国国际商用机器公司。美国国际商用机器公司为了查清事实，抓住日立的证据，要求佩利充当双重间谍，积极接近林贤治。日立公司果然中计，1982年6月，美国联邦调查局人员逮捕了日立公司前去拿情报的人，日立公司被抓到了证据，遭到了起诉。在日、美两国政府的积极参与下，1983年3月，旧金山法院判处日立公司林贤治一万美元罚款，参与此案的大西勇夫被罚款4千美元，并交还全部盗窃的资料。日立公司以失败而告终。

顺着对手的计谋施计，使对手的计谋为我所用，或当对手用计谋时，却落入了我方的圈套，这就是领导者将计就计的应变术。1990 年下半年，市场疲软，钢材卖不出去，导致武钢的仓库爆满，半成品库甚至车间的走廊、过道都堆满了成品。再不销售出去，武钢将面临停产危险。

武钢领导决定：紧急销售 15 万吨自销材。

销售部得到另一个大钢厂将来武汉开订货会的消息。于是，紧锣密鼓，抢在对方一个星期之前，召开为期 3 天的订货会。

李裕荣与副部长依据对商情的分析，制定了两条策略。其一，因俏销品种利丰、滞销品种利薄甚至亏本，只有扩大俏销品种比例形成主导品种对路的态势，同时带动滞销品种销售，总体上使客户不亏本而有盈利。他们将这种俏滞产品一起销的方式称之为组合销售；其二，对批量大的客户，每吨优惠 20～50 元。

经过一番准备，李裕荣在订货会开始时热诚致辞，大谈经济权威部门关于“即将步出低谷”的预测，并举数字、列事实，旁征博引，洋洋洒洒，引导用户树立“疲软即将过去，好日子即将到来”的信心，意欲刺激起各家客商的购买欲。

然而，效果不佳。下午的订货会一开始就冷冷清清，正所谓门庭冷落车马稀。

李裕荣看到这里，立即投出“引蛇出洞”的第三招。他将早已联络好的平时跟武钢关系特别好的武汉地区的用户召拢来，说：“武钢正处困难时期，请你们能买的带头买，无钱买的也捧捧场，有钱出钱、有力出力、无钱无力出嗓门，帮我们造造气氛也好。”

于是，“别动队”出动，把摊前挤得水泄不通，南腔北调开始此起彼伏。这个冲着销售部计划科科长刘金秀吼：“刘金秀，你给我 5000 吨普板，明儿一早就给你支票!”那个冲着生产科的科长大叫：“张汉欣，我要 3000 吨，你留着，我一个子儿都不少。我给你打招呼了，不要不给面子，不够朋友。”

这个吼，那个嚷，紧张空气制造出来了，原先旁观的一些用户也纷纷朝摊前挤去。

当天下午，订出 1．5 万吨。

李裕荣眉头一皱，立即召集部下开紧急会议，要求他们到人多的地方去发牢骚，到饭厅里去“干仗”，进一步制造紧张空气。

于是，在饭厅、在会议室、在走廊里，到处都能听到武钢人发出的各种牢骚怪话：

“哎，今天才订出3万吨，不怎么样！”

“不能订多，没那么多货，别打肿脸充胖子！”

最精彩的是刘金秀和张汉欣这两员大将在会场的吵架，简直像《三国演义》中的周瑜打黄盖，假戏真唱，十分动情。

只听得张汉欣忍无可忍地大吼：“刘金秀，你怎么乱弹琴?不能订这么多。生产兑不了现，我怎么交差?兑不了现，害得我们扣奖金。扣了奖金，你来补吗?”

刘金秀嗓门更高：“用户是我们请来的。用户硬要订，我有什么办法?你有气，找部长发去，冲我来干什么?”

这一闹，围观的一大帮人，暗自想：“哟，武钢人自己闹起来了。”他们敏感的神经绷直了。

第二天，订出去5万吨。虽说两天已订6. 5万吨，但距离15万吨还差8. 5万吨。

在用户中，李裕荣盯住了几家大户，他们来的都是拍板人物。其中一家公司，开口要几万吨热轧板，但条件是需大幅度降价。双方底线差距较大，谈了三四次都没有成功。对方一怒之下，搬出宾馆，作出了要“断交”的姿态，迫使武钢销售人员感到紧张，不得不降价。

李裕荣付之一笑，说：从他们的队伍构成可以看出是有备而来的，很有诚意，不会走多远。他还得到一个信息，对方并没有撤光，而是留下了一位“探子”，设立一个“据点”：他们选择了一个便于观察的房间，将武钢人的一举一动，一言一行都看在眼里，记在心上。

李裕荣将计就计。一方面，他找了个跟武钢同时又跟这个“探子”要好的第三者，如此这般地交代了一番。进晚餐时，第三者有意无意地告诉“探子”：武钢只有三四万吨钢材了。“探子”急忙回去汇报；另一方面，他听说两位科长吵架时，“探子”并未在场，便认为他们吵的不是时候、不是地方，要求重吵一次。

于是，第三天早上，两个科长就在这个“据点”的门口，吵了个天昏地暗。吵毕，“探子”慌不择路，匆匆回营禀报。

口干唇焦的两位科长关起门来，禁不住掩口而笑。

高温高压，“引蛇出洞”。一个小时后，双方恢复了谈判。李裕荣认为，商场上没有真正的赢家和输家，应该是“风物长宜放眼量”。因此，主动给对手一个台阶，亦做某些让步，结果，很快就签下了购买几万吨钢材的合同。

3 天内，共订出 15 万吨，销售收入 3 亿元。喜得财务部一天几个电话问：“这是真的？再不来钱，武钢将难以为继。”

李裕荣知道，就在前不久，他和武钢经理、财务部长到北京，贷款给职工发工资。如今，再不来钱，巧妇也难为无米之炊了。

现代社会是信息社会，任何竞争的胜利都离不开信息。领导者要从正常渠道获取信息，先下手为强，取得胜利。同时，领导者也要慧眼识破对方的“间”，并善加利用对方间谍，巧使“反间计”。这就是真真假假、虚虚实实的谋略。

【当下启示】

反间计就是要善于抓住对手的弱点，通过使用离间、挑拨是非，制造事端等破坏敌人内部的团结，达到削弱对手的目的，从而为实现自己的目的扫清道路。在日常生活中，反间计常常被人们有意无意地用到，大到为了达到自己的某个目的而巧布疑阵，小到同事之间、朋友之间、同学之间挑拨离间、煽风点火，或当面一套，背后一套，阳奉阴违。“来说是非者，便是是非人”，因此，为人处世一定不要被一些假象和奉承话所迷惑。对别人告诉你的话不可不信，也不可全信，一定要分清楚哪些是真实的，哪些是虚假的。

第三十四计　苦肉计——自我伤害，取信于敌

【原典重现】

人不自害，受害必真；假真真假，间以得行。童蒙之吉，顺以巽也①。

【注释】

①童蒙之吉，顺以巽也：出自《易经·蒙》，此句意思是说不懂事的孩子单纯幼稚，顺着他的特点逗着他玩耍，就会把他骗得乖乖的。

【译文释要】

人不会自我伤害，自我伤害必定会被认为是真实的；如能以假作真，那么离间计就可以实现了。要像欺骗幼童那样迷惑敌人，顺势进行活动。

【计谋典故】

春秋时期，吴王阖闾杀了吴王僚，夺得王位，但他十分惧怕吴王僚的儿子庆忌为父报仇。与此同时，庆忌正在卫国扩大势力，准备攻打吴国，夺回王位。于是，阖闾想尽一切办法要除掉庆忌。

这时，伍子胥向阖闾推荐了一个智勇双全的勇士，名叫要离。阖闾见要离矮小瘦弱，问道："你想怎样除掉庆忌？"要离回答说："只要能接近他，事情就好办。"阖闾又问："庆忌对吴国防范最严，怎么能够接近他呢？"要离回答说："只要大王砍断我的右臂，杀掉我的妻子，我就能取信于庆忌。"阖闾听后，不肯答应。然而，要离却说："为国之家，为主残身，我心甘情愿。"

后来，要离故意散布流言说阖闾弑君篡位，是无道昏君。吴王下令追查，未杀要离只是斩断了他的右臂，把他夫妻二人关进监狱。

几天后，伍子胥让狱卒放松看管，让要离乘机逃出。阖闾听说要离逃跑，就杀了他的妻子。这件事很快传遍吴国，邻近的国家也都知道了。要离逃到卫国，求见庆忌，要求庆忌为他报断臂杀妻之仇，庆忌接纳了他。要离果然接近了庆忌，他劝说庆忌伐吴。要离成了庆忌的贴身亲信。庆忌乘船向吴国进发，要离乘庆忌没有防备，从背后用矛尽力刺去，刺穿了胸膛。庆忌的卫士要捉拿要离。庆忌说："敢杀我的也是个勇士，放他走吧！"然后，庆忌因失血过多而死。

要离完成了刺杀庆忌的任务，但自己也家毁身残，于是自刎而死。

【谈古说今】

"苦肉计"是指故意伤害自己，以让敌人相信，从而使反间计得以成功的策略。一般采用自我伤害的办法取信于敌，达到进行间谍活动的计谋。由于人们习惯的心理定势是"人不自害"，所以巧妙利用这一心理定势，造成受迫害的假象，以迷惑和欺骗敌人，或打入敌人内部，对敌人进行分化瓦解。用苦肉计，实际上是到敌方从事间谍活动。派遣同己方有仇恨的人去迷惑敌人，不管是做内应也好，或者是协同作战也好，都属于苦肉计。使用此计可以达到骗取敌人信任、离间敌人、激励士卒、加害于人等目的。

此计是险计，"苦肉"的目的是为了引起敌人的同情，从而得到信任。如果达不到这个目的，则不但自我伤害之苦要白白忍受，而且连性命也会不保。

施用"苦肉计"骗人，虽然往往赢得比较惨，毕竟自己要受皮肉之苦，但有时也有着妙处，因此还是有不少人使用。

南宋时期岳飞与都将王佐同演了一场"苦肉计"，王佐以断其右臂骗取金兀术的信任，借机打入金营内部，成功地完成了离间任务。

南宋初期，金国的主帅金兀术率兵南侵，与岳飞对阵于朱仙镇。金兀术有一义子陆文龙，年方16岁，英勇善战，是岳家军的劲敌。然而，陆文龙原是宋将潞安州节度使陆登的儿子，兀术攻陷潞安州时，陆登全家殉节。陆文龙不满周岁，与乳娘一起被金兀术掳去，并且，收为义子，因此他根本不知道这位义父就是灭家仇人。

岳飞的部将王佐，对陆文龙身世十分清楚。他本是杨么部属，投降岳飞后并没建过什么军功，此次见岳飞因陆文龙之事，挂起免战牌，闷闷不乐，他心中也

不是滋味，便归营独酌，借酒消愁。这时，他猛然想起古时的“要离断臂刺庆忌”的故事，大喝一声：“何不如此？”立即卸甲拔剑，断然把自己的右臂砍下，顿时血流如注，连忙敷上金疮药，止了血，去见岳帅，说明意图。岳飞见状泣然泪下，说：“我自有破敌之计，你又何苦伤残自己？既如此，你放心去好了，不必挂念乡间家眷，我会好生照看。”

王佐到了金营，时已天明，见了巡逻兵，说明原委，被带去见金兀术。王佐进帐后跪下，金兀术见他脸色焦黄，满身是血，便问他是何人，来此何干？王佐半泣半诉地说：“小臣本是杨幺手下之人，官封东圣侯，只因奸臣勾结岳飞，惨被杀败，以致国亡家破，只得暂时归顺宋营。如今狼主大军到此，岳飞无计可施，挂起免战牌。昨夜聚集众将商议，小臣进言，今金兵200万，如同泰山压顶，谅难对敌，不如差人讲和，庶可保全。不料岳飞好话不听，反说臣怀二心，卖国求荣，将臣断去一臂，派臣来此说服大王投降，并说即日要来擒拿狼主，踏平金国。臣若不来时，他要再断一臂，因此特来哀告狼主。说罢放声大哭，又从袖里取出那条断臂让金兀术观看。

王佐又是说，又是哭，金兀术见此深信不疑，并且非常同情他，把他留在营中。同时，还传令各营，他在宫中可以自由行走，到处为居。

从此，王佐在营中行动自由。一天，他到了陆文龙的营前，走进营内一看，只见有一位老妇人闲坐着，她是陆文龙的奶妈。王佐便上前行礼。妇人回答：“将军免礼!”王佐听她口音是中原人，就说：“我俩是同乡。”老奶奶在他乡遇故知，说话就随便了，把陆文龙的身世说了一遍。说完，王佐便起身告辞，说明天再来见乡里。

第二天，王佐又去看老奶妈，碰到陆文龙刚回营，就留下来和他闲聊。王佐是读书人出身，知道的事情多，讲起来滔滔不绝，陆文龙很是喜欢。渐渐地陆文龙听故事成了习惯，一有空就请王佐去，双方关系也越来越密切。

一天，王佐又到陆文龙那里，文龙问今日讲什么故事，王佐说今天讲一个最精彩的故事，但需把左右的人都遣出去，文龙照办。于是王佐拿出一张画图，这图上画着金兀术，一座大堂上死着一个将军和妇人，还有一个妇人抱着一个小孩正在痛哭，还有许多番兵。

陆文龙看着画问：“这是什么故事，我看不明白。”

王佐指着画开始讲解："这地方是中原潞安州，这个死的老爷是节度使陆登，死的妇人是谢氏夫人，这个抱孩子的妇人是小孩的乳母，这个正在啼哭的孩子叫陆文龙。这个全副武装的人就是昌平王狼主兀术。13 年前，狼主带兵攻陷了潞安州，这陆文龙的父亲陆登尽忠，自刎而死；谢氏夫人亦尽节，吊颈而亡；狼主见公子陆文龙幼小，令乳母抱着，带回番邦，认为义子。13 年了，这人不知道自己的生身父母是谁，反认贼作父，这真是天地间最令人痛心的事了。"

陆文龙听到这儿，连忙问："王佐，你是不是在说我？"王佐回答："是的。为了你，我不辞劳苦，甘愿断臂，就是为了不让你做一个忘恩负义的人。你不信，可去问你的奶妈。"

话刚说完，那位老奶妈哭哭啼啼地走了出来："你们的话，我全听到了，王将军的话句句是真，将军呀！夫人呀！你们死得好惨。"

此时，陆文龙再也控制不住自己了，扑通一声跪倒在地，发誓："不孝之子，怎知这般苦事，今日方知，定杀金兀术为父母报仇。"说罢拔剑在手，欲去杀金兀术。王佐连忙拦阻，说："公子不可莽撞，他帐下人多，大事不成，反受其害。此事应从长计议。"

过了几天，乘金兀术不防，陆文龙随同王佐和乳娘投奔宋营去了。金兀术闻讯，懊恼不已，连连叹道："我中了王佐的'苦肉计'了！"

一般情况下，人是不会自己伤害自己的，所以才会有人利用人们的这种"人不自害"的心理，与"同情受难者"的人性弱点，逆人之常情，行自我伤害之举，施苦肉计，取信于敌。当然，也要谨慎使用，安排周密。

赤壁大战前夕，东吴兵马总督周瑜召集众将说："曹操率百万之众，连营三百余里，与我们隔江对峙已近月余，看来这不是一时可以决胜的战役。诸将可领 3 个月的粮草，做长期御敌的准备。"老将黄盖说："别说 3 个月，就是 30 个月的粮草，东吴也支付得起。不过，当初都督在我主面前夸下海口说，不日即可破曹。如今却要迁延 3 个月之久。我看一个月内能破便破，若不能破敌，不如依张昭之言，弃甲倒戈，北面降曹算了。我跟随吴主三世，纵横南北，还从未打过这样的窝囊仗呢！"

周瑜见黄盖在众将面前对自己出言不逊，不由得怒发冲冠，厉声说："吾奉主公之命，督军破曹，主公有言在先，军中敢有人言降者必斩，你今天在两军交战之际，动摇军心，不杀你难以服众。"当即喝令左右将黄盖推出帐外斩首。黄盖见周瑜要杀他，便大声怒斥说："黄口孺儿，我打江东祖业之时，哪有你？你今天却在我面前逞威，主公在我面前还要让三分。"

大将甘宁劝周瑜说："黄将军是东吴老将，请都督宽恕他吧。"周瑜转而斥责甘宁说："你怎么敢在军政大事上多言多语，乱我法度？"说着下令让军士把甘宁打出帐外。

此刻在座所有众将都跪地求周瑜说："黄盖违令乱法固然该杀，但大敌当前，先杀大将恐于军不利，请都督先记下这桩罪过，待破了曹操之后，再杀他也不晚。"周瑜转而指着黄盖说："如果不是众官求情，今天就斩了你，待破了曹操，定斩无疑。"说罢，命左右军士先打黄盖一百杀威棒。打了五十之后，众官又求情，周瑜对黄盖说："你还敢小看我吗？暂且先记下五十军棍，如有怠慢，二罪并罚。"说罢，带着怒气进了寝帐。

众将扶起黄盖，见被打得皮开肉绽，心中无不惨然。在扶其回寨的途中，竟昏绝了几次。黄盖醒来时，只是长吁短叹，只字不语。

军机参谋阚泽来看黄盖时，黄盖令左右侍从统统退出。阚泽问黄盖说："你过去与都督有仇吗？"黄盖说："没有。"接着又恳切地对阚泽说："你我二人情同手足，别人不是我的心腹，我这有降书，求你替我转送给曹丞相。"阚泽说："我愿为你效力。"黄盖一听他答应得如此痛快，激动得从榻上滚下来，向阚泽拜谢。黄盖被打的消息，在周瑜营中作内奸的曹将蔡中、蔡和早已用密书报告给了曹操。阚泽向曹操纳降立刻得到应允，并遣阚泽回江东，为黄盖归降传递信息。

阚泽回来后，与黄盖商议一番，马上写密书告诉曹操说："黄将军欲来，只因难得方便，寻到机会后，再告知丞相。"

几日之后，黄盖又遣人给曹操捎信说："周瑜这几天守关严谨，因此一直不能脱身，今有鄱阳湖运粮军到，周瑜差遣我巡哨，我因此得便，今夜三更左右，我乘机杀掉运粮吴将，劫粮去降丞相，船上插青牙旗的便是所劫的粮船。"曹操接信息后十分高兴，于是专候黄盖船到。

当晚，东南风初起，有人报告曹操说："江南有一列帆船，顺风而来，船上插的都是青牙旗，其中一面大旗上写着先锋黄盖的名字。”曹操笑着说：“黄盖投降，真是天助我也！”

这时，在一旁观望良久的谋士程昱对曹操说：“丞相，来船必有诈，不能让他靠近我寨。”

曹操问：“你怎么知道？”程昱说：“粮在船中，必定是稳而重，我看这船却是轻而浮，再加上今夜是东南风，如果敌人用火来攻，怎么抵挡？”曹操说：“粮船是稳而重，草船也是浮而轻的，黄盖所劫之船粮草皆有，草船快，必然行在前，这有何可疑？”程昱说：“周瑜既然痛打了黄盖，怎么又能用其为先锋呢？他打先锋旗号而来，必定是率军来火烧我水寨的！”曹操听罢，方有所悟，于是派大将文聘率水军去阻击。

文聘刚出水寨阻击，就被来箭射倒在船中，船上一阵大乱。这时，只见来船直冲入曹营水寨，各船一齐发火，曹军船上军兵都纷纷跃入水中。顿时曹军水寨燃起了大火。

此时此刻，曹操才知道自己中了黄盖的苦肉计。

原来，周瑜本欲往曹营派内奸，以控制和把握曹操发起总攻的时机，但用谁为内奸，一直想不出办法。这时，黄盖来营中议事，周瑜便把自己的苦衷说了出来。黄盖慷慨地说：“我愿为都督行此计。”周瑜说：“你是东吴旧将，无故降曹，他怎肯信呢？”黄盖说：“依都督的意思应当怎么办？”周瑜说：“看来只有用苦肉计了。”黄盖说：“我受孙氏恩赐多年，今天即使是肝脑涂地我也无悔。”周瑜激动地说：“将军肯行苦肉计，是我江东的造化，也是孙氏的大德啊。”黄盖说：“都督不必多言，只管吩咐如何行计就行了。”周瑜说：“我江东也少不了有曹操的奸细在此，你在这里受苦，曹操也一定会知道，你自己设法用计就行了。”二人如此商议好后，才有了上面的那段精彩表演。

企业的发展壮大，是以其产品价值的实现为前提的。因此，在商业竞争中，企业的领导者要时刻把握市场的运行趋势，采取不同的营销策略。由“苦肉计”派生出来的“以形服人”即这种策略之一。它是在产品正式进入市场之际，先将产品形象直观地公之于世，来驱动、诱发人们对该产品的购买欲望。

1986年，江苏省射阳县沙发床垫厂生产的苏鹤牌席梦思床垫在刚推入市场时，销售情况非常差，几乎一个也卖不出去。当年11月，厂供销人员把产品运到马鞍山市后，将床垫铺在大街上，当众用一辆载重10吨的卡车碾压，床垫竟毫无损害，顿时名噪全市。不到半年，苏鹤牌席梦思床垫畅销上海、南京、无锡等几十个大中城市。

闻名遐迩的世界名表“西铁城”问世之初也并未消费者赏识。如何打开这一局面呢？采用常规的广告宣传与雄踞世界手表业霸主宝座百年的对手竞争，一时定难奏效，因此必须用重型炸弹才能攻进这一坚固的城堡。

于是，“西铁城”发出一条令人咋舌的消息：某时将有一架飞机在某地抛下一批手表，谁拾到归谁。

果然，某时一到，一架直升机便来到好奇而来的人群上空，在百米高处向就近地面撒下一片“表雨”，人们争奔过去捡表，发现这些“大难不死”的手表居然走动正常，无不感到吃惊。

没多久，“西铁城”的名声大振，震动了整个钟表业。

1979年，江苏吴县防暴电动机厂转产电风扇。小厂如何在名牌争雄的上海赢得市场和信誉？

厂领导根据消费者关心电动机温度高低的心理，将一台该厂生产的小骆驼牌电风扇摆在上海百货公司商店的柜台上，连续运转，从春到秋共转171天。有些顾客路过，还伸手摸摸电动机是否发热，并向营业员打听该电风扇的有关情况。

从此，小骆驼牌电风扇叩开了上海市小家电市场的大门。

在以消费者为主导的市场竞争中，使顾客对产品质量指标放心是非常重要的。为解除购买者的各种疑虑，企业的领导者在必要时可施展“苦肉计”，让产品受些“苦”也无妨。

对产品进行破坏性的考验，以博得消费者的信任，从而打开产品销路，这是“苦肉计”在商战中引申的应用。

苦肉计也可用于除去情敌，或其他竞争对手。

楚国春申君的结发妻子叫做甲，他有一个妾叫做余，妻妾两人相处格格不入，好似老虎和牛一样。妾得到春申君的宠爱，她恃宠生娇，想挤弄甲，便时常在丈夫面前说甲的坏话，为了增加这些“枕边风”的作用，还施用了“苦肉计”。

有一次，她自己抓伤了身体，哭天抹泪地对丈夫说：“我能侍奉夫君，实是三生有幸，可是夫人不容，她屡次欺凌我，今天变本加厉，都动手打我了。你看，我身上的一爪一痕，快要流出血来了，再这样下去，总有一天会给她弄死，不如现在死在你跟前算了!”

说完，装出撞墙的姿势，春申君一把将她拉住，用好话安慰她，答应把结发妻子的地位给革了。

妾还是不甘心，因为甲的儿子还是继承人，为了彻底夺权，更进一步想把她母子俩置于死地。

过了几天，她又把自己的衣裳撕烂了，向丈夫哭诉：“看来，我确实在这里无法活下去了，刚才那个癞婆又唆使她的儿子调戏我，动手动脚的，扯破了我的衣裳，想侮辱我，还亏得我跑得快，否则……她这样时刻暗算我，想想看，我能躲避得几时……”

春申君听了，又信以为真，勃然大怒，下令将发妻和儿子杀了，立即升妾为“正宫”。

世事复杂，人心复杂，有时候我们也可用此计来博取同情，除去对手。

【当下启示】

苦肉计是残害自己身体以达目的的计策，但也未必非伤害身体不可，换言之，只要牺牲自己非常珍贵的事物，扰乱对方的判断力，即可奏效。大家要懂得欲取先予的道理。正如俗语所说的“舍不得孩子套不住狼”。欲取先予，就是自己先做出一定牺牲，捞取资本后，仍可获得更大利益。因此，甘愿吃点亏，就能吸引更多的合作者，保持相对稳定的合作关系，从而获得丰厚、长远的收益。

第三十五计　连环计——多计扣用，连贯配套

【原典重现】

将多兵众，不可以敌，使其自累①，以杀其势②。在师中吉，承天宠也③。

【注释】

①自累：指自相拖累，自相钳制。

②以杀其势：杀，减弱、削弱、刹住；势，势力、势头。杀其势，这里是指减弱、刹住敌军来势汹汹的势头。

③在师中吉，承天宠也：语见《易经·师》。

【译文释要】

敌人兵力强大时，不可与之硬拼，应设法让他们自相牵制，以削弱他们的实力。主帅如能巧妙地运用计谋，克敌制胜，就如同有天神相助一般。

【计谋典故】

宋代名将毕再遇，在与金军作战时，命令部队不得与敌正面交锋，而采取游击流动战术。

敌人前进，他就令队伍后撤；等敌人刚刚安顿下来，他便下令出击；等金军全力反击时，他又率着队伍跑得无影无踪。就这样，退退进进，打打停停，把金军搞得疲惫不堪。金军想打又打不着，想甩又甩不脱。

夜晚，金军人困马乏，正准备回营休息。毕再遇准备了许多用香料煮好的黑豆，偷偷地撒在阵地上。然后，便突袭金军。金军无奈，只得尽力反击。然而，毕再遇的部队与金军战不几时，又迅速败退。金军气愤至极，乘胜追赶。谁知金军战马一天来，东跑西追，又饿又渴，闻到地上有香喷喷的味道，便一口口只顾抢着吃，任你用鞭抽打，也不肯前进一步，金军调不动战马，在黑夜中，一时没了主意，显得十分混乱。

这时，毕再遇调集全部队伍，从四面包围过来，杀得金军人仰马翻、横尸遍野。

这里，毕再遇所运用的就是连环计，不费吹灰之力便击败了强大的金军。

【谈古说今】

“连环计”一般是指多计并用，计计相连，环环相扣，一计累敌，一计攻敌，任何强敌，无攻不破。此计的关键是要使敌人“自累”，就是指互相牵掣，背上包袱，使其行动不自由。这样，就给围歼敌人创造良好的条件。

在军事上是指在敌人力量强大的时候，不要与之硬拼，而要运用计谋使敌人互相牵制，从而混淆敌人的判断力，再用另一个计谋予以攻击，计中生计，最终击败敌人的策略。

运用此计的关键是使敌“自累”，也就是让敌人互相牵制，削弱其战斗力，转变战局，为我方将之歼灭创造有利的条件。

战场形势复杂多变，对敌作战时，使用计谋，是每个优秀指挥者的本领。然而，双方指挥者都是有经验的老手，只用一计，往往容易被对方识破。因此，一计套一计，计计连环，作用就会大得多。

晁盖、吴用、公孙胜等好汉在晁家庄聚义饮酒，并商议劫取生辰纲一事。这生辰纲是北京大名府梁中书庆贺东京蔡太师生辰的礼物，此时梁中书已委派提辖使杨志带 14 人将这批金银财宝押往东京。智多星吴用打听到杨志一行走至黄泥冈大路，便提出智取的办法，众人表示赞同。

一天中午，晁盖、吴用等 7 人装扮成枣贩子，事先在黄泥冈附近的松林里等候。不久，杨志一行人也风尘仆仆地赶到。由于天气炎热，所带的礼物又重，十几个禁军士兵感到又累又热，就放下担子，在松树下睡着了。杨志拿起藤条边骂边打，催着赶路，无奈众人精疲力竭，也只好作罢。突然，杨志发现对面松林中有人探头探脑张望，忙提刀过去盘问，见是晁盖、吴用等 7 个做枣子生意的人在那里乘凉，也就没放在心上。

这时，只见一条大汉挑着一担酒，边唱边走了过来。众军士忙问：“桶里是

什么东西？”大汉答道：“是白酒。”众军士问过价钱后，就要凑钱买酒喝。杨志断然不许，说：“我们公务在身，不能贪酒。来往路口各种勾当甚多，我们不能不防，万一酒中有蒙汗药，那我们就完了。”

杨志刚说完，对面林子里7个枣贩子走出来也想买酒喝。卖酒大汉说：“不卖不卖，我这酒是挑到黄泥冈下村子里去卖的。刚才那位客官硬说我酒中有药，你说好笑不？而且，我这里也没有碗瓢。”7个汉子好一阵纠缠，才买到一桶酒。当下有两人去林子里取出两个瓢，并一人捧一大捧枣子过来。7个好汉围在酒桶边，一边吃枣一边喝酒，军汉们垂涎三尺，望眼欲穿。

突然，刘唐趁卖酒汉不注意，揭了另一桶酒的盖子，用瓢兜了半瓢酒，边喝边往林子里跑，卖酒大汉发现后赶忙直追。这时，吴用去松林取出蒙汗药，抖在瓢中，趁卖酒大汉与刘唐争执时，又拿瓢去舀酒，把药搅在酒里，并假意舀半瓢要喝。那卖酒大汉回过头来，劈手夺过瓢，把酒倒在桶里，并怒骂吴用抢他的酒喝。

杨志见两桶酒都有人喝过且没事，便同意众军汉买酒喝。众军汉借了吴用的瓢，一哄而上，把那桶酒一下子喝光了，杨志也喝了少量的酒。卖酒大汉收了钱，挑着空桶，依然唱着山歌，下冈子去了。

不一会儿，晁盖、吴用等人站在松树旁边，看着杨志一行15人一个个头重脚轻，都软倒在地上。他们推出7辆江州车子，把枣子扔掉，将金银财宝全装在车子上，一直向黄泥冈下推去。杨志等人身体动弹不得，只得眼睁睁地看着生辰纲被劫走。

杨志武功高强，且警惕性极高，要用酒中下毒来取生辰纲，绝非易事。吴用施用连环计：自己喝酒，以示无毒；假意不卖，以诱其上钩；假争斗，在争斗中下毒。如此计谋接连使用，终于使杨志上钩，晁盖、吴用等人轻而易举取了生辰纲。

公元200年，袁绍派兵围攻白马，然后引军至黎阳，将渡黄河南下，进攻曹操，历史上有名的官渡之战拉开了序幕。在这场战役中，曹操以少于袁绍几倍的兵力却出人意料地战胜了袁绍，其间用计奇巧，波澜起伏，引人遐思。

东汉南大帝建安五年（公元200年），曹操进军官渡，袁绍进军阳武，相互对峙起来。曹军毕竟势小力弱，士兵们有些怯战。曹操致书荀彧，询问退敌之计，而荀彧也很快回复，给曹操指明了方法。

当时，袁绍先派人攻打白马，本欲分散曹操兵力，以各个击破。而曹操本来也想先解白马之围，但谋士荀彧却献计说："我军兵少，不可力战。只能设法分散袁绍的兵力，才能以少取胜。您可以引兵到延津，作出要渡河袭击敌人背后的样子，待袁绍引兵应对时，您可以用轻兵突袭白马，出其不意，攻其不备。"曹操听从了荀彧的计策，袁绍果然中计，曹操以很少的代价解了白马之围。官渡之战曹操旗开得胜。

荀彧说："袁绍兵力全部汇集官渡，如果您不战而逃，袁绍必定尾随追杀，那时的损失可想而知。"曹操认为他的看法正确，决计和袁绍打下去。时值袁绍手下的一个谋臣许攸不满袁绍将其犯法的家人收治而归降曹操，并给曹操出了一条抢夺袁绍军粮的计谋，曹操冒险一试，带军攻打护粮官淳于琼的大营，在袁军救兵来到之前攻下此营。随后，曹操率部直攻袁绍大营，由于袁绍主力前去救粮，因此大营很快就被攻破。高览等人在得知大营已被攻破，便率军来降。袁绍领残兵败将渡河而去。官渡之战，改变了袁绍与曹操的力量对比，曹军终于成为中原一带势力最大的军阀。

这是一部良谋迭出的好戏。曹操始终没有和袁绍硬碰硬地打，而是处处设计，因为面对兵力胜出自己几倍的敌人，与他对峙只会遭到毁灭性打击。于是，曹操针对形势的变化，抓住袁绍的软肋，奋力一击，终于取得了官渡之战的胜利。

现代商战日趋激烈、错综复杂，孤立地运用某种计谋往往难以奏效，所以，精明的经营者要充分了解市场行情和竞争对于的动向，才能总揽全局，周密部署，合理运用"连环计"，数计并施，才能确保胜局。在现代商业活动中，为确保在每一步骤千环节上都能成功，经营者可以采用环环相扣的公关营销策略。

某公司是一家大型家电企业，主要生产经营制冷器具、电热器具、降温器具、照明器具、清洁器具、美容器具、电工电料7大系列百余个品种、规格的产品。在浙江市场，公司集中精力推出的是厨房家电产品。但是，由于近几年来，公司放松了在浙江市场的广告宣传，故其公司和产品的知名度都比较低，已经被其他品牌所代替了。如果想再次打开浙江市场，首先必须迅速提升企业和产品在浙江消费者心目中的知名度。为此，公司聘请了"阳光广告创意组合"为其产品进行广告宣传，以使该产品重返浙江市场。为此，"阳光广告创意组合"以提高企业和产品知名度为突破口，设计了整套行销企划。

阳光创意组合所制订的行销策略是重点在杭州展开市场攻势，以求重新获得杭州市场，进而再以杭州在浙江省内的领导消费作用，拓展、巩固外地市场。在杭州展开市场攻势的广告策略是“梯度推进”，而广告活动是分为3个部分来层层递进的。

第一步，在五六月间投放大量的、有效的广告活动，首先在消费者心中留有一定印象。

第二步，在七八月间推出以电饭煲为重点的广告宣传，迅速占领杭州市场，为公司众多的产品打开市场突破口。

第三步，在前两次广告的策划下，这次在国庆节前后推出公司的其他产品，以扩大市场占有率。

某公司在浙江的广告宣传是按此3步做的，效果颇佳。其中，第一步广告活动所花的精力最多，效果也最显著。

总而言之，第一步的广告活动，在杭州效果是很理想的，也为下两步广告活动奠定了基础。“阳光广告创意组合”所推出的这三步广告营销就是典型的连环计。

【当下启示】

在对竞争对手施用连环计时，要有系统性和系列性。因为，凡是用计，一般都不是只用一计就可获得成功的，需要同时准备或使用数计，使各计之间相辅相成，这样可做到一条计策失败，另一条计策马上紧接着实施，一个计谋跟着一个计谋，环环紧扣，不留任何漏洞。

第三十六计 走为上计——暂时脱身，以保实力

【原典重现】

全师避敌①，左次无咎，未失常也②。

【注释】

①全师避敌：师，军队；全，保全，保存军事力量；避，避开。

②左次无咎，未失常也：语出《易经·师》。左次，是指军队向后撤退。古时兵家尚右，右为前，指前进；左为后，指退却。

【译文释要】

全军退却，避开强敌，以退为进，伺机破敌，这不违背正常的用兵法则。

【计谋典故】

春秋初期，楚国日益强盛，楚将子玉率师攻晋。晋文公闻讯，分析了形势。他对这次战争的胜败没有把握，楚强晋弱，于是决定暂时后退，避其锋芒。

晋文公故意先撤退到晋国边界城濮，仗着临黄河，靠太行山，足以御敌。同时，派人前往秦国和齐国求助。子玉率部追到城濮时，晋文公早已严阵以待。晋文公已探知楚国左、中、右三军，以右军最薄弱，并无斗志。子玉命令左右军先进，中军继之。楚右军直扑晋军，晋军忽然又撤退，楚右军以为晋军惧怕，又要逃跑，就紧追不舍。忽然，晋军中杀出一支军队，驾车的马都蒙上老虎皮。楚右军的战马以为是真虎，吓得乱蹦乱跳，转头就跑，楚右军大败。晋文公又派士兵假扮成楚右军军士，向子玉报捷："右师已胜，元帅赶快进兵。"子玉登车一望，晋军后方烟尘蔽天，他大笑道："晋军不堪一击。"其实，这是晋军故意弄出来的假象。子玉急命左军并力前进。晋军还是往后撤退，楚左军又陷于晋国伏击圈，又遭歼灭。等子玉率中军赶到，晋军三军合力，很快便将子玉团团围住。子玉这时才发现，右军、左军都已被歼，而自己也被敌军包围。虽然他在猛将成大心的护卫下，逃得性命，但楚军损失惨重。

这个故事中，晋文公的几次撤退，都不是消极逃跑，而是主动退却，寻找战机。

【谈古说今】

“走为上”是在敌强我弱的情况下，我方无法取胜的情况下，有计划地主动撤退，避开强敌，保存实力，寻找战机，以退为进的一种谋略。此计可以通俗地解释为“打得赢就打，打不赢就走”，以退为进、知难而退，急流勇退等都是此计的精神。

但是，暂时的撤退绝不是消极逃跑，而是为了获得更大的胜利。那些稍遇挫折，便丧失信心，望风而逃，是典型的逃跑主义，不能与“走为上”计相提并论。在一定情况下，以走为上的应变术，是避开对方的攻击，保存实力，为下一场战争作准备的上策。

军事上，“走为上”也可以表达为“退却”，这种“退却”是一种处于劣势的条件下保全自己以求东山再起，伺机反攻的军事撤退，体现了军事指挥者策略的灵活性。“走为上”计一般都是我方处于被动而敌人处于主动的局面下采用的，所以我方能否利用矛盾、欺骗敌人、团结内部、鼓舞士气，制定出摆脱困境的策略，直接关系着自身的生死存亡。

“走为上”是军事活动中运手非常频繁的一种策略。

1934 年夏季，中共中央革命根据地第五次反击国民党军的“围剿”，由于消极防御的错误方针的指导，屡战失利，形势日趋严重。10 月初，国民党军以优势兵力继续向中央根据地的腹地推进。此时，由于军力、民力、物力消耗巨大，红军在内线粉碎敌军的围攻已经不太可能。中共中央在大敌压境、危及红军生存的情况下，于 10 月开始了有组织的撤退，进行战略大转移，经湖南、贵州、四川等省，于 1935 年 10 月到达陕北。这就是举世闻名的两万五千里长征。由此，保存了革命的有生力量。

解放战争初期，人民解放军采取以走为上的策略，以大踏步的前进或后退，来调整兵力，调动敌人达到歼灭敌人的目的。从1946年7~10月的4个月内，人民解放军主动放弃了105座城市，包括延安、张家口这样重要的城市。在撤离时，人民解放军巧妙地诱敌作战，经过八十多次战斗，歼敌29. 8万多人，人民解放军的撤走、收缩，集中了自己的兵力；而敌军因贪占城市，分散了兵力，拉长了战线，暴露了薄弱环节，方便了人民解放军的各个击破。

1943年6月初，侵略前南斯拉夫的德国、意大利军队12万人，对前南斯拉夫军发动了代号为“黑森林”的围剿，企图在门的内哥罗和黑塞哥维那交界地区围歼南军的最高统帅部及其率领的南军主力。4日，德、意军队开始进攻。当时，被围的南军只有1. 6万人，与敌军兵力相比，处于绝对劣势。在这种情况下，南军最高司令部决定，以走为上，组织部队突围。7日，突围行动开始。途中尽管遭受巨大损失，但德、意军队围剿并歼灭南军的企图被粉碎。突围出来的部队在南军最高司令部的率领下，于14日挺进敌后，进军波斯尼亚，开辟了新的根据地。

如果事先知道事情做不成，就不要硬着头皮去做，要见机行动，尽早放弃，不要白白浪费时间和精力。这不是告诉人们见到困难就退缩，就逃避，成为胆小鬼、懦夫，而是要“见可而进，知难而退”，“知其不可为”而不为，不能盲目蛮干，不要轻敌冒进。不能以卵击石，侥幸求胜。在自己力量不足的时候，要避免同敌人决战，要首先保存自己的实力，“留得青山在，不愁没柴烧”。这是脱离危险境地的一种策略。

商场如战场，因此在现代商业竞争中，不可一味攻击，必要时应采取主动撤退的方法。

1994年初，武钢要筹备召开订货会。订货地点设在哪里好？按照常规，订货会在武汉或武钢召开最好。家门口办事更方便，人员也便于召集，会议的成本也最低廉。然而，时任武钢销售部长的李裕荣否定了这个方案。

他算了一笔账。1993年11月，在汉口召开一次订货会，推销产品100万吨；同年12月25口，在武昌又召开一次订货会，推销产品13万吨。加上会外成交，全年在湖北共销出两百多万吨，等于武钢全年总产的40%。如今，这批钢材在武

汉的库存里还有一百多万吨。比以往任何时候都显得突出的迹象是：许多客户到武钢来，不是购买武钢的钢材，而是推销自己的库存钢材，与武钢争夺客户。

与此同时，武钢销往外地传统市场的钢材数量，山东省、四川省、上海市仅各占武钢年产量的3%，江苏省和广东省只占6%～7%，其余地方所占的比例就更低。

物以稀为贵，货以缺为俏。库存一百多万吨钢材的武汉，已变成厂储备钢材的洼地，受此影响，湖北也成了钢材价格的洼地。此种态势下，这里的价格决不会走高，行情也决不会走俏。因此，决不能在这里再开订货会。应该离开洼地，而且离得越远越好。

“避而有所全，则避也”。这句千古箴言，历来为兵家所推崇，也历来为商家所借鉴。

李裕荣断然拍板，1994年全年少在湖北地区召开订货会。

他亲率人马，相继赶赴青岛、西安、合肥、南京、成都、石家庄、乌鲁木齐7个城市，远离家门召开订货会。会上，他反复宣传武钢的批量优惠政策。在这些省会级城市召开的推销会上，要求各省级金属公司发挥大商家的领导作用，并明确告之，可以把所属县、市及辖区企业的银行承兑汇票收集起来，变成大额资金拿武钢的大盘子，享受大批量订货的优惠政策。当然，此间只需注意3个问题，即谁订货、谁付款、订货和付款单位名称要一致。这是武钢为了消除经济纠纷的方法之一，目的是为本单位不出现“三角合同——甲订货、乙付款、丙收货”。对此，解决的方法很简单，即将银行承兑汇票背熟就是了。不出所料，每一次都反响热烈，价格适中，销量也可观。凭此“避实击虚”之举，这年武钢生产的四百五十多万吨钢材全部销售完毕。

经营者要善于权衡得失，选择进退见机行事。李裕荣走为上，找到了好的商机。有进有退、能屈能伸是成功的必要条件。交战时，撤退是最难的，如果无法掌握时机，勇敢撤退，或许就会受到致命的打击。

企业的领导者和决策者要有在急流中果断退却的勇气和魄力。事物发展到了顶点，就会向相反的方向转化，所谓“否极泰来”。领导者要及早见机引退，而且引退，或许可以带来新的商机。现在所做的暂时退让，作为下步争取更大机会的手段。通过退却，给对手以弱小、恐惧的假象，助长对方骄傲心理，使其不加戒备，便可乘机取利。

第二次世界大战后不久，松下公司接受委托经营一家濒临倒闭的缝纫机公司。起初，松下幸之助认为凭自己多年的经营实践，使这家缝纫机公司起死回生是没有多大问题的。但是，由于对这方面的业务比较生疏，而且当时经营缝纫机的公司众多，市场竞争十分激烈，松下不得不寻求保身之策。

松下意识到必须及时抽身，于是便立即退了出来。松下后来很感慨地说，若当时要是考虑花了不少投资，害怕退出会有损失而犹豫不决的话，反而损失会更大。

松下公司还有一次这样勇于撤退的案例。

1964 年，松下公司宣布从大型事务用电脑业撤出。在此之前，松下公司已对大型事务用电脑投注了十几亿日元的研究费，并且已经达到实用化的阶级，但最后还是取消了这个项目。外界的议论是："松下公司没有这方面的技术，所以取消。"其实，松下是从全日本的需求性这个观点来判断，认为公司不一定要投入这个事业，其他更可行的事业还有，所以才取消的。

有一次，松下幸之助和美国著名的大通银行副总裁会谈，松下问他，日本已经有 7 家公司制造大型电脑，这样下去，不可能大家都生意兴隆，并询问他的看法。这位副总裁说，姑且不论一般产业用或家用电脑，若是大型电脑，不久之后将形成恶性竞争的局面，你还是让给别人吧。后来，松下就果断地决定撤出大型电脑业务。

现在，家用电脑和个人用电脑不断成长，只有大型电脑没什么成长，因此，每逢看到各制造厂商正为恶性竞争而苦恼的时候，松下就庆幸自己的及早退出。

松下幸之助是一个具有坚毅、刚强性格的人，所以才会有松下公司的成功；松下幸之助更是一个懂得进退的人，所以才会有松下公司的发展壮大。

一个人有宏伟的胸怀和抱负，有不甘人后、积极进取的精神境界是好的。但这一切都要具备一定的客观条件与主观条件。如果只看重自己某一方面的长处，或者对某一次行为的结果估计过高，那么就会对未来的规划产生盲目性，从而跌

进悲剧之中，折戟沉沙。

在商业竞争中，要知进退，不能认为要想取得成功就必须把事情做到底。这种只知前进，不知后退的人，往往会碰壁。经营和作战一样，要知道何时前进，何时撤退。大家要记住，为了成功，撤退也有必要。这是因为只有能够真正把握时机，懂得及时退出的人，才是真正的经营高手。

1960年，英国人哈瑞尔横渡大西洋到了美国，买下了一家制造喷式清洁剂的小公司，开始产销一种名为“配方409”的清洁液。在20世纪60年代的美国，喷式清洁剂只是一个毫不起眼的小市场，由于哈瑞尔慧眼独具，再加上经营得法，到1976年，哈瑞尔在美国几乎占领了该领域的一半市场。

哈瑞尔红红火火的生意，让素有“日用品之王”之称的宝碱公司十分眼红，看到清洁液市场上的钱财都流入哈瑞尔的公司。宝碱公司当然心有不甘。于是，宝碱公司开始研究一种名为“新奇”的喷式清洁剂，并且，宝碱公司企图以其强大的实力，一口吞下这块越来越大的“清洁剂”蛋糕。

宝碱公司的实力的确强大，“新奇”喷式清洁剂在科罗拉多州的丹佛市进行试销的时候，就大获全胜，而且几乎是在其他品牌毫无抵抗能力的情况下横扫清洁剂市场。在宝碱公司的强势出击之下，人们发现财小势弱的哈瑞尔逐渐在清洁剂市场上消失了。

试销的首战就将对手哈瑞尔公司的“配方409”击败的宝碱公司，信心饱满，于是就踌躇满志地准备用他们的“新奇”牌喷式清洁剂发动席卷全国的攻势。

可是，事情却没有按照宝碱公司预想的那样发展下去。当宝碱公司声势浩大地展开“新奇”牌喷式清洁剂的上市攻势时，突然发现原有的消费者都“吃饱了”，剩下的只是数量极为有限的新使用者。宝碱公司一下子从希望的高峰跌入失望的谷底，最后被迫绝望地舍弃了“新奇”牌，退出了喷式清洁剂市场，遭遇营销惨败。

这到底是怎么回事呢?原来，哈瑞尔的“配方409”在“新奇”牌面前不堪一击，很快退出市场只是哈瑞尔导演的一出好戏。哈瑞尔在得知宝碱公司将在丹佛进行“新奇”牌喷式清洁剂的试销时，便采取了一个“骄兵战略”，故意将“配方409”撤出丹佛这块地盘。哈瑞尔经分析认为，对方实力雄厚，决不能正面交锋，决定暂且退让，主动放弃一部分市场。当然，他并不是直接将产品从超级市场的货架上撤走，因为这样做只会打草惊蛇。他采取的做法是停止一切广告和促销活动，并不再补货，让“配方 409”在市场上自然消失，让对方以为是在与对方的竞争中失败才退出市场的。

由于哈瑞尔先“退”出竞争市场，蒙蔽了竞争对于宝碱公司，然后出其不意，再次在市场上展开攻势，并获得胜利的策略中可以看出，在商战中，“进”与“退”，不仅包括产品的上马与下马，还包括经营规模的扩大与缩小，市场的开拓与退让等。在竞争中，“进”与“退”是相互交替和相互转化的，只“退”不“进”自热不会成功，但只“进”不“退”也非明智之举，很多时候，更为灵活的竞争策略是，“进”“退”结合，以“退”为“进”。

【当下启示】

古今中外“走”的办法可以说是千奇百怪，目的只有一个，那就是保全自己。敌方已占优势，我方不能战胜它，为避免与敌人决战，只有3条出路：投降，讲和，撤退。三者相比，投降是彻底失败，讲和也是半数失败，而撤退不能算失败。撤退，可以转败为胜。当然，撤退绝不是消极逃跑，撤退的目的是避免与敌主力决战。而且主动撤退还可以诱敌，调动敌人，制造有利的战机，总之，退是为了进。

参考文献

[1] 东篱子. 三十六计全鉴［M］. 北京：中国纺织出版社，2010

[2] 云中天. 人生三十六计［M］. 南昌：百花洲文艺出版社，2006

[3] 石磊. 商战奇谋三十六计［M］. 北京：新华出版社，2009

[4] 李志敏. 左手孙子兵法右手三十六计［M］. 北京：中国纺织出版社，2009

[5] 贺建华. 三十六计的提醒［M］. 北京：地震出版社，2009

[6] 陈洋. 三十六计一日一得［M］. 哈尔滨：哈尔滨出版社，2006

[7] 王松. 读三十六计悟做事之技［M］. 北京：中国华侨出版社，2008

[8] 卫生保. 三十六计谋略全书［M］. 北京：中国城市出版社，2009

[9] 付娜. 三十六计中的成事智慧［M］. 北京：海潮出版社，2008